摩登天空20年·零至无穷

摩登天空传媒·著

中信出版集团

MODERN SKY LAB
摩登天空

图书在版编目（CIP）数据

摩登天空20年·零至无穷 / 摩登天空传媒著. --
北京：中信出版社，2018.5
ISBN 978-7-5086-8502-1

Ⅰ. ①摩… Ⅱ. ①摩… Ⅲ. ①青年－文化研究－中国
Ⅳ. ①D669.5

中国版本图书馆CIP数据核字(2017)第330427号

摩登天空20年·零至无穷

著　　者：摩登天空传媒
策划编辑：孙履冰
责任编辑：张美杰
营销编辑：王睿里
出版发行：中信出版集团股份有限公司
（北京市朝阳区惠新东街甲4号富盛大厦2座　邮编　100029）
承 印 者：鸿博昊天科技有限公司

开　　本：787mm×1092mm　1/16　　印　张：16　　字　数：158千字
版　　次：2018年5月第1版　　印　次：2018年5月第1次印刷
广告经营许可证：京朝工商广字第8087号
书　　号：ISBN 978-7-5086-8502-1
定　　价：68.00元

HERO

CONTENTS 目录

Published by Modern Sky Communications 出品
北京摩登天空数字传媒科技有限公司
Address 地址
北京市朝阳区广渠路 1 号创 1958 园区 3-12
Building 3-12, Chuang 1958 Park,
No.1 Guangqu Road, Chaoyang District, Beijing
Publisher 出版人
沈黎晖 Lihui Shen
General Manager 总经理
陶雷 Raymond Tao

Content Director 内容总监
伍叁伍伍 WUSANWUWU
Editor 编辑
王怡芳 Lemuria
刘信达 Jakob Liu
刘正薇 Far Liu
刘玥喆 Drizzt Liu（特邀）
Procution Editor 流程编辑
王怡芳 Lemuria

Photographer 平面摄影
韩硕 Shuo Han（特邀）

New Media Editor 新媒体编辑
兀浅 Wu Qian
杨梦迪 Mandy Yang
New Media Manager 新媒体运营
杜晓 Du Xiao
Events Manager 活动运营主管
游粤飞 Faye You

Visual Design 视觉设计
MVM
Art Director 美术总监
李帅 Shine Li
Art Editor 美术编辑
阮天琪 Tianqi Ruan
寇帅 Song Tang
Assistant Art Editor 助理美术编辑
柳文锋 Vincent Liiu
周明楷 Mingkai Zhou
娄芳鸣 Fangming Lou

Director 视频编导
木小瓷 Cici
Cinematographer 摄像剪辑
于绍元 Kromo
曹维 Allen
贺嘉宾 6
Intern 视频实习生
胡志明 Roman
包子 4130

Managing Partner 运营合伙人
魏大民 Jeff Wei
Business Development Director 商务合作总监
孔煜 Denny Kong
Marketing Director 市场企划总监
陈璘 Li Chen
Marketing Manager 市场经理
王亚静 Amy Wang
王栩访 Steven Wang

Business Cooperation 商务联络
孔煜 Denny Kong
kongyu@modernsky.com

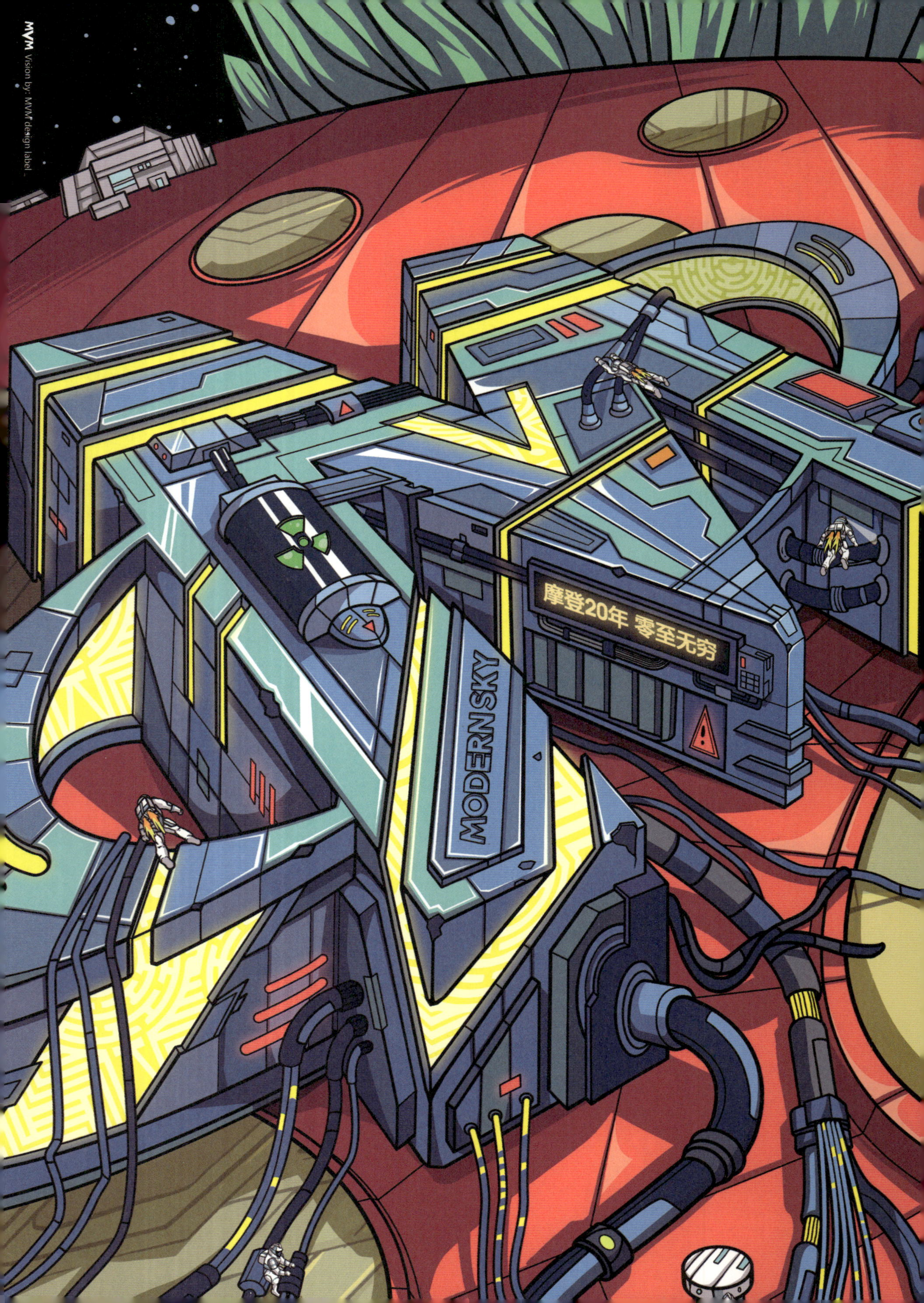
MVM Vision by: MVM design label
摩登20年 零至无穷
MODERNSKY

MODERN SKY

MAGAZINE

MAR.2018
VOL.014

卷首语
命硬

在本书的采访过程中，不止一个人发出这样的感慨：沈黎晖的命太硬了。

上美校，组乐队，搞印刷，出唱片，签艺人，做杂志，办音乐节……沈黎晖和他创立的摩登天空（以下简称摩登）在过去 20 多年当中做过的事情，很多看似没有逻辑，但却对今天中国独立音乐乃至青年文化的格局产生了深远的影响。其间，虽有几度危机重重、深陷困境、弹尽粮绝，但是都挺过来了，今天的摩登在业内成了一个标准、一个符号，一个怪兽一般的存在。

沈黎晖说，摩登发展成今天这样，倒退 10 年肯定是想不到的；但是在他十几岁的时候，竟然真的想过自己将来要做一家这样的公司！难道这真的是“命”？也许吧。但读完这本书你会发现，其实一切都有迹可循。

2017 年年末，摩登 20 周岁。这本书为此而作，主体内容由关于其过去和未来的两个大专题组成：一曰 Hero（英雄），一曰 Zero（零）。

在 Hero 部分，我们努力联络、采访了几十位在过去 20 多年中与“摩登天空”产生过各种关联的人，其中既有摩登初创至今各个阶段的员工，也有当年被摩登的唱片和杂志“诱惑”走上文艺之路的人；既有始终关注独立音乐发展的资深电台 DJ（唱片骑师）和唱片设计师，也有各种背景不同、在摩登旗下推出过自己作品的音乐人们。在极其庞大和复杂的采访编辑工作之后，我们让大家在摩登 20 年的节点上通过被采访的方式重新聚到了一起——仿佛当年那些酷酷的不靠谱儿青年们刚在花园村地下室解决完简单的午饭，正兴奋地听沈黎晖“画饼”，然后七嘴八舌、嬉笑怒骂地畅想未来……

随后，请从另一个方向翻开这本书，进入 Zero 部分。我们把一组关于未来的话题抛给了年轻、敏锐的新媒体艺术家，时尚设计师，尖端科技企业的掌舵人和工程师，您将借此结识并了解他们。我们正走向未来，未来也正向我们靠近；您在 Zero 部分读到的，也许正是摩登眼中尚不清晰的未来图景。

正如沈黎晖所说，不断打破、不设边界，这才是摩登。就在本书采访、编辑的过程中，摩登仍然动作不断：在成都举办了中国第一个大型嘻哈音乐节——M_____DSK 音乐节，在美国纽约中央公园连续 4 年举办了摩登天空音乐节；摩登旗下的乐队“重塑雕像的权利”为英国的超级大牌乐队“赶时髦”（Depeche Mode）的欧洲巡演担当暖场嘉宾；摩登天空运动生活方式厂牌（Modern Sky Sports）正式对外亮相；开启了百张黑胶发行计划“转到晕”；打造的系列综艺栏目《摩登嘻哈秀》在爱奇艺上线热播、反响剧烈……

在摩登 20 年的节点上，一个代号为“Zero”的神秘计划也通过一个混杂了音乐、时尚、科技和新媒体艺术的、谁也说不清是什么的派对正式启动。

面对未来，20 岁的摩登仍然是一张白纸。将来会怎么样？谁知道呢。我们的“命”也正因为未知才显得有意思吧。

伍叁伍伍

HE2
HER
HER

HERO

摩登20年

20th

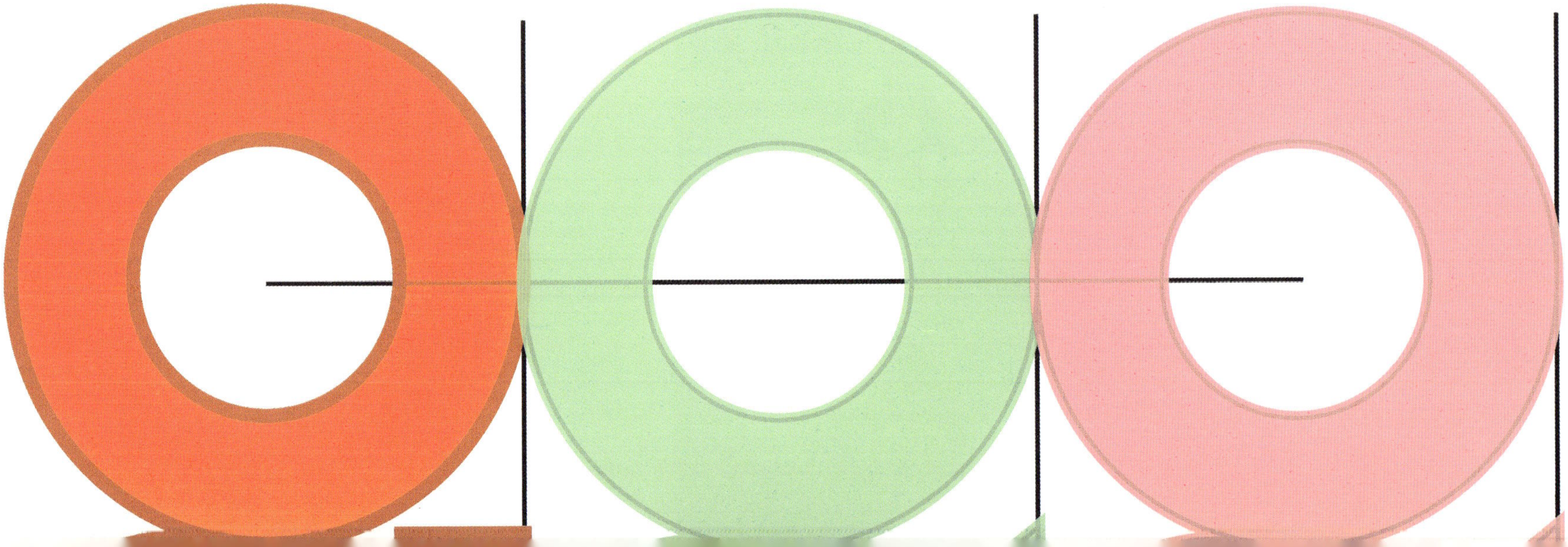

Chapter
01

FROM SOBER TO MODERN SKY

Title

从清醒乐队到摩登天空

不会弹琴，只好写歌

沈黎晖
Lihui Shen

我第一把吉他是卖邮票买的，28 块钱。那时候我就倒卖邮票，后来我自己回想，那是种商业意识。我在上了美校以后，就开始倒腾东西。那天我想起来，我还做过服装生意呢。我的一个同学，就是补习班的一个同学，他们家是做服装的。后来我又卖邮票凑了点钱，买了布料，做的好像是军队棉服那种，那时候就做了几十件，好像也卖得特别差。我有个美校的同学，毕业以后我们还印过 T 恤卖。在美校的时候，他在外文出版社倒腾过期的外文杂志，我卖给我女朋友他们班一人一本，他们是服装系的。我小时候经常愿意倒腾这倒腾那的，是有这么一个习惯。最开始的时候主要倒腾邮票。

MV SOBER
扫描二维码观看
《好极了!?》 MV
清醒乐队

Hero

LIHUI SHEN
沈黎晖

About

摩登天空老大，人称“老沈”
1968 年生于一个文艺工作者家庭
后因为爱好画画儿而进入工艺美校
1988 年成立清醒乐队，担任主唱
1997 年成立摩登天空唱片公司

Words

“1997 年 12 月 27 日摩登天空成立的日子，其实是我们乐队专辑发行的那天，具体怎么回事都忘了。”

但是后来邮票被偷了。估计是我们一个同学给偷着卖了，他卖得肯定特便宜，因为他也不懂行。我觉得对我来讲，这件事最大的好处就是，以后不再收集任何东西。你投入了所有心血去干的一件事情，突然所有的东西全没有了，所以我到现在几乎也没有什么正经的收藏。

在美校我迅速找到了两个组织：一个组织是美校乐队，他们当时就开始拷贝 U2、AC/DC 那些乐队的歌，那是在 1986 年的时候；另一个组织是校足球队，我一年级就进了校队。我在美校一年级之后就组了乐队，“清醒”的前身——π。其实清醒的贝斯手刘维就是美校那个乐队的，因为他长得跟鬼似的，一脸煞白那种，特别瘦。我们从美校毕业以后，我才把他拉到我们乐队，因为老管他借吉他，我们自己没吉他，毕业以后我们就没乐器了。那个时候组乐队找人，就看谁长得帅。服装班里有个叫于凯的，我说，你会弹吉他吗？他说会点儿，我说，那你就来吧。当时乐队有三个人是美校的，还有一个叫戴兵的弹贝斯，是从外面认识的。

但是一开始什么都不会，技术太差了，什么都弹不下来，所以就只能自己写。我们开始就写了一首歌，排了大概几个月，就排一首歌。我觉得美校特别牛，能给我们提供一间排练室。我们那个鼓手说服学校团委的老师买了一套乐器，说要给学校做舞会的伴奏。我们根本就不会什么东西，也没排过其他东西，就几个月排一首歌。因为每天下午四五点，学校有班车发车，老师都在学校操场上等车，我们就在四楼排练，老师听见我们排练都皱眉头。后来我们在学校排了一年，就在我们班教室开了一场演唱会。当时大概写了七八首歌，《石头心》什么的，都是那时候写的。

那时候就觉得“唐朝”特别正，后来我们还去看唐朝排练。当时他们好像还不叫唐朝，但就是那几个人。当时丁武还不那么唱歌，但我觉得这范儿太正了。丁武也是美校毕业的，他们当时在美院排练。我觉得黑豹就是流行歌曲加失真，因为他们创作的方式，我觉得就是流行歌曲的创作方式。当时我们听的音乐已经是 U2、R.E.M. 这几个乐队了。**我们的歌词和艺术上的影响来自那些超现实主义作品。在美校的时候，我得到的最大启迪就是这个超现实主义，**包括《黑夜在跳动》《走着入睡》等我们第一张专辑里的那些歌，全是受超现实主义影响。其实都是先造一个画面，先有影像才有歌词。

“清醒”这个名字也是这么来的。我写了一堆，因为超现实主义诗歌的那个方法沿用了很多年，现在起什么名字，我会先写一堆在纸上，有时候看看。摩登天空是这么组合出来的，那个乐队的名字也是这么排出来的，就觉得这是挺超现实的名字。因为我们的音乐写的是特别像梦境的一些东西，写了很多特别奇怪的东西。既然这样的话，用“清醒”我觉得特别酷。

张有待
Youdai Zhang

我当时在中戏有一个“乐队”。有一天，一支来自北京美校的乐队叫 π，要来我们学校演出。我们舞美系有同学是他们的同学，说这个乐队要来我们学校演出，但是他们没鼓，跟我们乐队的鼓手张扬借鼓。然后我们开了一个会，讨论要不要借给他们，我说好吧，借给他们。那天晚上我们都去看了，房子里面黑乎乎的，打着红光，π 乐队就在画室的一个角落里面演出，根本没看清人都长什么样，音乐挺飞的。当时觉得北京的那些摇滚乐队都比较硬，说得不好听一点儿，是比较土。听到“清醒”的这个歌，包括看了他们的照片、

Hero

HUANMING SHEN
申焕明

About

摩登天空总裁助理

沈黎晖发小，摩登天空最了解沈黎晖的人

他在中考补习班开学第二天发生的一场斗殴中，结识了沈黎晖

见证了摩登天空一路的发展

Words

“录《摇滚 94》的时候我去给他们送盒饭钱，那时候盒饭两三块，但他们一天能吃三五百块。”

包装什么的，一下子觉得眼前一亮，北京终于有比较酷的声音了，而且他们知道什么是时髦，什么是摩登。所以我觉得他们是中国摇滚音乐的一个非常好的开始。

他们演完了之后，我们乐队开了一个会，决定解散。后来才知道这个 π 乐队里面的主唱叫沈黎晖。几年以后有一张叫《摇滚 94》的合辑，我当时在北京音乐台有一档节目叫《摇滚杂志》，后来沈黎晖说，我们现在不叫 π 了，我们叫清醒。我那时候认识一个女孩儿，她是沈黎晖当时的女朋友，我以前就认识她，她也特别喜欢摇滚乐，就给了我一张 CD，说你一定要听听这个。回去一听，就是清醒乐队的《好极了!？》。我听完了以后是半夜，然后打电话给她，说你男朋友的音乐不错，我喜欢。

《好极了!？》花了 70 万

沈黎晖
Lihui Shen

我们没钱，当时大家都在上班，但都没什么钱。我们就租在了一个叫四路居的地方，在长城饭店那边，当时还是农村。我们租了农民的一个房子，去排练。但是排练，也没有乐器，只有木吉他，贝斯手只能弹后四根弦，鼓手敲椅子。有那么一年，差不多是这样的。一直排练，但是也不知道为什么排练，好像要录一张唱片，但是当时也没有唱片公司，或者没有那个类型的唱片公司。后来我就让我爸找了一个人，叫马丁，是一个作曲家。我们找了民族乐团的一个排练室，让他给我们提意见。他去看了我们排练，说这个乐队还得练 5 年。那意思就是直接“枪毙”了。有一段时间戴兵就提出要离队，一毕业以后他就说不想在我们乐队干了。我问为什么，他说其实我可能不知道，我们的很多拍子都是不对的。我说：“啊？是吗？”

后来一环来我们乐队，因为他是科班出身的，是学打击乐的，所以他也提出了同样的问题。但是我说，不能改，这个音乐就是这样的。他说：那好，如果是这样的话，那我就按照这个来。所以你会发现清醒的第一张唱片很多歌都是这一个三拍，这一个四拍，这一个五拍，不是我们故意写成那样的，我们觉得这个音乐就应该这样，所以你不能动。虽然奇奇怪怪，但是大家每次弹都一样。有时候有人说，这是不是错了？但是错得也是一样。一环和我们排练就跟民间艺人一样，把这个东西记录下来，一拍一拍地拆开。如果不是这样的话，根本没办法录音，我们 1994 年出了那两支单曲，《石头心》和《需要》，就在摩登天空的前身——风景文化那个印刷公司做了第一张合辑唱片，就是《摇滚 94》。

申焕明
Huanming Shen

1994 年还有一件重要的事情就是出了那张《摇滚 94》。本来叫《摇滚 93》，让人用铜砸了一个《摇滚 93》的牌子出来做的封面。因为拖了一年，后来用 PS（图像处理软件）把那个数字 3，改成了 4。他做印刷欠下好多钱，大概 30 来万。我后来回忆，那钱好像就是录《摇滚 94》的钱。那张唱片里面有清醒；有现在的天堂，过去叫粉雾；还有石头、佤族、皇冠什么的。当时都是新乐队，都是什么歌都没出过的乐队，或者基本上都是小孩儿。那张唱片肯定是超预算了，因为当时说录个专辑吧，那就录吧，根本没有预算的概念，也不知道多少钱，就这么录下去。当时是在中录的棚里录的，在新源里，老哥给录的。我印象特深的一件事是我负责每几天给送一回钱。什么钱呢？盒饭钱。有一天沈黎晖呼我，说让送钱来，我去了问前几天那钱用完了没有，吃盒饭怎么吃，因为那个年代盒饭是两三元一盒，他们一天吃盒饭最多能吃

300 ~ 500 块钱。我那天去一看，我知道怎么回事了。因为一个乐队六七个人，第一回录唱片，都特别兴奋，每个人都把自己的朋友叫来了，然后这五六个人就变成二三十人。而这帮朋友呢，青春年少，大小伙子，每个人能吃两盒，这好几十人吃两顿饭，就变成一天吃 100 多盒饭。就那样，我们就把那个唱片录下来了。

沈黎晖
Lihui Shen

那个合辑怎么来的呢？当时我是在创业做印刷，可能是起步刚两年的时候，就是在 1993 年的时候赔了二十多万。然后我觉得世界末日来了，我的摇滚明星梦还没有实现，就用剩下的几万块钱投资了《摇滚 94》，因为当时我们完全没有准备好去录一张专辑，所以只能找一些其他乐队当陪衬。我们找了石头乐队、粉雾乐队等我们能找到的、认识的人出了这张合辑。我跟欠账的那个印刷厂负责人说，这个钱我肯定会还给他，但是等我摇滚明星梦先实现了再说。

当时印刷公司终于赚钱了，赚钱以后我就说，我再也不想干这个事儿了，印刷太无聊了。我现在要出版自己的第一张唱片。我们在 1996 年开始录音，录了一年半，最后花了 70 万弄完了这张唱片。当时我说，这个钱我肯定赚不回来。

申焕明
Huanming Shen

1996 年左右沈黎晖就开始录清醒乐队的专辑。那张唱片的成本好像特别高，给别人发行的时候，要不回那个成本来。**老沈说，那就自己搞个唱片公司自己发吧，然后就搞了摩登天空，出版了《好极了!?》。**我认为他一直有做唱片公司的这个想法，而不是这张唱片决定了摩登天空。我认为他是有这个野心的。

沈黎晖
Lihui Shen

我记得特别清楚，张扬他们家在西单有个院子，有一年情人节，我们就在他们家四合院里排练。因为那儿没人住，特别旧，但是是个独门独院，有一套乐器，我们就在那儿排练。我记得那时候我们排练《记忆散落了没有声音》那首歌。那首歌特别沉重，那天阴雨绵绵，我穿了一身西服，拿了一个公文包去排练，跟他们穿得特别不一样，也不知道我们为什么排练，也不知道我们的唱片什么时候才能录。那首歌特别伤感，当时我做印刷也做得特别差，乐队也看不到未来，就特别失落。有一段时间我觉得这世界特别不公平，或者说自己付出了特别多，也不赚钱，还欠钱，乐队成员互相之间也不理解。因为当时大家确实没什么目标。我觉得整个社会特别灰暗，整个人也特别不好。我曾经觉得自己脑子有问题。

《摇滚 94》以后，红星找过我们，我问他们能拍胶片的 video（视频）吗？他们说拍不了。我大概提了几个问题，好像都说可能做不到。我就想，那还不如自己做，我突然觉得好像也可以自己做。公司一直有好多过路的钱，因为我一直赔钱，从来也不认为这些钱是我自己的。但是突然想一想，好像我自己也可以投资一张唱片，可以自己干这件事情。我有了这个想法以后就决定自己干，跟我弟说我们自己投资做这张唱片，但是也没有想到花了 70 多万，因为我们的技术太差了，当时录完音也不可以修，所以必须一遍一遍地去录，选一遍最好的，所以断断续续录了一年半的时间。

其实是先有这张唱片，再有摩登天空。所以摩登天空成立的时间，我们一般都说是 1997 年 12 月 27 日。这其实是我们乐队专辑发行的日子，因为公司成立具体是怎么回事我们都忘了。

因为决定要自己去录一张唱片，那就得有一个公司，有一个公司就得有一个名字，我们就起了摩登天空。其实当时根本没注册，“摩登”这个词不行，所以当时注册的名字变成了“现代天空”。在清醒乐队的专辑录制过程中，我们就开始筹备摩登天空的合辑。

因为《摇滚 94》比较成功，音乐家出版社就找我，问要不要录《摇滚 95》。我说不要，找不到同样这么好的乐队，即使赚钱我也不做。可是在摩登天空准备做清醒乐队的专辑唱片的时候，我们就认真考虑过，可能确实需要一些不同的乐队在这个厂牌，给我们做陪衬，让我们看起来像一个真正的唱片公司，而不是一个自费的唱片公司。我们就找到了新裤子和超级市场。其实找到田鹏比较容易，在学校的时候，田鹏老看我们排练。我记得有一次排练的时候，田鹏坐在一个音箱上，有一根电线着火了，追着田鹏满屋子跑，那一幕我记得特别清楚。后来我买了一个音序器，他用他的一个吉他音箱和一把墨芬换了那个音序器，他就开始玩那个东西了，我就没再玩那个东西。本来我是要玩那个东西的，结果拿了那个音序器之后，改变了他的人生，改变了他整个音乐的方向。

摄影 _ 穆静

Hero

PENG TIAN
田鹏

About

超级市场乐队核心，人称“羽伞”，曾组建“龙宽九段”

和沈黎晖在工艺美校相识，用吉他和沈黎晖换了一台音序器

从此成为内地电子乐第一人

Words

“你以为你们是在交流音乐，其实更多是在交流思维方式，如果不在一个平台上，就没法聊出意义。”

田鹏
Peng Tian

沈黎晖当时有一台音序器，挺好的。我当时有一把吉他、一个音箱和一台效果器，押给他换了他的音序器。我原来是在工艺美校学设计的，这种真乐器我虽然苦练了很多年，但还是有很大的障碍。我那个时候就觉得我会对更当代的东西感兴趣，它更符号化、更抽象。我那时候卖打口带，也是掏出一堆 Depeche Mode（赶时髦乐队）、Blur（污迹乐队）之类的专辑，封面上一花儿，字母都特漂亮，设计得很抽象，从来没有乐队的人。这应该还是一个潜意识的选择吧。

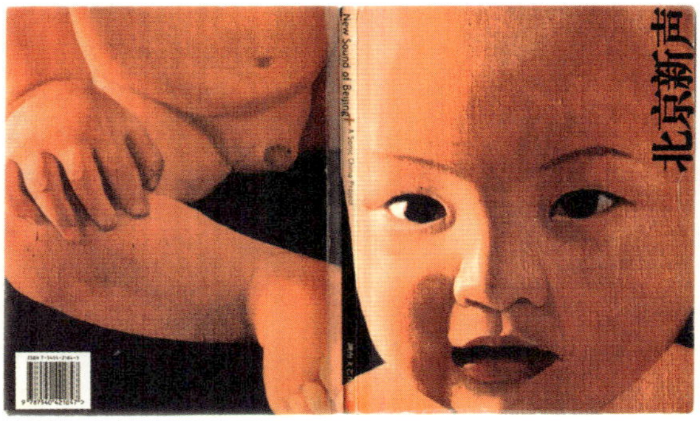

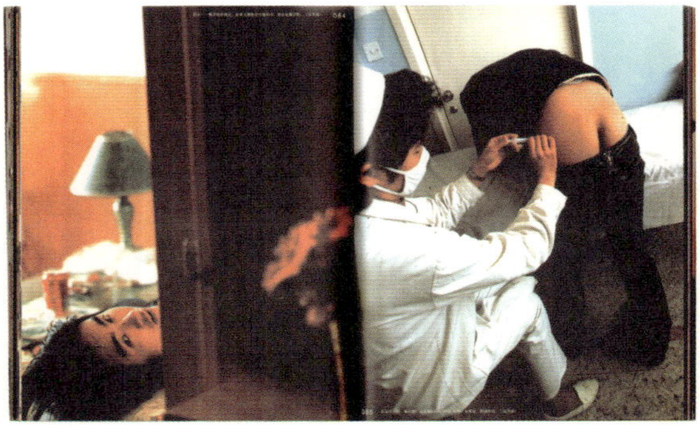

NEW SOUND OF BEIJING
1999
北京新声
“献给打口的一代”

Hero

KUAN PANG
庞宽

About

新裤子乐队键盘手，但早期这支乐队是朋克乐队，庞宽加不进去，所以，庞宽到了摩登天空

用公司的苹果电脑完成了“摩登天空合辑”1-4、清醒乐队、新裤子乐队的唱片封面设计

Words

“那时候沈黎晖订了很多外国杂志，所以我们能够第一时间看到90年代末的潮流。然后做设计的时候，都是腿上放一本那个杂志，一边抄一边设计。”

摄影＿李骁

Hero

XIAOHUI SONG
宋晓辉

About

摄影师、设计师

在正大国际音乐制作中心时接触到沈黎晖，第一印象不太好

后受邀为清醒乐队拍摄宣传照

北京新声？

欧宁
Ning Ou

1996年的时候，北京开始出现很多新的乐队，什么“地下婴儿”、“麦田守望者”还有“清醒乐队”。当时我就觉得这些乐队跟崔健那一代是完全不一样的，因为他们生活在一个全球资讯的年代，**清醒乐队一出来就是那种很精英的感觉，穿着那种英式的西装。**我觉得这是一个新的文化的征兆，就是中国的摇滚乐出现了新的乐队文化，应该去记录一下。所以当时我就联系了颜峻，他那时候还在兰州，我们要准备出本书，就是概括这个现象。那个时候颜峻在一个报社里工作，然后我就把他请到北京，找来聂筝负责拍照，我也从深圳到了北京，开始采访那些乐队。

宋晓辉
Xiaohui Song

当时我的公司帮清醒乐队做宣传，我给他们拍照片，发现他们乐队成员之间非常默契。比如往这儿一站，沈黎晖负责酷，刘维负责发愣，有的人负责装傻，有的人负责撒娇，他们各自负责一种感觉，分工很清楚，谁靠前，谁往后一下，就好像在一起商量过一样。沈黎晖往前的时候，可能有的人就往旁边一衬，另外的人在后面一甩，你只要放上音乐，直接按快门就好，根本就不用为摆造型的事着急。当时这个给我印象特别深，很多乐队不好拍，就是因为你得摆弄他们，但清醒乐队就非常心里有数。

沈黎晖
Lihui Shen

那时候没什么演出，我们就密谋了一个“北京新声”。因为当时“清醒”的文案上写的是“新北京之声”，后来欧宁编的那本书叫《北京新声》。我也不知道那个饭局是谁组的，就说我们要统一一下，所有的名称统一成“北京新声”。

从“北京新声”开始，这一代受到的音乐影响也是特别多元的。所以你看，虽然叫“北京新声”，音乐风格反而有电子、有朋克，什么都有，都是特别多元的音乐风格，那是资讯爆炸时代的开始。其实“北京新声”是最早的互联网时代的一个爆点，是信息时代的摇滚乐队的产物。那之前的摇滚乐可能是来自意识形态的、红色时代的产物。所以，无论在音乐风格上，还是在时代的划分上，我觉得都是一种必然。

庞宽
Kuan Pang

老沈可能觉得之前的那个唐朝、黑豹的年代已经过去了，应该有一些新的代表，就是90年代末新时代这么一个声音势力的出现，就攒了这么些人，也就是能够代表当时一些新鲜声音的这些人，做了这么一个事儿。

沈黎晖
Lihui Shen

中国的摇滚音乐甚至流行音乐在那之前从未有过这样的一致行动。当时涉及的公司有摩登天空，有付翀的“新蜂”，还有“地下婴儿”签的滚石和“麦田守望者”所在的红星，就这几家公司。再加上颜峻和欧宁他们做了《北京新声》这本书，所以我们把这前后出道的乐队全叫“北京新声”。在摩登天空一周年的时候，这个概念正式推出来了，所以摩登天空一周年的演出就叫“北京新声”。“清醒”“超级市场”“地下婴儿”“麦田守望者”“花儿”“新裤子”这几个乐队就一起做了演出，其实也是这些乐队唯一一次在一起的演出。演出在NASA DISCO俱乐部举行，当时还拉张有待做了主持。这个概念还是“清醒”先提出来的，“新北京之声”是要跟以前的摇滚乐做一个决裂。当时我记得特别清楚，刘维——我们乐队的贝斯手，他说我们应该跟以前所有的乐队划清界限。虽然“清

Hero

YOUDAI ZHANG
张有待

About

独立电台主持人
前中戏某乐队成员
2003 年山羊皮乐队北京演出的始作俑者

Words

“当时有个叫 π 的乐队要来我们学校演出，跟我们乐队借鼓，我们开了一个会，讨论要不要借给他们。他们演完了之后我们乐队开了一个会，决定解散，后来才知道这个乐队的主唱叫沈黎晖。”

Hero

RAN TAO
陶然

About

编剧

摩登天空的第一位员工

前《摩登天空》杂志主编

曾负责企划和艺人、公司员工心理健康辅导等工作

偶尔见其在饭桌上谈论一些“高屋建瓴的废话”

索要照片时，陶然建议编辑部以静物代替（于是我们选择了他的微信头像）

Words

“总之这个人很神秘，而且名字听上去不像是一个胖子。”
（部分内容摘自新浪网“摩登天空 10 周年专题”）

醒”是一个老乐队，因为大家知道“清醒”的《摇滚 94》，但是我们在 1997 年出的时候，要让自己看起来完全像一个新的乐队，这是故意的。他说，不要强调我们是哪年成立的，要强调我们跟他们完全不一样。

欧宁
Ning Ou

《北京新声》作为对一种音乐风格的描述，实际上是来源于一次聊天。有一次在三里屯的一个酒吧，我、沈黎晖、红星的詹华，还有新蜂音乐的付翀。我们几个在那里聊天，就是觉得应该发明一个新词，来描述 90 年代北京出现的这种新的乐队文化。当时我已经做了《北京新声》那本书，所以大家就不约而同地觉得这个词不错。我们觉得年轻人就应该要开宗立派，他们可能没有这种自我意识，而我们觉得应该来命名这个流派，命名这个 90 年代之后北京出现的新的音乐风格。所以大家干脆就用这个书名来命名这个音乐流派。

张有待
Youdai Zhang

那时候，摩登天空发的那些乐队中我最喜欢的是“新裤子”，他们有很多又短又好听又朗朗上口的朋克歌曲，我办的好多小型地下演出都会找“新裤子”。还记得我在台上的时候说这支乐队以后就是北京最棒的摇滚乐队，那个时候他们还没人知道。

我在 20 世纪 90 年代的时候经常去深圳，那个时候我有一个唱片店，叫有待唱片店，我需要经常去深圳背唱片回来。在深圳我经常住在欧宁的家里，我每次去的时候都会给他带一些礼物，比方说，有待唱片店出的磁带，还有“鲍家街 43 号”“清醒”“新裤子”的 CD。他们在南方嘛，我就经常会把一些北方的货带过去。

那个时候北京这一批乐队确实都比较有生命力，他们已经开始慢慢走到地上，被更多的人接受，而且有自己的音乐风格，有很多想要表达的内容，所以我觉得那个时候北京的摇滚乐队确实代表了一股新的势力和风潮。

庞宽
Kuan Pang

现在回头看可能觉得还挺有意义的，但当时觉得也没什么，也没感觉能怎么着似的。反正那会儿就觉得汪峰他们那种挺傻的，就是挺弱的。

欧宁
Ning Ou

《北京新声》基本上描绘的就是 90 年代初开始在北京出现的这一代乐队，他们跟崔健、唐朝那一代是完全不一样的，从风格的来源，到他们的阅历，包括他们的生活方式、做音乐的形式、音乐运营的方式，都不一样了，特别是在出现了摩登天空这样一个厂牌之后，他们就变成了风格极其强烈的，跟前面一代可以进行很明显的断代划分的一种现象。所以恰好就是这样一个命名，经过了摩登天空的运作，这个音乐流派就变成了一个事实。

陶然
Ran Tao

当时关于《北京新声》，我写了一个稿子，但是拖稿太严重了，后来就没登。当时我们做杂志的时候，可能有时候会怀疑，觉得这个对吗？我们天天推新乐队，把他们弄得都很娱乐化，是不是我们肤浅？现在来看，不是，我们做对了，就是应该这样。

Hero

NING OU
欧宁

About

诗人、导演、策展人

最早提出了“北京新声”的概念，找来颜峻、聂筝等一起出版了《北京新声》，可惜此书因售价过高，至今仍有库存

Words

“沈黎晖借用了我们书的名字，整个‘北京新声’变成‘运动’的时候，就跟我没关系了。”

欧宁
Ning Ou

我记得我们去红星找张浅潜，红星给张浅潜提供了一个宿舍，特别特别乱。那个时候她才从青海来北京，我们就是跟她待着、聊天，然后聂筝给她拍照。子曰的秋野，他那个时候住在胡同里面，喝酒、聊天，主要是因为颜峻要了解他们，了解他们的音乐思想，了解更多的音乐背后的故事。我要跟聂筝说怎么拍，当时聂筝也拍了不少乐队的肖像了，很有经验，但是这本书，从视觉构成上来讲，我们需要一些更激进的摄影方法，就包括我让他拍了很多那个年代北京街头的东西，一个垃圾桶、胡同里面的卤煮火烧，反正是那种热腾腾的很有生活气息的画面。除了拍乐队正式的肖像，日常生活那种非正式的状态他也要拍，同时要拍北京，拍这个城市，因为“北京新声”这样一个文化现象，是北京这个城市培育的，所以他要抓住那个年代、那个时候北京的生活，都市的状况。北京这个城市正在发生剧烈的变化，开始全球化、资讯涌入，那种大的开发开始进行，这就是“北京新声”这样一个音乐文化现象的时代背景和都市背景。所以这方面的视觉记录是非常重要的。聂筝他是拍乐队肖像的，但是在这本书里面，我要求他做这方面的视觉记录，**所以今天我们看见这个书，还能够看到90年代的北京是什么样的。**

别强调我们是哪年成立的，要强调我们完全不一样

庞宽
Kuan Pang

是一个分界点吧，就是区别于老的那些乐队，包括张楚、何勇、许巍他们，把他们划在那个之前了。

欧宁
Ning Ou

那个时候，我记得汪峰还住在三里屯。“地下婴儿”当时出来的时候是酷酷的，因为毕竟跟他们年龄有差距，有点距离感，因为他们很酷。令我印象很深的是，当时北京出现了一本朋克杂志，复印的，叫什么我忘了，因为我书里面用了他们杂志的扫描件，非常有意思，是叫嚎叫还是叫什么（忘了）。那个时候出现了很多手绘的演出海报，全是黑白的，那个太正了，太震撼了。那些都是我编书的时候觉得要放进去的一些视觉材料，因为“北京新声”这个音乐现象和流派出现的时候，它不仅仅是一些乐队，还有跟他们在一起的那些创造了这个流派的视觉文化的人，以及他们背后的整个厂牌，包括观众、这些乐队的粉丝，还包括他们发明了什么新的词语、新的方言，这些都是“北京新声”文化现象里面的。如果从社会学角度去看，不仅仅是台前的乐队，还包括背后给他们做手绘海报的人，还包括背后的厂牌，包括听众的那种精神面貌和听众的粉丝生态，所有这些就是一个总的构成。

《北京新声》这本书里面出现的乐队，十几年过去之后回头看他们，我觉得挺有意思的。你看汪峰成了一个明星，大张伟也是，但是“麦田守望者”就没再有什么动静，“地下婴儿”也是，张浅潜也还在继续着，“秋野”好像也是会出现在一些电视节目上。他们在中国的音乐文化生态里沉浮着，有的人进入了核心，开始成为主流，在影响着当下的音乐文化，有的可能就是退隐到历史的阴影里面去了。如果说将来会不会再出现这样一个群体的现象，这个事情我们不好预言，因为这完全取决于时代。因为“北京新声”那个时代，恰逢国际资讯在中国全面铺开，然后城市在发生剧烈的变迁，还有新一代的乐迷成长，他们要求新的美学、新的音乐风格。唱片厂牌开始按照国际上的运作模式运作，在这之前，像红星、摩登天空、新蜂这种厂牌是没有的。正是在这样一个大土壤、大背景下，才有了“北京新声”这样一个流派和音乐现象，至于下一波怎么样，我们不知道。我觉得这个东西都是时代形成的，我们只是命名者，这个现象先出现，我们再来给它命名，然后再把它放大，再把它放到音乐历史里面。M

MV
THE CATCHER
IN THE RYE
扫描二维码观看
《一意孤行》MV
麦田守望者

Chapter

02

PRINTING MACHINES FOREIGN MAGAZINES AND APPLE COMPUTERS

Title

印刷机、外国杂志和苹果电脑

Preface

我们拿着画册就翻翻，有时候给人设计个东西用，其实后来发现有些东西根本就实现不了。但我觉得，这个事儿奠定了他的审美基础，从而决定了摩登天空未来的审美。—— 申焕明

高兴就干，不高兴就算

沈黎晖
Lihui Shen

我毕业后先去上班，第一份工作是在海政歌舞团当舞美的助理。每天骑自行车，从安定门骑到公主坟，拉吊杆，就觉得特别苦，也没意思。我就跟我爸说，能不能帮我再换一份工作。真是有点靠关系，我爸就给我找了中国录音录像出版总社，在雅宝路。我就去那儿做封面设计，我记得有一张唱片叫"巨星金曲"之类的一个名字，封面上面有小虎队，还有其他一些港台歌星。后来我们收到一些信，骂美术设计，说那些歌儿根本不是封面上那些人唱的，是翻唱的，但是封面用的都是他们那些人。

做封面设计就接触到印刷，一年后就去做了印刷。因为当时我们的印刷供应商是广州的，我不明白他们为什么要做那样的设计，因为他们的设计红色、蓝色都是百分之百。后来我才知道因为他们套印，因为都是单色机器印刷，所以套印有问题。我去做设计的时候只考虑好看，但实际上聪明的设计师要把设计跟印刷的工艺结合在一起，跟印刷的水准结合在一起，才能做好一个设计。我当时把设计想得太过复杂了，做了这行才知道，要跟供应商是怎样一种关系，供应商擅长什么，或者你要避开供应商的缺点、缺陷，才能做好一个设计。当时也接触到印刷这个行业，就觉得印刷这个行业挺赚钱的。当时我赚钱的目的就是为了玩乐队，特别单纯，就搞了印刷。

印刷一开始确实赔了很多钱，因为我根本不懂印刷。当时忽悠了小明(申焕明)和我们共同的一个朋友——在鼓楼那边练烟摊儿的，好像是万元户，存折上有两万块钱。我们就说你别干这个了，你跟我做印刷，印刷肯定挣钱。他说真的吗？结果他直到今天还在干印刷，当年就是被我带进这个行业的。当时在大兴一个叫海子角的地方，我们租了一台机器，一个朋友介绍的，每个月五千块钱的租金，那个有两万块钱的万元户大概拿了一万多块钱，我们就启动了。另外，我从中录辞职出来，我就跟中录拿了第一个活儿，印刘德华的唱片封面，15万张封面，一张好像是一毛几，总共两万块钱，这在90年代初是很大的一个活儿了。我们有机器，有活儿，但是没有工人。我就在外文印刷厂门口等，出来一个人我就上去问：你认识工人吗？给我介绍一个工人吧。后来人托人，就找到两三个工人，就这么把这件事干起来了。

那活儿其实特别简单，三色的一个活儿，但发现根本印不好，可能有裁刀精度的问题、单色机套印的问题，等等。工期又越来越近，我们只能把这个订单拿到印刷学院印，然后交货，但肯定不挣钱。但是我已经把牛吹出去了。美校毕业，好多同学都去了这个广告公司，我所有同学都知道我做了印刷。我就开始倒活儿，不挣钱，但是维系着一个未来的假象。

干了一段时间，我们下定论觉得机器不行，就去租了印刷学院的一台机器，是双色机。其实精度也是不够的，但是比之前的要规范得多，所以就开始干这个。但是干了大概两年以后，工厂有一天跟我说，你不能接着干了，你在我们这儿已经挂了二十多万的账，不能给你提供新的纸张了。后来我说我承担这个亏损，但是我跟那个工厂弄了个合同，规定给我的价格要比对外便宜5块钱，跟工厂保持了这么一个关系。我想工厂也不太相信我能把钱还给他们，但是后来我还是用了大概一年多的时间就把钱全还给他们了。

后来我发现，倒活儿还比以前能轻松点，因为以前我们要租机器，要养工人，倒活儿的情况下，这些开销都没有。当时出现了一个契机，有一个图片社要倒闭了，我们花了两三万块钱买了他们所有图片的正片；还有一个契机，就是当时我们在鼓楼租了一个洗衣店的二层做办公室。那时候之前的合伙人走了，我就把我弟弟拉进来一起做了，当时还有另外一个人，我们公司就这么三个人。当时我就说我们应该投黄页广告，派人去问了一下那黄页广告有没有登"豆腐块儿"的，打电话回来说广告只有整版的。我说整版多少钱？好像是八千。当时我们好像就只有两万块钱，我弟说太贵了，咱算了，不登了，我说登，说不定一个活儿咱就挣回来了。我们就一咬牙，做了这个八千块钱的广告。

广告大概一个月就登出来了，我们就接到第一个电话，接了那个活儿。那个活儿我们没挣钱，但是我们把自己的直投广告做出来了，我们就有了自己的信封，有了自己的广告，开始按那个黄页给别人寄。后来就有了一些活儿，过了一年，到年底的时候，我们就做了台历。第一年我们就卖了十几万本台历，赚了几十万。我们要把每一本换包装，运到办公室，再运到客户那儿，一本一本地搬，特别沉。但是当时我们用了一年半就开始赚钱了。做了两三年以后，就做到了七八百万的营业额。做印刷也改变了我们的人生，观念上发生了很大的变化。因为那期间我一直排练，一直玩乐队，所以那时候也挺分裂的。做印刷让我改变了很多。

申焕明
Huanming Shen

1992 年，我开始和沈黎晖一起做印刷。我住在工人体育场旁边的宾馆，办公、住宿都在一起。那会儿的业务得来不难，都是国有印刷厂控制着这个印刷，你要去印刷厂印一个东西可能要两个月，在我们这儿两个星期就能出来，那会儿就特牛。你给我惹不高兴了，就能把你从办公室骂出去，我们不干了。然后人家反过来还得求着你。其实那会儿是一个卖方市场，价格不透明，你可以胡要，看情况要，看心情要。到 1994 年年底的时候，就慢慢开始市场化了。那会儿一天大概就干半天的活儿，因为没那么忙，剩下的时间就一块儿瞎玩。

因为那里是个宾馆，宾馆头有闭路电视，我们就开始看点儿香港的电影，还拿录像机看录像。那是 1993 年，有一次拿回一盘披头士的纪录片，看完之后跟那儿大骂，小野洋子，这个妖孽，这个狐狸精，你生生地把披头士给拆散了，披头士解散完全是因为你，等等。

最早办公室租的是工人体育场的宾馆，门牌号 3060，我记得特别清楚。那会儿办公、住宿都在一起。一开始里边还有两张床，白天有他有我，还有另外一两个人，有他们学校的一个毕业的小姑娘，他们班的同学也去帮着画一下设计。那年代没电脑，所有稿子只能靠手画。印刷厂在大兴，比较远，我每天主要是负责厂里的事情，他这边做业务多一些。

中间还有一个细节，是我们上高中的时候，1988 年还是 1989 年，**也不知道谁从香港带回一杂志来，里边有维珍的创始人——理查德·布兰森。**那会儿他就弄航空公司了，沈黎晖就跟我说，这事儿挺有意思，你看这人又弄唱片，又弄服装什么的，干这事儿挺有意思的。少年时代看到那么一个事情，就对他有影响了，以至于潜移默化地影响了他未来的发展，或者说他本身就是那样一个人，具备了那种潜质，看到了之后，马上就会联想到自己也要做那样的事情。

i-D Magazine
i-D 杂志
No. 54, 1988

i-D Magazine
i-D 杂志
No. 219, 2002

i-D Magazine
i-D 杂志
No. 14, 1983

一早醒来，买了3000的书

申焕明
Huanming Shen

做印刷的时候，沈黎晖对钱也没有什么概念，因为说实话，钱挣得真是容易。突然之间，可能一个月里每个人能有几千元的零花钱，有些事就有点大手大脚。大手大脚看似不好，但对今天也产生了一些有益的影响。我们当时住处的马路对面是中国图书进出口公司，二楼卖图书，如果我没记错的话，那会儿一本画册大概两三百，甚至四百元人民币。我一直是爱睡懒觉的那种人，他起得比较早，有天我刚起，看见他拎回来一兜子画册。我问花多少钱啊？他说三千。什么概念呢？那会儿一个人的月工资是在300~400元，三千就相当于一个人10个月的工资。按现在的情况来算，10个月工资可能是8万，可能是10万、20万、30万。就等于你早上突然发现有一个人回来了，买了30万块钱的书回来，就那样一种状态。我当时就说，你花那么多钱买它干吗？但他还是老去，一两个月就去买点回来。我们拿着画册就翻翻，有时候给人设计东西用。其实后来发现，也用不着太多，因为当时都是手画稿，有些东西根本就实现不了。但我觉得，这个事儿奠定了他的审美基础，从而决定了摩登天空未来的审美。到现在他一直还保持着这个习惯，买杂志、买画册。

在1995年年初，沈黎晖花大钱买了台苹果电脑，我没记错的话，不是12万就是8万多元，就是最老的那款苹果电脑，他买下来给公司做设计用。

庞宽
Kuan Pang

那时候沈黎晖定了好多外国设计杂志，像《The Face》（《面孔》）、《i-D》、《Idea》（《意念杂志》），我们每次能够看到好多，能第一时间看到90年代末、21世纪初那些潮流的东西，可能会比其他人知道得要早。**我们那会儿从沈黎晖那儿拿了好多杂志，做设计的时候就在腿上放一本那个杂志，一边抄一边设计，这里边有好多元素什么的能借用。**我是切（拿）杂志，我切了他好多杂志，他买了我就给切走了，全都是特牛的。

那会儿有一个特有名的美国杂志，现在已经没了，那个杂志有它自己的风格，特时髦。因为之前的很多设计都特干净，那会儿它等于突破了，把街头的一些元素融入杂志设计里面，比如说字体全都打散了，然后做成像是街头涂鸦的感觉。有种特别随意的、写意的感觉在里面，它对我们冲击特别大。

后来发现，比较不错的画册或者杂志上的设计有很多是实现不了的，我是说工艺上。比如硫酸纸，那纸咱们国内没有，必须得进口，印刷技术也达不到，要找另外的印厂，得去广州印。北京哪儿都印不了。

宋晓辉
Xiaohui Song

摩登当时给我的感觉就是设计风格挺洋气的。要说设计唱片封面这件事，其实咱们国内的很多唱片封面设计都是在模仿。摩登天空也模仿，但是变成本土的东西的时候，可能就没有这种模仿的痕迹了。比如清醒乐队的Logo（标志）这个字体，你一看就能联想到Blur（污迹乐队）、Oasis（绿洲乐队），等等。看一下就知道是英式风格。

当时沈黎晖看什么杂志我知道。我有一次去他家，我看他放了一本叫《Ray Gun》的杂志，中文叫《射线枪》，那个杂志非常前卫，是一个美国叫大卫·卡森的设计师创办的，风格非常颠覆，文字可能会撕裂、颠倒，可读性非常非常差，但是非常的前卫。

刘润来
Runlai Liu

大概是从2001年开始，我们工作室开始做摩登的专辑封面设计。《Badhead1》、

Hero

RUNLAI LIU
刘润来

About

波纹影像工作室创始人，导演

曾经手摩登天空早期大量专辑封面设计工作

和"新裤子"、"机器人两室一厅"、庞宽等保持密切合作

Hero

RYAN ZHANG
张然

About

视袭音乐创始人

通过创立“影响城市之声”与沈黎晖获得接触

司职国际事业部，管理英美分公司，主持大量海外音乐人的来华活动

Words

“越是贵的，越是大牌的那种艺人，越不是钱能搞定的。”

Hero

RAYMOND TAO
陶雷

About

摩登天空数字传媒创始人 CEO

线上线下同步重启公司旗下杂志《摩登天空》

曾任奥美广告中国区总裁

Words

“我在奥美的时候感觉自己在一个既有的轨道上，能做的努力就是尽快去跑。但到摩登你发现那个轨道是不存在的，你面前是一片绿色的原野，远处有非常好的风景，你迈出第一步踩下去可能踩到沼泽，也有可能踩到石头，你不知道你会怎么到达那个地方，所以你要不停迈出一步。”

《Badhead 2》、《Badhead 3》都是我这儿做的，主要是以一个人物形象为主，然后呢，都是不带脸的，有人物，但是没有脸，用各种方式来把脸挡住。Badhead 第 1 张呢，可能是用他的头做了一个三维的球，带刺的；第 2 张呢，就是做了一个女孩儿，举着一个卫生巾就把脸挡了；之后还有第 3 张，出到 3。因为 Badhead 的音乐更独立一些，可能受众更小一点，他们做音乐可能也更自我、更自由一点。所以呢，从封面角度来讲，可能人物并不是主要的，他们的形象什么的都不是主要的，所以用这种方式来表现会好玩一点。

因为沈黎晖也是学美术的，对这方面特别重视。最早的话，就是看国外的一些 CD 什么的，很多乐队都不认识，主要就是看封面，什么好看买什么，是直观的那种。直观的东西可能有时候会很吸引人，这也是我们最早做音乐设计的初衷，就是觉得这事儿很好玩。他大概有方向的话会说一说，通常都不说。有的乐队我们会听，听完再根据音乐风格做设计，但很多根本就不听，就是一说名字，然后直接做，再大家一起碰。乐队本身的风格加上设计风格，可能会出现一种新的感觉，这就是一个未知的东西。

张然
Ryan Zhang

因为我之前也做过书什么的，比如说音乐和设计的双重历史，都是什么海报的变化、CD 设计的变化，你从这里边就能看出来，摩登那时候的设计风格跟别人特别不一样。在当时，所有人的专辑封面全都是大照片，脸的照片什么的，然后加点文字变化。摩登就是想把这个专辑或者海报做成一个作品。

陶雷
Raymond Tao

沈黎晖是一个有审美趣味的人，这一点特别重要。我觉得苹果就是非常有意识地把审美这件事情，变成了产品开发和市场营销一个很重要的因素，把好的审美变成了生产力，转换成了巨大的价值。我觉得摩登也有同样的这种可能性，或者同样的这种基因，就是我们特别注重审美，然后能够把审美转化成商业的价值。这是我认为摩登能够成功的一个很关键的特点。

《The Face》是一本英国青年时尚文化杂志，被奉为**反传统文化的“圣经”**，1980年创刊，2004年3月22日宣布停刊。

王硕
Shuo Wang

他（沈黎晖）那时候给我介绍杂志，包括香港的一本杂志，现在已经停刊了，叫《Cream》（《精华》）。当时我们能够去一个叫龙之媒广告书店的地方买到。当时的很多审美，还有设计的专有名词什么的，都是从那时候开始学来的。

小硕
Shuo

我觉得摩登做的东西，不仅是“草莓”，包括摩登天空音乐节，更多是在美学层面。我觉得在美学层面，它多多少少对我有一些影响。

Chapter
03

NEXT STATION HUAYUAN VILLAGE

Title

下一站，花园村

Preface

摩登天空从一开始就不跟任何人来往，所以我们特别神秘，大家不知道这帮人从哪儿来的，这个公司背景怎么回事，好像我们谁都看不上，就这个范儿。当时正好有陶然那票人在，摩登初创的时候他们也写唱片文案，都很特别。摩登天空写“新裤子”的文案，上来第一句话就说他们是三个呆头呆脑的大舌头，那时候很少有人这样去写东西。—— 沈黎晖

以为是大楼，结果是地下室

申焕明
Huanming Shen

花园村那地方本身就比较神奇，我们是从二房东那儿租的。二房东是谁呢？是现在的圣象集团，圣象地板。那个房子先后走出了圣象地板和摩登天空。上星期我跟沈黎晖说，那儿的风水肯定好。当他们还没有做圣象地板的时候，在那儿做二房东，出租地下室和上面的几个房子，然后摩登就给租下来了。

沈黎晖
Lihui Shen

当时也是看见招租广告找到了那个地方。我们一开始租了地下室的一部分，后来发现那个院子里的物业楼上有房子，我们就挪到了对面，但是后来租地下室的另一家公司也搬走了。我们就租了整个地下室和楼上的两间。在我们最困难的时候，把楼上的房间一半转租出去，后来我一直住办公室，从来没自己租过房子，就住办公室，住了很多年。

当时楼上有个女的，现在说起来挺后怕的。她那时候老给我写信，但是一看脑子就有问题，她好像是学财务的，说要在财务上帮助我们，还说了一些特别奇怪的话。后来有一天，她来了就不走了，我们就报警了。报警以后，警察去她们家，才发现她在楼道里还写了我的名字，挺瘆得慌。

摄影_李骁

Heroine

FANCY FAN
范雪

About

摩登天空副总裁，摩登天空资深员工

参与过从行政、财务、出纳到企宣、经纪等一系列围绕唱片行业形成的岗位

负责早期公司饭局结账

至今怀念摩登天空最早在花园村的地下办公室

Words

“摩登那个时候还有一个风气，就是吃饭的时候专挑让你咽不下去的话题讲，然后看谁能忍。”

Hero

SHUO WANG
王硕

About

坏蛋调频创始人

第一次参与摩登天空文案工作时不满 18 岁

Words

“我记得有两个乐队送过小样，其中一个是广西柳州的，计划是要么出专辑，要么就高考，我当时建议他们去高考，但他们非要出专辑，这支乐队叫‘旅行团’。”

庞宽
Kuan Pang

有好长一段时间，沈黎晖就住在公司。他们那个居民楼上有一个女的喜欢他，可能真的是精神有点问题，老来找沈黎晖。买一袋米，说沈黎晖你帮我搬楼上去吧，过两天又拿一桶油，说你帮把这桶油拿楼上去。因为那时候沈黎晖老在公司待着。

沈黎晖
Lihui Shen

到 2007 年的时候，我们就变成两家公司了，一个是摩登天空数字公司，在光华路的阳光 100 有个小办公室。在花园村有不到 10 个人，六七个人的样子。另外一边可能有六七个人，一共加起来有十几个人。

申焕明
Huanming Shen

当时公司里有我、祝威、黄海鸥、庞宽、陶然、沈黎晖、一个会计、两个小姑娘，还有吴卓玲，等等，不超过 10 个人。那会儿整个摇滚圈儿都挺不靠谱儿的，圈内还评选过什么十大不靠谱儿青年，比如说张亚东、张有待，他们都在里面。

庞宽
Kuan Pang

我有一个朋友也是美校的，跟彭磊是一个班的，他跟沈黎晖熟，那会儿我们在美校玩乐队嘛，他说去摩登给那个沈黎晖听听。那会儿想着公司应该是挺正规、挺大的，没想到一去，却发现是一

MV
NEW PANTS
扫描二维码观看
《生活因你而火热》 MV
新裤子

个传达室，沈黎晖在那里头坐着。我们一开始做印刷、做台历什么的。

我是学平面设计的，新裤子乐队那时候玩的是朋克，还没玩儿 Disco（迪斯科）呢，然后我弹键盘，也加不进去。但是也得找点事儿干啊，沈黎晖说，你来这儿上班吧，做平面设计。等于是他把“新裤子”签了，然后我就去上班了，那应该是 1997 年。

王硕
Shuo Wang

那时候给网易写稿，后来就是基本上所有杂志都写过了。有一天接到一个电话，谁打来的呢？是丁太升，他说你能不能来我们这儿坐坐，我们有一些文案想找你帮忙写。后来才明白什么叫文案。他们可能也没什么钱，就找这帮小孩儿嘛，找一帮小孩儿给写，然后我特兴奋地就去了，因为那个时候觉得那是一个传奇。然后我就坐公共汽车，我们家门口一个 704 路公交，正好到花园村，过了马路，就是他们那个办公楼，一个高层，底下一个破门，那个破门一打开，发现那门上还有一个洞。后来才知道，鼓三儿有一天喝多了，给姜昕录音的时候就踹何勇，给何勇踹进去了，形成了一个洞。

徐凯鹏
Kaipeng Xu

公司在花园村那个楼下，中间有一个地儿，是做饭阿姨住的地方，进去先是设计部，庞宽他们都在那个地方，再往里应该就是排练室，有一个编辑部，就是企宣陶然他们做杂志的地方，再往里是发行部，**然后沈黎晖就在最里边那个库房外面办公，他那个地方的灯永远是最亮的，**我印象里我每次去，总有一堆乐队围着他，像“木马”、“舌头”什么的，一堆乐队围着他“讨债”。

范雪
Fancy Fan

我觉得花园村是一个特别值得怀念的地方，我至今还很怀念那个地方，虽然是一个地下室。它上面有个一层，但一层实际上特别小，沈黎晖的办公室在一进门的左手边，也就 10 平方米左右的小办公间。再往前一点有个 20 平方米的空间，这个空间就是公共办公区。楼梯下面就是摩登最早的录音棚，很多早期的专辑其实都是出自那个棚。

庞宽
Kuan Pang

那时候摩登刚正式成立，之前刚出了一张《摇滚 94》嘛，出完《摇滚 94》以后，马上要出清醒乐队的专辑，但是沈黎晖觉得，我们作为一家唱片公司，光我们自己一个乐队有点说不过去，然后得找俩陪衬，找了一个“超级市场”，又找了一个我们（新裤子）。

那个时候挺有意思，他们都是做印刷的。所以风景的员工也是摩登的员工，好多业务员其实都是跑印刷业务的。也没有说像一家唱片公司似的，有宣发、有文案，那时候什么都没有。

那时候公司名字听起来就像英国的嘛，英式的。摩登天空（英国）有限公司，出去可以唬人蒙人的那种。不像现在，现在真的有摩登天空（英国）有限公司了，美国也有迈克他们。

Hero

KAIPENG XU
徐凯鹏

About

资深音乐经纪人
荔芙娱乐厂牌创始人
足球教练员
三进三出的摩登天空不优秀员工

Words

“世界以痛吻我，我要报之以歌。”

SUMMER NIGHT @NU SPACE
扫描二维码观看
"星期三旅行"
在 NU SPACE 的现场演出

Hero

WUSANWUWU
伍叁伍伍

About

坏蛋调频创始人
戏剧演员
《摩登天空》杂志现任主编
布拉格乐队贝斯手

Words

"2003 年的那次山羊皮演唱会，大街小巷还在那儿放炮呢，下完雪，雪还没化。朝阳体育馆那个地方以前经常搞那种服装展销会，马路对过又是朝阳妇幼保健院什么的，特别魔幻。"

申焕明
Huanming Shen

吴卓玲就是觉得摩登知名度大，就从成都找来了。她觉得摩登应该是一幢大楼，就是跟现在似的，玻璃上印字的那种大楼。然后到了花园村，按照地址找到一看，是地下室。

吴卓玲
Zhuoling Wu

我好像是 1998 年那会儿，认识了我男朋友，然后他说他们签了一家公司叫摩登天空，那会儿我还不知道是啥。然后好像就有那个杂志了，它附带一些磁带，我记得，可以听到一些乐队的小样、单曲之类的。我一到北京去，到了花园村，觉得反差很大。因为它出的杂志感觉挺时尚、高端的嘛。签的乐队挺英国范儿，感觉跟那些地下的音乐姿态都不一样，所以我觉得肯定是一家挺有钱、挺时髦的那种公司，结果一去就在地下室。

伍叁伍伍
Wusanwuwu

当时我在复旦上学，正在玩摇滚乐队，后来一看"摩登天空（英国）有限公司"，我说这是家英国公司，来中国收乐队小样来了，然后就特激动，拉着乐队的人一块儿录了一盒磁带，当时交给了孙孟晋，后来就没下文了。

王悦
Yue Wang

我们第一次去摩登天空，在西三环地下室那里，做一个采访，好像是颜峻找的。那个时候觉得摩登天空挺洋气的。它比较像是一个做平面设计的公司，那个年代的装修风格就已经很简约了。

孟金辉
Jinhui Meng

第一回去摩登也找了半天，最后从一个小区里看见一个玻璃门，觉得有点洋气，心想可能是这地儿。忘了第一次见沈黎晖到底是什么情形了，那时候公司人特别少，应该就四个人吧。地下就是录音室、库房什么的，其实楼上没多大点儿，进去一长溜，然后那头是沈黎晖的办公室，这边就是范雪等，没几个人。墙上镶了一排唱片，从第一年一直排下来的，也有一些海报。

上午说，下午就干

范雪
Fancy Fan

大家的工作状态确实挺好。因为那时摩登特别专注于给乐队录唱片、出唱片，有一段时间我们恨不得一个月出五张，五张唱片放在一起出。

那个时候大家喜欢不同的音乐风格，白天大家你听你的，我听我的。办公室各种音乐都在放，但谁也不计较，没有任何矛盾。然后等到集中工作量的时候，比如到出版、设计、印刷的时候，就一起对所有的版进行校对，边听着音乐边愉快地玩着，把工作也干了。经常是加班到深夜一两点钟，那个时候我也很年轻，感觉特别有活力。

徐凯鹏
Kaipeng Xu

一开始，设计部门的人基本都朝九晚五，唱片那边的人基本就是下午才到。陶然下午三点到是正常的，到那儿就开始抽烟，昨天的烟灰缸还没清理，他也懒得倒，满屋都是烟灰。然后

HUAYUAN VILLAGE
花园村
邮政编码 100048

Heroine

ZHUOLING WU
吴卓玲

About

音乐人，曾经人间蒸发，安身西藏

因男友的乐队签约摩登而到摩登天空工作

2001 年组建“星期三旅行”乐队

Words

“当时摩登天空在花园村，我住得远，在树村，在建国门那边还有一个兼职的工作，周三周五都要跑一个大三角，像旅行了一趟。后来我就把我们乐队叫‘星期三旅行’。”

开始听歌，因为当时各地的人都会寄小样过来，他就会天天听。

庞宽
Kuan Pang

我觉得摩登特别好的是那会儿人少，特别像一个工作室，效率特别高，不像现在似的，虽然比以前有钱了，但是变得臃肿了。那会儿就是说一件什么事儿，上午说了下午就干了，特快。

吴卓玲
Zhuoling Wu

那时不坐班，有事情就干，干完就可以走。不存在什么加班的问题，挺随意的，挺乌托邦的那种感觉。**大家一群年轻人聚在一起，没事也待在那儿，聊聊天，消磨时间，每天都有新的信息、新的事物、新的人出现，**那会儿年纪小，觉得不管怎么样都好玩。

中午我们可以在公司吃饭，一开始还有一个做饭的阿姨，后来阿姨走了，大家在周围的一些小饭馆挨个吃。当时我住得远，在树村，在建国门那边还有一个兼职的工作，周三周五都要跑一个大三角，像旅行了一趟。所以后来我就把我们乐队叫“星期三旅行”。

王硕
Shuo Wang

那时候确实特别爱去公司，我们学校在北四环，我每天中午坐 944 路公共汽车过来吃饭，为什么呢？就是想去沈黎晖办公室，因为他办公室两面墙全是杂志。所以我在杂志方面的启蒙，都是因为沈黎晖这个人。那个时候音乐已经可以下载了，但是杂志还无法下载。所以只要有朋友去英国读书，都会托他们给带一些杂志来。那时候年纪小，跟人家没法对话，聊经历聊不过人家，只能聊外国这点事儿。

年轻就得混

申焕明
Huanming Shen

每天在一块干吗呢？没有那么多的工作，大家更多的是聊天，说想法。其实就是“混”，加引号的混。我觉得那种混，更多是你创造力的源泉所在。

LIHUI SHEN
沈黎晖
摄影＿李骁

徐凯鹏
Kaipeng Xu

有一次我对庞宽和黄海鸥说，你们带我去玩。摩登在三里屯南街的“17Livehouse”刚开，我们去了，觉得真棒，年轻就应该过这种生活。黄海欧、庞宽两个人简直就像漫画里的人，会相互对锤，挺有意思的。

庞宽
Kuan Pang

在西三环那院里，中午吃面条，沈黎晖经常一边吃着一边说，我们将来要拍电影，拍电视剧。

孟金辉
Jinhui Meng

那时候工资特别低，但是公司有一个特别好的福利，就是管中午饭。那时候也没那么忙，所以一般我们花很多时间在中午饭上，就坐那儿聊，吃完了，最后范雪一结账，就走了。现在估计不管饭了吧？

范雪
Fancy Fan

那些小饭馆还挺记忆犹新的，我们吃了很多年。摩登那个时候还有一个风气，就是吃饭的时候专挑让你咽不下去的话题讲，看谁能忍。我最后都磨炼出来了，吃饭的时候你说什么我都不在意，还是一样能吃。

Hero

JINHUI MENG
孟金辉

About

异视异色创始人，旗下包括国际媒体品牌 VICE、NOISEY、Creators、i-D

曾在英国学习“音乐产业管理”，2004 年退学后加入摩登天空

曾任摩登天空子厂牌Badhead 和 Guava 主理人

Words

“当时做‘重塑’第一张 EP，里边要鸣谢的某个人的名字写错了，我自己花钱重印了一版 3 000 张，我那时工资一千五。”

不会可以，现学

王硕
Shuo Wang

据说，这家公司孟金辉是干的工种最多的一个人，除了财务，其他两种都干过了。范老师（范雪）连财务都干过。

申焕明
Huanming Shen

我觉得那是摩登最酷的年代。黄海鸥刚到，他来公司之前是做平面设计，也都是奇葩。他去上一家公司应聘的时候，人家问他会设计吗？他说会。给他大概说了说，就来上班了。在那之前，他根本就没接触过苹果电脑，也不会使用软件，上班的时候让旁边的同事拷一个东西到他这里来，他打开电脑，只用了很短的时间，看左边和右边的人工作就学会了。

当时祝威是管杂志和磁带发行的。有一天晚上我们要修图，大概是裁大小的那么一个比较简单的工作，已经晚上 12 点多了，还有 200 多张没修完。祝威就跟我们说，你们回去吧。我们说为什么，他说他来弄。我们说你也不会啊，你也没学过。他说你们弄的时候我就看会了。然后我们将信将疑地就走了，等第二天回来的时候，祝威真的弄好了。后来才知道，他通过看别人弄，学会了这些软件，通过看吴卓玲做网站，学会了做网页，后来还去了新浪做网页的设计编辑。

1999 年、2000 年前后，公司有了自己的网站，有自己的聊天室。**聊天室里使用陶然发明的公告语体，实际上就是现在微博的雏形，**其实就是不让你说那么多，简简短短的，那不就是微博吗？那里面每个人都不是专业的，网站是吴卓玲做的，她本来是学英语的。那时候公司里全是奇葩。

陶然
Ran Tao

记得我们那时候很积极地做网站，每天在网站发新闻，新闻都是一句话，特别像现在的微博。网络聊天室每周邀请一个艺人跟大家聊天，我负责打字，艺人坐我旁边，负责聊。我记得最尴尬的是陈底里，那天没什么人，没有人跟他聊，后来好像也就来了两三个人吧，但是他特认真，跟那两三个人聊得特开心。

摩登的官网是吴卓玲弄的，她先自学，然后就真的做了一个网站，太神奇了。

吴卓玲
Zhuoling Wu

我第一次去摩登，就是让我做网站，因为当时的网站没人管理。我会一点 Dreamweaver（“梦想编织者”网页制作管理软件）的基本技术，其他的就靠现学现问。当时网站特别简单，基本上就是一些框架和文字方面的维护，也没法听歌，里面是艺人的页面，还有个论坛。网站上有一个链接，就直接链到摩登天空的论坛里面去。

那会儿大家都在论坛上发言，就相当于现在的微博、微信之类的。我相当于是网站的版主，曾经还跟武汉的一帮朋克有场骂战。他们是因为一些什么事情，就开始攻击摩登。我看到就跟沈黎晖说，他去回应，但是他让我用我的名字回复这些人的话。我一回复，那边又骂回来，就开始你一言我一语，来来回回，骂了挺长时间。大概就是他们说自己是朋克，看不惯清新的英伦风格的音乐。实际上他们也都很年轻，挺幼稚，就好像要站队一样，我们这边是朋克，我们才是真正的摇滚，你们那个是虚伪的、小资的。那会儿他们是代表武汉吧，然后这边是北京，好像还扯到了地域歧视和偏见之类的，我就记得沈黎晖说了一句“傻瓜哪儿都有，不在乎北边、南边”这样的话。感觉他这句话特别有震慑力，一句话把他们都给灭了。

Chapter
04

EVERYBODY LOVES BADHEAD

Title

谁不喜欢坏脑袋？

Preface

这在当时也是一个非常大胆的决定，我们做 Badhead 一片叫好声，但是也收到了一些信，说这些都是什么玩意啊，很难想象摩登天空会出这么难听的音乐，我真的收到了这样的信。这个有意思，我要的就是这样的效果。而且，我虽然当时没问过庞宽、彭磊，但是我觉得他们一定很讨厌我们做这些人的唱片。他们完全不是一类人，我喜欢这种矛盾的感觉。——沈黎晖

Hero

XIAOZHOU ZHANG
张晓舟

About

摩登天空艺术总监

摩登天空子厂牌 Badhead 及 Modern Sky Worldmusic 主理人

Words

“这个公司的大部分人我不认识，我觉得大部分人也不认识我，有的人可能知道有这个人，但是 90% 以上的人不知道我在干什么。”

好好的脑袋怎么就坏了？

张晓舟
Xiaozhou Zhang

到了 20 世纪八九十年代，在摇滚乐产业变得发达的时候，就开始出现各种各样的变化，比如说出现了子厂牌。Badhead 就是摩登天空的子厂牌。

一家大公司，它要搞另类的东西，另类也开始成为商业了，或者说大的背景是强大的资本主义养出了很多私生子，这个私生子想把老爹给杀了，美国 20 世纪 80 年代的另类文化是这样，沈黎晖不也是这样吗？

胡吗个
Mage Hu

一开始的时候在家录小样，那个时候都用那个小随身听，还挺贵的。磁带其实寄给了好多人，我那个时候复制了几十盒，就是寄给当时国内的乐评人、唱片公司——有中国火、中唱，就是那批老的唱片公司，现在好多都不在了。期待别人赏识你，可能也不抱有太多的期待，因为觉得那个东西太怪了。第二版就算半成品了，给所有的媒体、乐评人、唱片公司寄了一遍，但没有想过摩登天空，那个时候只有这个公司没寄，因为觉得他们太时髦了，我太土了，他们不可能喜欢我的东西。

张晓舟
Xiaozhou Zhang

在 19 世纪，法国文学里头有所谓的“外省青年”这个说法，巴黎是一个世界，外省完全是另外一个世界。这是不一样的法国，因为巴黎是世界，外省就是法国。北京是世界，其他地方不是，即使上海很洋，但是上海并没有那么丰富。他们都说上海话，你不可能跟一帮上海人一起做事搞乐队，对不对？北京没有，外省摇滚青年都跑到北京来，在 90 年代是这样的。而80年代是属于北京土著的，从崔健、唐朝到窦唯他们，以及沈黎晖、周凤岭。

北京也有两个世界，清醒乐队不会跑到五道口，不会去嚎叫酒吧和开心乐园，也不会在那儿演。嚎叫属于谁呢？比如“冷血动物”，还有好多朋克乐队在那儿。开心乐园就是“舌头”、“痛仰”、“美好药店”、“废墟”，等等。这个世界基本是外省摇滚青年的世界，这是 90 年代末。

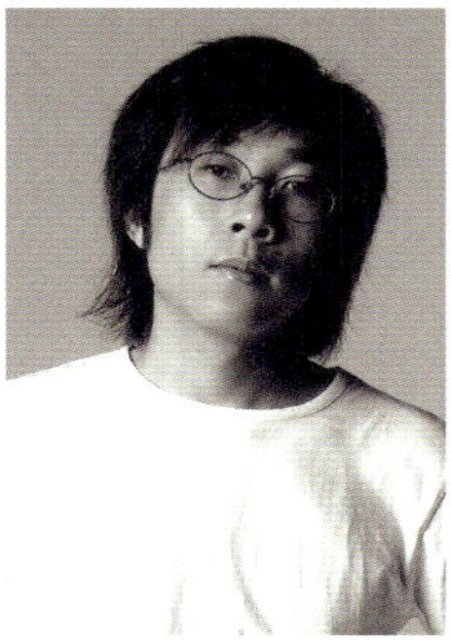

Hero

MAGE HU
胡吗个

About

导演，《第三极》音乐监制

到了北京后从事中学代课等工作，最后辞职专心写歌

创建万国马桶 BBS（网络论坛）

Words

“听了王磊的建议之后，我就买了一个四轨机录小样，给所有的媒体、乐评人、唱片公司寄了一遍。唯独没给摩登天空寄。因为觉得他们太时髦了，我太土了，他们不可能喜欢我的东西。”

张有待
Youdai Zhang

摩登天空本身已经很另类了，但是它想把更另类一些的音乐放在一个厂牌里。可能那个时候就突然有这么一批比较怪的东西给到它了，因为摩登天空的形象是以“清醒”为代表的，这些都不怎么“清醒”，所以给他们弄了一个 Badhead。

吴卓玲
Zhuoling Wu

Badhead 真正地传承了这种独立精神，因为那时摩登天空本来就是想做这种独立精神的。但是它后来为什么分出来一个专门的 Badhead？就是因为沈黎晖还是考虑商业性，就是有一些适合推广主流一点的，像摩登天空那边。而 Badhead 这边则保留了它独立精神的厂牌和状态。

胡吗个
Mage Hu

沈黎晖他们出来都是西装领带，音乐也是洋范儿，整个包装、造型、打扮、MV（音乐录影带）全是洋范儿的。我觉得他们不可能喜欢这个东西，我也不喜欢他们的东西，觉得他们太洋气了，所以就没考虑过这个事情。

沈黎晖
Lihui Shen

当时胡小鹿来摩登，我忘了是颜峻还是谁介绍的。我一看，这姑娘看上去太土了，但觉得她又特别聪明，我手里头也没有人可以用，我说那你就来上班吧。来摩登以后，她就向我们介绍她的男朋友胡吗个。我说这音乐太有意思了，她说我们没有钱，我们用四轨机录的。他们住北大那边，就住在一个临时租的房子里，还漏雨。以前我跟这圈子打交道很少，我是在收音机里听到左小祖咒的，有待的一个节目放左小祖咒的歌，我给有待打电话，问他这个人是谁，我要认识这个人，这个人我也感兴趣。

NO
THE MISSING MASTER
NO
《走失的主人》
1998

张有待
Youdai Zhang

有一段时间左小祖咒老请我吃饭，但是我那个时候老迟到，他就等我很长时间，默默地等我。我不知道为什么这个人对我这么好，后来才知道，是因为有一次我在节目里面播放了他在《摇滚北京》合辑里面的一首歌，被沈老板听到了，就找过来签了他，于是左小祖咒在摩登天空发行了那张《走失的主人》。

沈黎晖
Lihui Shen

前前后后这票人就凑齐了，丰江舟、陈底里、左小祖咒、胡吗个这帮人。我说里面有些东西吸引到我，但是跟摩登太不一样了，所以我们就想，要不要成立一个新的厂牌。因为我觉得“清醒”、“超级市场”、“新裤子”……“北京新声”这些人太时髦、太城市、太鲜亮了，我们必须要做一个反叛自己的声音，所以我们就成立了一个 Badhead 厂牌，就吃了一顿饭，这些人全都认识了，胡小鹿也来了摩登，就做了 Badhead。

胡吗个
Mage Hu

1998年年底，颜峻来北京，呼朋唤友来了很多人，就约着在西三环吃饭，我也去了。我这个人也不善社交，也不愿意跟人交流，这些人我也不认识。

先约在花园村的地下室见面，我和小鹿去的时候，颜峻他们还没到，我们应该是第一个到的。我记得很清楚，是从楼梯上走下去的，然后我看到下面一个人，特别矮特别矮，我心里特别高兴，还有一个这么矮的人在里面，就是沈黎晖，但是那个时候他挺帅的。我和他打了一个招呼，他也没说什么，因为不知道我是干什么的。

申焕明
Huanming Shen

突然有一天，公司里来了一群戴鸭舌帽的头发特长的人，后来一看就是左小祖咒他们，“舌头”，还有胡吗个、“苍蝇”，他们那一票人就来了，后来摩登就开始给他们出专辑。

胡吗个
Mage Hu

吃饭是在西三环的一个馆子里。吃的时候人越来越多，小鹿背了很多磁带，给在场的每个人发了一盒，也不抱太多希望，就是觉得他们都是干这个的，让他们听听这玩意儿。

当时没有视频，如果拍下来会很好玩，很多人都是第一次见面。比如说，我在这种场合其实挺害羞的，因为我不知道说什么好。颜峻这种社会性很好的人就开始张罗，跟谁都自来熟。沈黎晖是知名乐队主唱，是公司老板，所以有点装，他就那样。祖咒就是那种装疯卖傻，觉得今天终于赶了一个局，我们好好蹭一顿吃的。所以没有怎么聊，大家就是觉得今天蹭吃蹭喝，我们在一起就没当回事儿。没有想我们这些人今天聚在一起，在什么时候会出一些什么东西，或者在未来的三五年这批人会陆续出一些东西，可能都没有这个想法。但沈老板有没有这个想法，我可不知道。

当时大家都喝高了，很多细节很好玩。当时有一个叫梅强的人，也是一个乐队的成员。当时他在打一个奇怪的电话，1998年的时候电话费还挺贵的，他把电话都打得没电了，后来就借颜峻的，颜峻特别心疼，因为那个时候有漫游费。那天喝得特别多，最后因为只有我们清醒，所以那顿饭是我们请的，花了很多很多钱。

第二天早上，我的传呼机接到了一个消息，是沈黎晖发来的消息，我回过去以后，沈黎晖说他对这个唱片感兴趣，也想要小鹿过去工作。这样一来，**那天晚上在场的我、丰江舟、左小祖咒、陈底里、王凡，好像那批人他都感兴趣，都签约了。**我到现在都不知道他为什么对我的东西感兴趣……可能有些方面触动了他，也可能因为怪。

张晓舟
Xiaozhou Zhang

这就是他厉害的地方，他发现了不一样。我为什么说摩登有时候是个好东西？什么叫作摩登？因为尊重。三个字，不一样。

我认为沈黎晖非常喜欢胡吗个，胡吗个也有可能在Badhead出一张专辑。

Badhead，又名“活儿不好”

沈黎晖
Lihui Shen

那个时候，确实每天过得也特别简单，认识一个人，可能聊半天。我记得发“新裤子”唱片的时候，我们就印了一个唱片的回执，我们收到了八千封信，就10万张，卖了10万张唱片，收了八千封信，所以那个时候我经常可以收到信和音乐Demo（唱片样本）。是那么一个时代，所以也会经常有陌生的人拜访，拿瓶啤酒就跟你聊半天，经常有那种时候。那个时候就是地下音乐的一个江湖，但是我们不了解这个江湖。Badhead让摩登天空变得不确定，有点Lo-Fi这种气质。而且胡小鹿当时问我，她说我们要不要重新录胡吗个这张唱片，我说不要，我就要这个Demo的感觉。

张有待
Youdai Zhang

“Badhead这个词有特别的意思。娄·里德的《狂野边缘》（*Walk on the Wild Side*）这首歌里面有两句歌词：‘But she never lost her head, even when she was givin' head.’（但她从未丧失理智，即使她在为男人们提供服务）。这个词在俚语里，是‘活儿不好’的意思。”

张晓舟
Xiaozhou Zhang

沈黎晖对于摩登的理解是欧美标准的，而Badhead是非欧美标准的，这就是Badhead和摩登天空，或者说我和沈黎晖最大的区别。

DILI CHEN
扫描二维码收听
《新生儿》单曲
陈底里

沈黎晖封面上的那件衣服是他找他亲戚借的，因为那时候北京可能买不到他喜欢的衣服，他的大衣和风衣是借的。他们需要借来一种文化，从英国。我认为摩登天空一开始就是借来的，这没有什么错，最重要的是真实。我当时觉得舌头乐队比清醒乐队伟大得多，我当着他们的面说，他们可能也不承认。我那时候也挖苦过，也当面挤对他。**但清醒乐队是真实的，没有那么多的压抑和痛苦，为什么要装得很深沉呢？**你觉得很无聊，为什么无聊呢？这就是城市的一个新的感性。你会问沈黎晖你为什么没有全国巡演？为什么没有去地下酒吧？因为他不具备那个气质。清醒乐队没有演出过几次就没有了。

沈黎晖
Lihui Shen

那外套是我女朋友的姐夫的。他给了我一堆他的二手衣服，因为那哥们是日本人，他以前是玩乐队的。他后来在大的船舶企业上班，但是从小玩乐队，有一堆特别嬉皮的衣服，也特贵，是定制的衣服，我穿正好，都特有型。我们乐队其他人的衣服都是定做的，我那件是二手的，好像是一个比利时的什么牌子，一件大衣，还挺有样儿的。

张晓舟
Xiaozhou Zhang

20 世纪 90 年代有一次演出，有一男一女的一个乐队，我忘了名字，还有“NO”，还有“苍蝇”，还有“舌头”，最牛的四个都去了，唯一的一次同台。这是颜峻写出来的，说这就是“四大天王”。

那次饭局，我和左小祖咒他们三个人一桌，对面那三个人是花儿乐队，那个年代真是太可笑了。花儿的那三个小孩儿都不敢抬头，我长得还是比较正常的，那两个太不正常了，他们特别猥琐，故意挑逗那三个小孩儿，其实是有点欺负人家。你看花儿乐队一上台就说“大家买我们的磁带了吗？”，他们本来就是那个路子的，大张伟当时是一个 16 岁的小孩儿，一上来就说“大家买我们的磁带了吗？”，他当然就是要当明星的路子，后来可能也当上了。所以你就完全理解了为什么沈黎晖会做 Badhead，因为他看到了外省青年做了一些不一样的东西——痛苦的、压抑的、可怕的，但是他从本能上又与之保持距离，所以他不愿意去五道口。

丰江舟
Jiangzhou Feng

我觉得那个时候整体还是一种野蛮生长的感觉，是一种原生态的感觉，所以那个时候出的东西是比较珍贵的，而且个性跟社会是脱节的，它似乎既脱节又不脱节，基本上是反叛的，不是特别被社会接纳的，以为脱离这个社会，我们可以有新的天地的感觉，这是非常符合摇滚乐的理想的。但是我觉得那个时候的总体是这种感觉，音乐也是这样的，才会出新。现在你再去做这种，我觉得会有做作感，人家听上去也不新鲜了。

申焕明
Huanming Shen

如果没记错的话，我问过沈黎晖怎么做这种。他表达了两个意思：第一，这是我们当下摇滚的声音，我们需要反映。第二，他认为这些人以后会出来，会好。所以说，在音乐审美上，摩登一直有自己独到的理解。我们可以通过自己的耳朵和审美挑出来好的东西。一个是现在还在音乐节上压轴的“新裤子”，同样还有左小，他们就是那个年代摩登天空音乐审美选择的证明。

王硕
Shuo Wang

我记得有一次听说摩登出了一个新品牌，叫 Badhead，里面有胡吗个，还有陈底里，那张专辑应该叫《我快乐死了》……然后，当时就觉得这玩意儿太酷了，就是觉得听不懂，就是觉得挺酷的，跟原来的那种认知不太一样。你想想，1998 年那会儿，“NO”

DELIRIUM
《我快乐死了》
陈底里
1999

啊、“苍蝇”啊那些乐队，在那个年代听，说实话，真听不懂，不觉得了不起。但是今天一听，这就是当下最 High（高水平）的音乐，人家 20 年前早就做完了。

胡吗个
Mage Hu

当时感觉那 4 张唱片每一张都不一样，都很有特点。丰江舟（苍蝇乐队）和陈底里是我不熟悉的两个人，因为他们是电子音乐人，我对电子音乐完全不熟，听的也少。左小的话，就觉得猛，而我的是怪。现在来看，我觉得当时技术都很落后，但是激情四射。

沈黎晖
Lihui Shen

长得不好看的就放在 Badhead，比如“声音碎片”这种。有一次他们来我办公室，说老沈能不能让我们上时尚杂志？我说你们去照照镜子，你们适合上时尚杂志吗？你看你们长的这样，你就别想了。当时经常跟乐队用这种方式沟通。我记得特别清楚，沙子乐队有一个经纪人和刘冬虹一起来找我，他说我们下一张能不能拍一个 Video（视频）？我说不能，没钱，说得都特别直接。我记得有一次木玛说他下一张要多点预算，我说没有这么多预算。他说觉得下一张肯定卖得特别好，我说那咱们打个赌。他说赌什么？我说我把预算给你，但是如果没卖到那么多，你赌输了，就把版权全给我。我们真的签了补充协议，我觉得特别有意思。但是说不定以后我会还给他那个版权，我是这么想的。那时候说话经常听起来就跟开玩笑似的，但又极严肃，这是我的风格，我跟乐队说话从来都特别直接，从来不讲究方法，现在也是。你不行，或者说我们不看好，说得都特别直接。

申焕明
Huanming Shen

那正是摩登高产的时期，但那个年代，在唱片公司当中，我自己的印象是摩登是被边缘化的。在别人眼里，摩登就是小崽儿，那会儿其他的唱片公司都比我们大。你们就是小崽儿，就

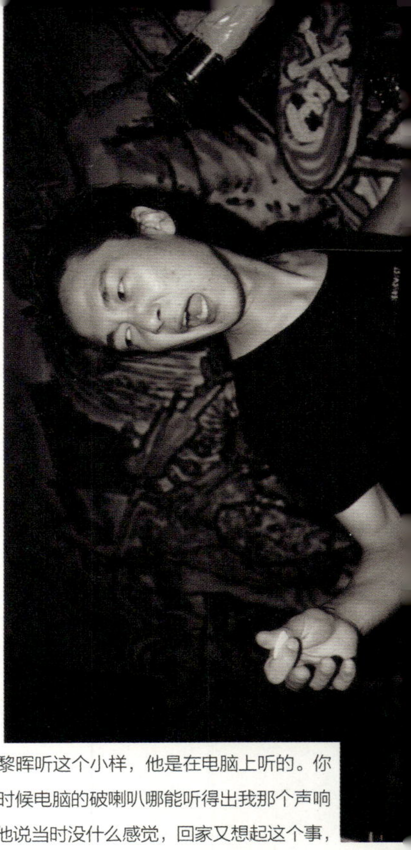

做了那点事，实事求是，没人正经地看你们，认为你们一帮小屁孩儿就弄那点事呗。

吴卓玲
Zhuoling Wu

我一直就很喜欢 Badhead 这个概念，因为中国缺少这种推广另类音乐的平台。乐队其实有挺多，但是你至少得树一面旗帜，就是给这类乐队树一面旗帜，说我们有这样一种精神，不同于那种特别商业化的东西。Badhead 其实是有时代意义的，因为现在很多小孩儿玩的音乐大多是主流的，或者是很时髦的。嘻哈也好，电子也好，就是另外一套玩法，Badhead 有一点 70 年代的感觉，有 70 年代人精神上的一种东西，我是这样理解的。

那会儿我觉得中国最好的乐队都到 Badhead 那边去了，最早的几张唱片算是影响了我做音乐。

张晓舟
Xiaozhou Zhang

Badhead 是沈黎晖弄了一个东西来反叛自己，反叛《北京新声》。他知道，最终我不在你这个频道里面，仍然使你的频道更多，对不对？

Hero

HONGLI CHEN
陈弘礼

About

音乐人、艺术家

曾用名"陈底里"

大学毕业后放弃所学专业，开始流浪生活和音乐创作

Words

"我喜欢音乐是受父母的影响，当年我父亲宁可不吃饭也要买个收音机听音乐。后来条件好些了，他就买了一屋子的碟，通过我间接为沈黎晖做了很多贡献。"

我也不知道他为什么喜欢我们

陈弘礼
Hongli Chen

《我快乐死了》里面那首《新生儿》，1992 年写的，那个录音是拿四轨机录的。那天其实是我生日。因为我本来跟秦思源一起住，我忘了他干吗去了，我一个人在，然后我就想，今天就给自己做个音乐吧。所以，我就打了一盆水在屋里，用 mic（麦克风）录了很多水的声音，就玩那个水。当时我想象这是在胎盘里。我就弹了吉他，是一个手弹的，不用拨片，左手勾弦，右手就是摇，没有拨弦，完全是这种即兴的。

当时给沈黎晖听这个小样，他是在电脑上听的。你想，那个时候电脑的破喇叭哪能听得出我那个声响效果啊。他说当时没什么感觉，回家又想起这个事，拿好一点的音响一听，发现没听过这样的音乐，这怎么这么怪，**穴位乐队就挺怪的，丫比穴位还怪！**后来就这么签了。

我是一个对自己很严的人，十全十美。做那张专辑真的是做得呕心沥血，真的是一个音一个音地抠出来的，很艰难，也很辛苦，因为所有的事情都是我一个人来完成的。演奏、词曲，包括录音、混录，都是我一个人干的。沈黎晖省事啊，最后他拿一个母带就能出了，连唱片我都给他设计好了。

丰江舟
Jiangzhou Feng

台湾和香港听这种摇滚乐的人，听欧美的比较多，欧美那些大牌谁都知道。但是内地的摇滚乐，对他们来说其实是有一定屏蔽的，喜欢的人不会太多，因为普遍水平是偏低的。在香港，那个时候袁智聪跟我说，在香港这个地方，一般内地唱片卖不了多少张，你们这张唱片是没有钱做宣传，只是他们杂志做些宣传，卖了一千张，是非常好的一个成绩了。

但是大陆发行一直有问题。其实我这张唱片在 1996 年已经做完了，做完以后在台湾已经发行过了。然后到了 1998 年以后才在大陆发行，这一年

1

2

3

1. THE FLY
苍蝇乐队
高桥浩二
1996

2. THE FLY
苍蝇乐队
丰江舟
1996

3. THE FLY
苍蝇乐队
佐藤 ATSUSHI / 关菲
1996

Hero

JIANGZHOU FENG
丰江舟

About

新媒体艺术家，多媒体剧导演
成立“四分律工作室”
曾组建苍蝇乐队，最初成员都是画家

Words

“你不能傲慢地认为自己的摇滚乐就是国际化的。我们老是在骗人家说某某在国外有什么影响，做一百个抽样调查，我估计一个人都不知道他，都是骗人的。”

里面其实我一直在找发行公司，那时候特别特别困难。那时候你叫苍蝇这个名字根本都不可能，更不用说里面的歌词了，都得改。他们提过好多说法。有些说我可以给你发，但是你这个“苍蝇”要改掉，那我们说能不能中文叫“福来”，（英文单词 Fly 的谐音），幸福的福，来去的来，可以吗？反正想了很多办法，只要能发行就行。那时候的唱片，我们从台湾拿过来卖，在大陆卖，都是我在卖，然后小方（方无行）每次带一批唱片过来，我就分给大陆的两三个代销点，让他们卖，结果每次都卖脱销，卖得还倍儿贵，180 一张，还爱买不买。

方无行
Wuxing Fang

其实我觉得丰江舟是一个很聪明的人，他知道什么东西你要走边缘，可他是大众化的，你看他的词很大众化，什么人都看得懂，左小的词你得想半天，不知道在说什么。

在香港，苍蝇的唱片卖得最好。我花了很多力气去做，我是说，宣传很重要，要有一个好的企划和好的宣传去包装、去推广这个艺人，我追求这些。**其实，如果每一张唱片都像做苍蝇那样，可能销量都可以上去。**

4

4. 516MEMBER
Jiangzhou Feng
《516 分子》
丰江舟
2000

5

5. THE FLY II
The Fly
《苍蝇 2》
苍蝇
2000

6

6. THE FLY I
The Fly
《苍蝇 1》
苍蝇
1997

丰江舟
Jiangzhou Feng

有一次我记得在西边，忘了什么场地，弄了一个地方演出，然后我们就去了。那已经是 1998 年了，高桥那次演得有点 High（兴奋），一脚飞过去把话筒给踢翻了，可能是把话筒给踢坏了。他一踢翻，佐藤过去就对着高桥屁股踹了一脚。演出完以后高桥都哭了，他说为什么你给我一脚，要打佐藤，他们俩闹得不可开交。然后佐藤就说，他觉得中国摇滚乐环境不好，最好不要闹事情，你好好演出就可以。你这么一弄，主办方会很麻烦，可能以后演出就不会再有了。而高桥却觉得摇滚乐队砸吉他都很正常，这个就更正常。高桥那时候年轻，不太理解，我就在当中当和事佬，说没事，弄坏了赔点钱就完了。

还有一次在“忙蜂”演出，宣传没做好，观众就来了 1 个人。我说那咋演啊，算了吧，票退给他得了，别演了，真没法演。那时候挺逗的，什么情况都有。

张晓舟
Xiaozhou Zhang

有一次，丰江舟演完，我觉得算不错的了，他们四个人应该每人分了 150 块钱。比如说，一个晚上有三支乐队，然后每个人就分了 150。**老丰给了日本人佐藤 40 块钱，佐藤转眼就用这 40 块钱给酒保买了一杯鸡尾酒。**什么叫作 Badhead？这就是 Badhead，这是完全一样的。

因为每个人的做事风格不一样，我没有说要拿着尺子量这个人够不够 Badhead 的身高，我觉得没有那么绝对。那时候为什么会有这个人？为什么会没有这个人？因为有各种阴差阳错。

胡吗个
Mage Hu

我没在花园村重新录音，虽然沈黎晖这么建议过。我觉得要是重录，心态、录音品质什么的都会不一样，就不对了。但我和沈黎晖在花园村一起排练过。因为专辑发行之后我们要去上海演出。我觉得上海这么一个时尚的地方，我一个这么土的人去了以后怎么唱？然后沈黎晖自告奋勇地说，他可以当我的吉他手，我们两个人一起排练。排练以后他觉得太难了，就不排了，我就一个人去演出了。

当时拿到的版权费算是一笔巨款，而且重要的是我拿到了。沈黎晖那个时候很大方的，一下子把现金就给了我，我抱着钱就出去还账，还马上买了一台 386 的电脑。

在广州，我、张浅潜、诅咒、舌头一起演出。我为什么记忆深刻？我们住在一个按摩院里面，晚上都睡在按摩床上。按摩床不是有一个孔吗？脑袋可能放在那里，我们晚上睡觉的时候，可以看到一些奇形怪状的人。那是 90 年代末。

在唐山，我演出的时候从北京去了好多人，包括我的好多朋友和喜欢我的人。我在那边演出也不理想，两波人在那儿对骂，我印象特别深。我能看到下面两波人在对骂。不喜欢我的人，着急要听后面更闹的乐队，听“舌头”，因为我在舞台上太安静了，喜欢我的人就看不下去了。

再就是去上海演出。第一次是在一个迪厅里面，我特别紧张，因为觉得上海这个地方都是那样的，吃菜都是一小碟一小碟的，喝咖啡的人怎么听这个？没想到迪厅里面有很多人会唱这个歌，跟着我一起唱。我这些歌他们都能跟着唱，我觉得太奇怪了！这是让我印象深刻的。我觉得他们脑子肯定有问题。

第二次在上海演出是在一个广场上，是什么广场我忘了，广场周围有很多树，树上也有人，全是农民工。我觉得太奇怪了，所以我那天跟他们进行了友好的互动，上来我就说，“树上的朋友你们好吗？快下来。”

伍叁伍伍
Wusanwuwu

那是 1999 年，我还在复旦上大学，跟当时乐队的吉他手一起去闸北区那边一个叫 KK 的迪厅看演出，前面好像是武汉的“愤怒的狗眼”，然后是胡吗个，最后是左小的 NO 乐队。胡吗个只有一把箱琴，调音调得跟屎一样，一扫弦声音炸耳朵。有一首歌，孙孟晋悄悄跑到后面开始用不知道哪儿的方言开始念叨，当时觉得胡吗个表情很复杂，好像敢怒不敢言似的。等 NO 乐队上台，一句废话都没有，上来就是《皮条客》，然后没有停顿，跟着就是《勋章之梦》。爽。**他们的歌我都会唱。别人肯定觉得我脑子有问题。**

方无行
Wuxing Fang

左小还是比较像艺术家。好多人画画儿，问他为什么，他说他就得画，不画难受。左小是闲着不录音就难受，要是不创作，不把做的东西录下来，他就难受，他现在录了好几张都没发，一些有大噪声的也没发。反正他想做就把它录了，录完了什么时候发他也无所谓，因为他觉得那东西是不会过时的。

张晓舟
Xiaozhou Zhang

左小祖咒最酷的一次表演，是 2004 年在贺兰山，他披着酒店的浴巾，非常牛，非常适合他。这个表演是即兴的。

方无行
Wuxing Fang

左小为什么可以这样？因为他不懂，他不是专业学乐器的，也不是专业学作曲的，所以他怎样都可以。可一个专门学吉他的人，今天学的就

Hero

WUXING FANG
方无行

About

音乐制作人

长期作为行业观察者注视摩登天空成长
其间与摩登旗下音乐人有过深度合作

目前更关注天相和外星人

Words

“其实 Hip-Hop（嘻哈）延续的是摇滚街头的精神，可是它比摇滚还更容易传递，更容易生存。”

英式的，你叫他去玩别的，他玩不来，你叫他弄个迷幻的，迷幻怎么弹？没想法，他没法弄。所以学乐器的来搞乐队，他只能在那个框架里。

如果把做音乐的人当作一个艺术家，那我一开始不会在学校学习。练琴、学乐理，那就是临摹、模仿。到最后你要创造，你学的是哪一个套路，就在哪一个套路里创造。到最后你要成为一个音乐家或艺术家的时候，你要把这些全给破了，破了以后再立一个自己的，那个就有意思。国内现在搞音乐的，这种人比较少。

胡吗个
Mage Hu

那个时候我还采访过左小，挺好玩的，在朝阳路附近。左小那个时候还没有再次红起来，说了很多内容。他说完之后盯着我说，这都是我的故事，你不能盗用，不能说出去。 左小非常聪明，情商特别高，他情商比智商高。他讲他自己的事情特别有画面感——如何在田里面奔跑，如何在船上跟父母去远行，如何后来受不了去当兵——都挺好玩的，其实是一部很好的电影。

当时挺好玩的，占据各大媒体主要位置的人，其实是一帮文艺青年，所以媒体会优先对待这些小众的东西，宣传相对好做。唱片发出去后，各地的朋友，比如董鹏啊、孙孟晋啊，就开始帮我联系场地、做宣传什么的。

Badhead 背后的神秘人

丰江舟
Jiangzhou Feng

沈黎晖那时候让我负责 Badhead。那个时候谈商业模式，他懂啥啊，我也完全不懂，我们也是搞得乱七八糟。其实现在应该借这个接受采访的机会向他道个歉，我们都这个年纪了，没什么了。但是那时候我莫名其妙就变成了 CEO，这我都不理解。为什么要变成 CEO？我都不知道 CEO 到底是什么、你可以拿到什么，有什么权力也不知道，然后就去给乐队做录音什么的了。

诱导社乐队跟我关系很好，他们一直跟着我玩，以前老帮我暖场，一起演出，他们觉得我们比较谈得来，也相信我，就帮他们制作录音什么的。我录了半天，都是我自己的工作室在录，一直没有钱，好像做了很多，也不懂。比如录音，那得有录音费用，要有很多的费用，结果都是我在贴钱。

所以诱导社的第一张专辑做了一半就停了，我就做不了了，因为我不是一定要签乐队什么的，乐队都是朋友，反正我帮你录就行，录完就完，诱导社也是录音。

张晓舟
Xiaozhou Zhang

老丰当年跟沈黎晖说——这是沈黎晖告诉我的，他说他觉得应该不好卖才是 Badhead。比如说卖 1 万张的不是 Badhead，而卖 1 000 张的才是。这大体上没错，但是我不太同意。现在我觉得我没有特别的标准。

沈黎晖
Lihui Shen

有一天丰江舟找我，他说他觉得 Badhead 这个理念是不对的。我说，为什么不对？他说他根本就不认为这些地下乐队的唱片可以卖两万张，他认为他们就应该卖一千张、两百张。我说那他们就是能卖两万张，因为我们卖第一批 Bedhead 的时候这些人的唱片就是卖两万张，苍蝇卖两万张，胡吗个也卖两万张，剩下两组总共卖了三万张。他说这是不对的，我们应该做好一个准备，让一千个人买他们的唱片。我说一千个人买唱片我们怎么办？但是后来确实这些唱片就只卖了一两千张，没办法。后来看起来应该卖两万张、卖 10 万张的，也都卖两千张，就被应验了，所有人都卖得很差，那是个比较短的时间段。而实际上，我觉得他可能从那个理念上又有了一些新的想法，他的出发点我觉得也是对的。但就是有一段时间，那件事也没什么成就感了，他也就没有继续再弄这个。

吴卓玲
Zhuoling Wu

我第二次进摩登工作，是因为沈黎晖的公司从财务危机当中扛过来了，让我过去做那个 Badhead 的企宣。然后我又过去上班。那会儿是祝威在管那个网站，我就没再弄了。我是听各种小样，然后安排 Badhead 巡演，那会儿 Badhead 最多也就五六支乐队，我其实就是专门负责这些乐队的事情。比如，他们打电话说要出专辑了，然后我就跟沈黎晖说要出专辑，他就安排去哪儿录音，什么时候录，中间大概衔接一下。后来说要开始做巡演，我负责安排巡演路线，得去研究从哪个城市到哪个城市坐什么火车的性价比最高，既省钱又能赶上那个时间。然后就要去跟各个地方的 Live

House（小型现场演出场所）衔接一下，打电话跟他们说，我们这几个乐队要巡演，你们安排一个时间。然后我把乐队联系方式给到主办方那边，让他们之间去衔接这些事情。我当时是不跟着去的，我在北京，经常每天都要接到他们的电话，就是到火车站没人来接我们、住的条件太差了之类的特别烦躁的那种抱怨。我下次就要改进，帮忙协调一下这种问题，这是一大块工作。这个乐队新发专辑，我这边还要负责推广、写篇稿子什么的。

孟金辉
Jinhui Meng

我进摩登的时候，负责Badhead还有其他几个厂牌，几乎从宣传、演出到文案，什么都做过。最多的精力是花在乐队上面，我们当时签了一批新乐队，“后海大鲨鱼”、“刺猬”，“重塑”那时候也刚刚签。

就乐队来讲，我花时间最多的就是“新裤子”。我2004年刚到摩登的时候，第一个负责的是PK14，然后就是“新裤子”，正是他们发那张《龙虎人丹》之前。在那之前，他们有很长时间没什么大动静，也没什么演出，但是我觉得《龙虎人丹》对他们来说，确实是特别重要的一张专辑。

发了专辑之后——忘了是2005年还是2006年——我帮他们做巡演。那时候做巡演，我觉得比现在要稍微困难一点吧，因为场地的专业度也没那么高，交通工具其实大多还是火车，还是挺累的，但是感觉挺好玩的，那时候也是“新裤子”第一次做所谓的巡演，我觉得那时候的巡演对他们帮助也挺大的。

徐凯鹏
Kaipeng Xu

最早我去的时候，正赶上Badhead“三连击”：“木马”、“舌头”、“No”乐队一起首发。我那时候还在印刷部门，在现场帮着打灯，好像在中国大饭店楼下，特别好。那次把我给震了，中国摇滚乐还可以这样，而且我是一分子，我打的灯，牛啊。

后来我带过“沙子”和“舌头”去外地演出。那是我20岁的时候，第一次带乐队出差去贵阳，对那个地方印象巨深。“沙子”先演两天，接着“舌头”演两天，但我第一天到了要先去结账，当时我忘了多少钱，好像两个乐队演4场一共是2万块，人家已经打了1万了，结果我到了之后，那个主办方就说还差1万，但是不想给了，没有这么多，就给你两千吧。我还给老沈打个电话，老沈给我臭骂一顿：这种事儿还用打电话？你直接解决了。我跟主办方说，要是你就给我两千，后边舌头乐队就不来了，我们明天就回北京。主办方说千万别这样，因为演出都宣传出去了，你明天下午来拿余款吧，还是现金。主办方告诉我个地址我就去了。到那儿一看，真的是人家在数钱，旁边的一个保安在擦枪，我当时就有点电影里的那种感觉了，就是拿了钱说声谢谢。我车都不敢打，把钱捂在怀里走回酒店，特别刺激。

那时候国内不是流行什么西部酒城吗，那种美式的粗野风格，然后找几个乐队去助助兴，到处都是这样的。观众就是摇骰子，我们演完，后台都是一些跳钢管舞的姐姐，我们跟她们聊着天，还约着一块去吃消夜，我觉得还挺好玩的。

那些或远或近的梦

孟金辉
Jinhui Meng

华东那时候住在通州。他签完之后来跟我聊这事儿的时候说，从花园村出来给他妈打了个电话，说“我签公司了”。他家里人一直认为他做的都是些不靠谱的事儿，他说他妈还问他，签的这家公司和华纳比哪个大？因为他妈只听说过华纳。

华东
Dong Hua

我们其实没怎么想过和其他的公司签约，因为摩登天空我们早就知道，我自己当时的感觉就是，我们这样的音乐签摩登天空应该是最合适的，而且摩登天空也应该是最清楚地知道我们是什么样的一支乐队的这么一个公司。

后来在回通州的地铁上，我给我妈打了个电话，因为我父母可能对这件事情有他们自己的一些看法。我就告诉他们，我有单位了，你们不用再担心了。当时我妈还问我是不是华纳，因为我妈她只知道华纳，我说是的，就是华纳。

胡吗个
Mage Hu

在Badhead成立之初，沈老板说他要做大篷车全国巡演，我们当时觉得就是一个笑话。在我看来，这风格谁去听啊？全国巡演一般都是流行歌手，要么就是江湖草台班子、卖艺的马戏团才会巡演。但是他真正做到了。就是因为他一直坚持，才熬出来了。

华东
Dong Hua

老沈的办公室，我能记得的就是当时在地下室，反正是有个窗户的，可以看到外面。当时老沈先跟我规划了一下摩登未来的蓝图，双眼望着窗外告诉我，说明年会花一两百万买一辆巡演车，大家以后可以跟着巡演车一起出

BRIAN ENO
Air Studios，London
1973

去巡演。这是 2005 年的事情。一直到了将近 10 年后，我另外一个朋友的乐队跟摩登签约，那个朋友回来告诉我，说老沈也说了同样的话，也是双眼望着窗外。

徐凯鹏
Kaipeng Xu

那是 2003 年，当时有个叫朋克地带的论坛，大家都在论坛上玩。Joyside 那时候已经算有名了，他们有一个 QQ 群叫清河朋克。有那么三四个乐队都住在一起，通过别人介绍认识了他们，吃了一次饭，立刻就签了。但我签他们的时候，他们已经跟摩登谈好了一个发行的合约了，所以他们需要一个经纪人。第一张唱片就是《Drunk Is Beautiful》（醉美）那张专辑，上面连我电话号码都印错了，少印了一位。当时我在唱片公司已经工作几年了，在做媒体方面也有些经验吧，因为当时他们的形象什么的都很好，音乐反而没那么重要了。他们的范儿特对，没准儿能试一下。因为当时谁能给朋克做包装，谁告诉他们该什么时候发片，什么时候做宣传期的排期，都没有规划，我当时就开始给他们做规划，身边一帮人去帮着推广。当时没有水军这么一说，就是雇人在论坛上回复，造成一个回复量很高的假象，让大家觉得这乐队火。**我这人到现在签约都是看脸，找看着帅的，**当时他们那一波乐队，我一个都没理，估计到现在那帮人也挺烦我的，我就不说是谁了，乐队也都不在了，后来还是朋友，但肯定不是那种至交。因为他们觉得你这种人在我眼里就是商人，不懂音乐。后来弄北京那波乐队，我也是只签了“后海大鲨鱼”，其他的我也没理，因为我觉得其他那些不行。

“后海大鲨鱼”付菡他们也和 Joyside 很熟，主唱是女孩儿，又有那种跳舞的元素，又是那种车库音乐，有点复古，国内当时没有这样的，我们当时都是听最接近国际的。

Hero

DONG HUA
华东

About

“重塑雕像的权利”成员
最早签约摩登天空 Badhead 的乐队之一，成员一直保持在 3 人

目前最受国际市场青睐的乐队

摩登天空 17 周年庆典主持人

Words

“花园村的录音棚非常小，转个身都有点困难。但对于我们来说，当时那是我们第一次有机会能够去的一个真正意义上的录音棚。”

老沈那次去了“后海大鲨鱼”的演出现场，演完之后他亲自请我们两个乐队一起去吃饭，吃完饭结账走了。第二个星期，“后海大鲨鱼”我们几个人老老实实去了公司，他说咱们合同签了吧。他真厉害。

孟金辉
Jinhui Meng

我忘了第一次见“后海大鲨鱼”是什么时候，但是我记得很清楚，第一次签他们的时候，当时是在无名高地，他们刚演出完，时间特别晚了。旁边有一个叫“24 小时嗨”的餐馆，老开着，所以就去那儿吃饭。老沈和当时公司的那几个人都在，三大桌的人坐那儿喝酒，那会儿他们一喝多了就脱裤子……

吴卓玲
Zhuoling Wu

2001 年去摩登工作了半年之后，我就在树村那边撮合一帮人做了“星期三的旅行”乐队。然后，我们 2003 年就签了 Bachead。

沈黎晖有一天直接跟我说，干脆你的乐队也签过来。他也看过我们演出，知道我们之前已经发过好多单曲了，他出过的很多合集里面也有，我们在花园村地下室那个棚里也录过音，所以签约基本上是顺理成章的事情。

那时候在 Badhead，本身就会去谈一些签约的事情，我记得小河、万晓利那会儿在摩登也都出过专辑，是我代表摩登跟他们谈的，所以我对合同很清楚，我都知道里面写的是啥，就走了一个形式，直接签了就完了。

华东
Dong Hua

花园村的录音棚非常小，转个身都有点困难。但对于我们来说，当时那是我们第一次有机会能够去一个真正意义上的录音棚。

在录音棚，完全是巧合，碰见了布莱恩·伊诺（Brian Eno）。他来北京做他自己的个人项目。天坛有一个回音壁，他在那边录一些声音的反射什么的，录完之后要找一个录音棚去做简单的缩混，不知道谁给他推荐了摩登天空的录音棚，然后他就来了。当时刚好我们在那儿做我们自己唱片的缩

Hero

LIN LEI
雷霖

About

1997 年成立诱导社乐队

《摩登天空》杂志最著名的封面人物之一

曾在《摩登天空 3》发表单曲《见红》，

2002 年发行唱片《我想你会在我的怀抱中说声你爱我》，同年乐队解散

2009 年诱导社重组，后再次签约摩登天空

Words

“我照片上《摩登天空》杂志封面，可里头的内容和我没什么关系，我乐队的鸡毛事儿都没提过，是吧，就是很莫名其妙的一件事。”

MV HOPSCOTCH
扫描二维码观看
《A Wishful Way》MV
跳房子

混，孟金辉跑下来跟我说，伊诺马上来。来了之后，他就听了一下我们的东西，因为当时还没有缩混完，我说我们想加一点点键盘，你有没有什么意见和想法，可以告诉我们。他说那我帮你们弹吧，然后就帮我们弹了三首歌。

那是在地下室，有点闷，他来的时候穿的西装和衬衫，有点热，就问能不能找件 T 恤给他，我们就随便拿了件便利商店的 T 恤给他；然后他有点饿了，不知谁又给他买了一碗拉条子吃。

吴卓玲
Zhuoling Wu

2003 年我们在花园村的录音棚开始录专辑，结果录到一半的时候“非典”爆发，大家都跑了，然后在 2004 年才陆陆续续把后面的工作做完，因为还有一些混音没做完，2005 年才出《Secret Mission》（秘密任务）。

我在拉萨的时候收到了我们的专辑，那会儿乐队都散了。

张有待
Youdai Zhang

摩登天空发现了跳房子乐队。我觉得摩登天空发现了一个宝贝，老沈也这么认为，所以把田原当女儿一样。我、老沈还有田原一起去了一次瑞典。田原刚出来的时候才 18 岁还是 19 岁，跳房子乐队第一张专辑的封面就是我们在瑞典的一个野地里老沈用他的索尼单反相机给田原拍的照片。

雷霖
Lin Lei

那个时候是拼版印刷，这拼一点那拼一点，拼上一个大张，印！不定哪儿就出错了。孟金辉那会儿做校对，校对半天，后来印出来也还是有错，听说后来孟金辉自己就把那个印刷的单给买了。

孟金辉
Jinhui Meng

校对是我很惨痛的回忆。印刷这个东西特别奇妙，你校对八百遍也没看到问题，但是一旦成品出来，你第一眼就会看到那个错误。我经手的有印象特别深的，就是“重塑”的第一张 EP（迷你专辑），刚好有那个布莱恩·伊诺在里边弹了合成器，在唱片上面就写了一个特别鸣谢，但是把名字里面的两个字母顺序写反了。这真没法忍！我说，我自己出钱再印一版。

华东
Dong Hua

发出来的第一版，第一首歌叫 Die In 1977（死于 1977），印成了 Die In 1997，这一版市面上应该是有的，虽然赶紧做了收回，但已经卖出去一些了。

孟金辉
Jinhui Meng

我记得第一次印了大概三千张，那会儿我的工资才一千五。所以，只能欠着印厂回头再还。当时合作的印刷厂老板特别逗，他说了一句我现在都觉得特别经典的话。他说没关系，印刷本来就是一门遗憾的艺术。

张晓舟
Xiaozhou Zhang

Badhead曾经拒绝了一张唱片，你可以去问沈黎晖，是王凡的唱片。沈黎晖也帮王凡买了设备，可能花了1万块钱左右，可能是四轨机之类的，要做一张电子的。但是最终做出来，王凡那个音乐节奏非常非常少，没有律动，更像声音艺术，沈黎晖受不了，就不出了，他说钱也别还给我了。后来王凡在颜峻的那个厂牌出了，叫作《身体里的冥想》。但是，我要是现在跟他说我出《身体里的冥想》就没有任何问题，他也不会有意见。

沈黎晖
Lihui Shen

我们确实跟他（王凡）签了唱片的合约，他交小样的时候是一个东西，交了成品的时候变成了另外一个东西，好像就是一轨噪声，很长，大概60分钟。我说这个我没办法出版，我要推掉那张唱片，不要了，钱我也不要了，我忘了是付了他几万块钱还是给了他一台设备。但如果在今天，我觉得我说不定能接受。

欧宁
Ning Ou

我觉得Badhead就是沈黎晖职业生涯里面最辉煌的部分。今天说他拿多少投资，把公司做到多大规模，都比不上他当年做这个Badhead，因为都是一些比较冷门。特别实验的风格，然后他能够给他们提供一个出版的平台，给他们安排演出，这个太难得了。所以Badhead是摩登天空里面最宝贵的东西。那天是在纽约，左小祖咒，我们俩多年后见了一面，像左小的这个音乐最早也是在Badhead出的，那个时候左小的音乐多难听，居然可以出唱片，进入唱片工业里面，这需要很大的视野，我可以这么说，今天我们能够听到这些在那个时候这么冷门的音乐，应归功于沈黎晖的眼界和他开放的心态，他变成了一个音乐遗产。

Re-TROS
重塑雕像的权利

《好极了！？》 – 清醒乐队
1997

清醒乐队的首张专辑《好极了！？》不仅是 1997 年最后一张专辑，同时它也是 1997 年最重要的专辑。
这张专辑是北京摇滚新浪潮的代表作品。清爽朴实、低调冷静的吉他流行曲，奏出北京的都市气息。
它之所以具有非同一般的意义与价值，很大程度上在于它推出时的音乐环境。它突破了旧困境，展现了新状态，它不仅对于音乐，甚至对整个文化都是很有意义的，它从某种程度上成为新一轮音乐潮流，是新一轮文化潮流最早的标志性作品。

《摩登天空 1》 – 摩登天空
1998

很久没有听到这么有意思的合辑了，形式主义的胜利只是一个表象，我们更愿意把这张合辑看成是新的唱片业和“新北京之声”的一个良好开端，我们也期待着“玩笑”、“神经”、“飞”等这些乐队的专辑。我个人感觉似乎是看见了未来，但不知道沈黎晖（企划人、制作人）是否能帮我们抓住它。
不过我们有信心等着瞧。

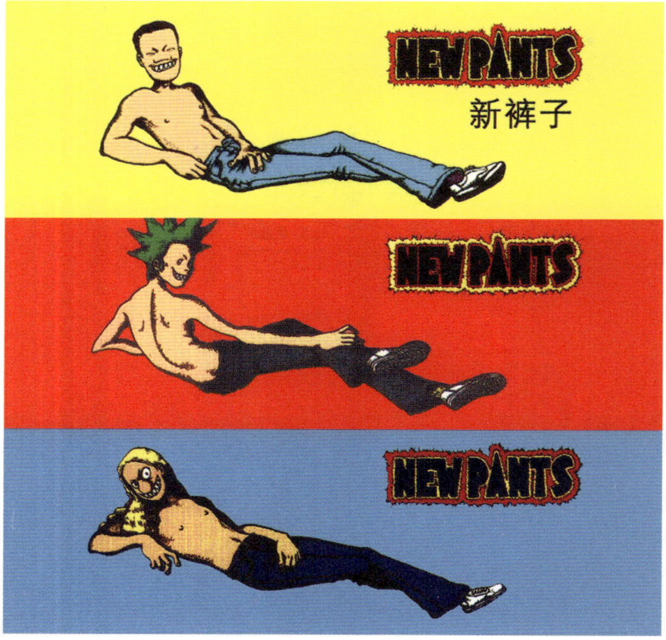

《新裤子》 – 新裤子乐队
1998

新裤子乐队成立于 1996 年，1997 年签约摩登天空。他们是新北京摇滚乐队的代表之一，同时被誉为“中国最佳 Punk-Pop（流行朋克）乐队”。首张同名专辑动用了摩登天空公司的最强阵容。其中所蕴含的人文精神与入世哲学，无疑将对新生代青年的世界观产生深远的影响。

《模样》– 超级市场乐队
1998

《模样》是一张电子风格浓厚的专辑，也是一张运用国际化音乐语言来演绎中国城市青年情感的专辑，其中既有《敷衍》和《爆炸》这类氛围重于旋律的作品，亦有《玫瑰公园》和《很久很久以前》等融酷感与真情于一身的歌曲，在《假若今夜来临》中，“超级市场”用超重的电子节奏营造了一个高科技的迷幻世界，而在《第五元素》里，乐队又着意于描摹在后现代社会中已倍显凋零的本色真情，《悲伤的幻觉》营造了一种凄婉却饱含暗示感的悲情氛围，《雾》是线条更加清晰的模糊体验，而《标本》则充满了摇滚乐生动的活力与爆破感。

《人人有个小板凳，我的不带入二十一世纪》 – 胡吗个
1999

胡吗个，湖北人，个子不高，语速稍快，1998 年 12 月签约 Badhead，其后推出了纯手工制作的首张专辑，被认为是“来自乡村中国的声音”，而其作品则被认为“像一列火车，剖开荒凉而广阔的国土”。
胡吗个作为 Badhead 的首位签约艺人，曾于 1999 年 4 月推出了颠覆性的首张专辑《人人都有个小板凳，我的不带入二十一世纪》，并引起了巨大反响。

《小鸡出壳》－ 舌头乐队
1999

舌头乐队的首张专辑《小鸡出壳》，铿锵暴烈的音乐配以振聋发聩的词作，令其成为 20 世纪末中国摇滚的最强音；“舌头”也与同在摩登天空旗下的“苍蝇”和“No”等乐队一起，将中国地下摇滚之火燃至最烈。同时代崛起的摇滚劲旅中，“舌头”是难得在技术、意识和思想性上堪称全面的一支乐队，尽管他们自称是在“撕扯着时代的幌子”，但所有那个时代的亲历者都将他们视为高举英雄主义旗帜的摇滚传奇。回望世纪之交中国地下音乐短暂而辉煌的岁月，人们首先看到的是主唱吴吞那个孤绝的侧影。

《双重生命》－ 果味VC 乐队
2001

像一个久被孕育的胎儿终于伴随着阵痛和啼哭来到世间，《双重生命》的出版也给果味 VC 乐队和摩登天空公司带来了双重的意义。这是果味 VC 乐队组队 6 年以来的第一张专辑，也是摩登天空蛰伏一年之后的再度出击。这张被命名为《双重生命》的唱片表现了果味 VC 乐队阳光与低调、艺术与时尚、外向与内敛的无谓与冲突，其中收录有他们成军几年来的精选之作，无论是《超音速列车》的冰冷、《Love Me,Girl》（爱我，女孩儿）的清冽，还是《透明》之中所蕴含的对于生活的热爱、对于生命的敬畏，以及对于时间的感叹，都显示出这支“老牌”新秀不一样的魅力。

《Cut Off !》– 重塑雕像的权利乐队
2005

2005年，乐队潜心打造了自己的首张EP《CUT OFF !》，并于2006年在美国上市。其中著名音乐人布莱恩·伊诺在他们的3首作品中担任了键盘手，“重塑雕像的权利”也因此成为第一支同这位前U2乐队制作人合作的中国乐队。“重塑雕像的权利”的音乐呈现出典型的Post-Punk（后朋克）风格，被视为国内最好的乐队之一。

《摩登天空》有声音乐杂志于 1999 年 5 月创刊并发行第一期杂志

Chapter

05

Title

IT'S TIME TO DO A MAGAZINE 顺理成章做杂志

Preface

那时候没有现在的“亚文化”、“青年文化”这种词，沈黎晖就说，咱们弄点有意思的，不光是音乐的，别的稀奇古怪的事咱们都弄点儿。—— 陶然

对内地的音乐杂志不满意，就自己办一本

陶然
Ran Tao

刚到摩登天空不久，沈黎晖就说想做一个杂志，因为我那时候给杂志、报纸什么的写东西嘛。他说他想做一本杂志，想让我来一块儿做。

庞宽
Kuan Pang

这杂志基本上就是沈黎晖一想，咱干吧，然后就干了，也没想到这里边会有什么东西，有什么难度。但因为他拿不着刊号，所以只能拿一个版号，就成了有声杂志，因为每一期都得带一张音乐光盘。

杂志跟香港的《音乐殖民地》（*MCB*）有合作，因为《音乐殖民地》那边有一些一手资源。那个时候，这本杂志的可读性还是挺强的，音乐资讯方面的东西比较多。

沈黎晖
Lihui Shen

当时我们的状态是：摩登天空在1997年成立以后就觉得自己特别了不起，觉得我们什么都可以改变，我们看市场上的这些乐队都感到特别不满意。后来因为清醒乐队的第一张唱片是由《音乐殖民地》这个杂志在香港代理发行的，我们就认识了一个人，叫袁智聪，后来就谈到这件事情。他们说对内地的杂志不满意，然后就把《音乐殖民地》引入进来。所以大家看到杂志有两个封面，是因为我们有一半的内容是来自香港的《音乐殖民地》杂志，我们买了版权，另一半是我们在内地自己编辑的内容。就这样，这个音乐杂志就诞生了。

张有待
Youdai Zhang

90年代的时候，中国的音乐杂志早期有《音像世界》，但《音像世界》办得过于保守和传统，摆脱不了中国式杂志的那种模式。你翻看那个版式、排版字体和用的照片，我觉得就跟《大众电影》、《妇女之友》是同一类的杂志，并没有很重的艺术气息在里面。

老沈是做印刷出身，所以他有弟弟的印刷厂做坚强的后盾，用纸跟不花钱似的，要用就用最好的纸。我最早的时候去那个公司，最引人注目的是地下室屋子里面的好几台苹果电脑，那时候苹果电脑是塑料壳，蓝色的、绿色的，特别酷，摩登天空是一家有苹果电脑的公司，庞宽天天在那儿做设计。

山羊皮演唱会的海报就是我们俩熬到半夜设计出来的，用他们的苹果电脑做的设计。那是北京最早我看见有苹果电脑的地方。

沈黎晖
Lihui Shen

因为我们是做印刷的，所以做杂志还挺顺理成章的，设计、印刷一条龙。当时也觉得做杂志特别好玩，并没有觉得有什么困难，我记得当时摩登天空差不多10个人，所有人都在做杂志，要讨论一件事，我们可能就会花很长的时间。比方说，杂志里面有一个新闻或者一个广告——可能是自己的广告，所有人可能都会在想这个创意的事情。

陶然
Ran Tao

老沈对杂志的视觉要求挺严的，一般都是亲自盯着，封面一般都是他定。但是文字，他倒是没什么要求，基本都是我一个人写。

这可能跟他做唱片的理念是一样的，他想跟别的音乐杂志区分开来，他想做得时髦，想做得从文字上来讲跟别人不太一样。他做唱片、做杂志，其实都是一个整体。他对整体有一个概念，他要把它传达出来。

那时候没有现在的“亚文化”、“青年文化”这种词，沈黎晖就说，咱们弄点有意思的，不光是音乐的，别的稀奇古怪的事咱们都弄点儿。

把他逮起来，写不完不许出去

庞宽
Kuan Pang

真正干起来以后发现，其实难度特别大，开始是想做周刊，然后做月刊、双月刊，就是每期间隔的时间越来越长。因为确实每期都要编辑大量的文案什么的，还有设计等，工作量特别大。

那会儿做设计，也是我一个人，然后还是风景公司那边做印刷。因为风景一般年底比较忙，做台历，平时就没什么事儿了，所以风景那边的设计师也会过来帮我们，但是后来因为工作量太大了，慢慢地他就开始招人了，然后黄海鸥就进来了。

申焕明
Huanming Shen

我记得有一件特逗的事情是，那年的喜力音乐节，《摩登天空》杂志拿了喜力的赞助，要在杂志上给喜力登广告。但是，合同上规定了，这个杂志最晚不能晚过音乐节的举办时间。离音乐节举行还有17天，杂志的所有东西还没有呢，什么都没有。然后我就去陶然他们家，给陶然“逮”回来，他在里面写稿子，黄海鸥和庞宽在旁边设计，不许出去。我拿一把椅子守在楼梯口，谁也不许上楼，就在公司熬着。大概17天，我们睡了不到50个小时，反正把那稿子给熬完了，包括印刷，包括装订，最后在音乐节的下午两点，租了辆车把杂志送到了现场——日坛公园。如果没送到，按合同得赔人钱，那钱公司早花没了，要赔的话，估计就得疯了。**其实那帮人看起来不靠谱儿，实际上干事的时候真不是那样。**

陶然
Ran Tao

出杂志时间紧的时候就在宿舍住。我记得有一个上下铺，在那儿睡。我还睡过录音室，就直接躺地上睡。

我印象最深的，是有一回几乎是五天五夜没睡觉，就是做这杂志。我跟庞宽、黄海鸥三个人嘛，我之前拖稿了，然后必须得赶出来。其实我对这也没什么概念，没觉得那么了不起。

庞宽
Kuan Pang

陶然特别不靠谱儿。因为他得写稿嘛，必须得按照做杂志的时间来，你得定斯把稿送过来，估计他压力也特别大。他老关手机，我们就找不着这人了，对，就挺不靠谱儿的。有一次他来，可能是刚熬了一宿吧，自己都是蒙的，西三环那个玻璃，就那种透明玻璃门，丫也没看见，直接"咣"就撞那门上了。丫块儿也大，脑袋也大，一下就撞那门上了，整个玻璃"唰"就碎了。

尤洋
Yang You

给《摩登天空》杂志选歌的那个编辑特别好玩，我记得特别清楚，应该是第四期，当时推了一个南京的新乐队叫"PK14"，编辑在乐队介绍里加了一行字，说这是小样，录音欠佳，不是我们的责任。

庞宽
Kuan Pang

我们那会儿基本上就是成宿成宿不回家，我跟黄海鸥住在公司地下室，晚上把公司楼上那门给卸了，当床铺。空调一宿不关，那时候公司空调还漏水，第二天都淹了，然后沈黎晖他弟来了，特生气，那也没办法，就是熬夜嘛。

王硕
Shuo Wang

那时候，稿件就是自由创作，你跟这人聊聊、跟那人聊聊，就能写得更好一点。我记得那时候沙子乐队的刘冬虹，永远拿着一瓶燕京，从早上起来，到中午两点，一直能喝到下午8点，一直喝不完。然后，那会儿还记得去开会，有两个乐队送过小样，其中一个是广西柳州的，计划是要么出专辑，要么就高考，我当时建议他们去高考，但他们非要出专辑，这个乐队叫"旅行团"。还有一个乐队呢，当时有一个人说自己叫M，过来拿一小样，然后呢，有一首歌叫《废物》，那就是后来的Gala，但是Gala后来没签在摩登。

尤洋
Yang You

当时听说摩登新出一个杂志，特别棒，特别酷，视觉效果特别好。当时还不知道到哪儿能买到，怎么办呢？又托人，当时还托了父母的关系，因为他们在北京。父母对小朋友听摇滚乐基本就是不支持的，因为看到摇滚乐队的这个形象——当时玩重金属的都特别瘦，像吃不饱饭，然后长头发，在北京主要聚集在当时的西单文化广场，天天一帮人就长头发甩着辫子走来走去——家长说，听摇滚乐会不会变成这样的人啊？就不让听，后来家里还是同意了，是因为当时买了很多杂志，从书报亭买的。这些杂志拿到的都不是杂志的刊号，拿到的好像都是音像出版物的版号。

当时我跟父母说买磁带会送一本杂志，买磁带主要是为了练英语，我记得当时摩登也是，它分两个版，当时是很鸡贼的，一个是CD版，贵一点；另一个是卡带版。卡带版一面是中文歌，另一面是英文歌，英文歌就是来自《音乐殖民地》的这些版权合作。听到之后觉得这个磁带介绍的英文歌都不好好唱，**什么"性手枪"、"红辣椒"，那些乐队唱歌的发音全都不对，但还是打开了一片天地，**也让我摆脱了当时只听重金属的那么一个青春期的年代。

鹿鸣
Ming Lu

当时那个年代，音乐杂志很少，更不要说独立音乐杂志。那时资讯很不发达，比如，英国一个乐队发了新专辑，你可能一年后才知道；你可能今年才知道某某乐队去年发了一张新专辑，但是你还听不到，因为他的唱片你也买不到，可能再过两年才能听到，这都太正常了，信息是脱节的。但沈黎晖总是会托人或者是自己出国买很多国外杂志，可能半年前的一本杂志翻起来还会让人觉得资讯太新了，从没读到过。当时就是一个比拼资讯的时代，谁更快就更酷、更牛。其实沈黎晖想过很多这样的点子，能不能把这些信息给搬过来，当时香港有一本杂志做得很好，叫作《音乐殖民地》。香港当时的信息是相对同步的，所以当时摩登和他们合作，《音乐殖民地》的一些稿件会直接登在《摩登天空》杂志上。当然也不好卖，因为你太超前了。

摩登天空 2
张楚
胖梓
马来西亚华人新音乐特辑
我是坏人——张楚
Suede - The Rebirth Of Cool
电话专访 David Sylvian
电话专访 Hurricane #1 主音歌手 Alex Love

摩登天空 2
Catatonia
suede

摩登天空 3
Tom Waits
再燃中国乐势力
新音乐中国之南京特辑
Electronic-Rock
Red Hot Chili Peppers
California Dreamin'
PUNK

摩登天空 3
California Dreamin'
RED HOT CHILI PEPPERS

摩登天空 4
木马
I Hate My Past
The Chemical Brothers
加州蓝月亮
muma

摩登天空 4
木马
I Hate My Past
The Chemical Brothers
加州蓝月亮
THE CHEMICAL BROTHERS

摩登天空 5
Go West

摩登天空 5
迷幻潜艇航行三十周年
The Beatles

摩登天空 6
Tech-No Prison
Everything But The Girl
The Future Sound of Beijing
超级市场

摩登天空 6
Nich Inch Nail
超级市场
中国DJ力量
Tech-No Prison
Everything But The Girl
变色龙的异色梦
David Bowie
作品全集介绍

摩登天空 7
The Future Will Online
未来在线!
Beck
The Charlatans
Bernard Butler

摩登天空 7
beck
我们的1999
Beck
The Charlatans
Bernard Butler

摩登天空 8
Under Cover
1999年度最佳专辑评选
再见二十世纪
地下成都
1999年欧美乐坛回顾
朴树
[妈妈，我恶心!]

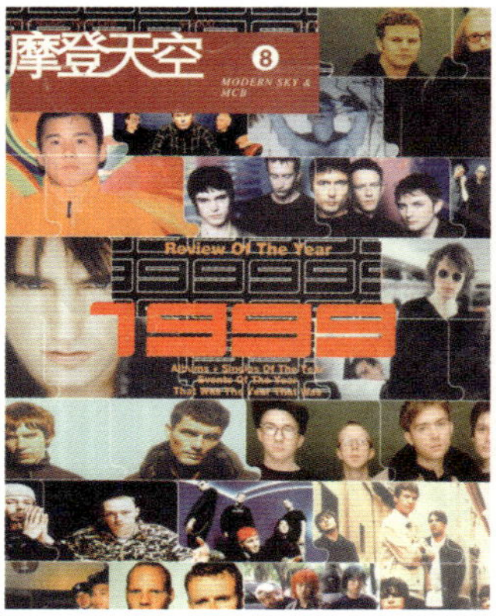
摩登天空 8
Review Of The Year
1999

摩登天空 9
Never Let It Be
Women·Sex·Music
Smells Like Blood Spirit

摩登天空 9
90's

那会儿大家都是共享"唐朝"在干什么、"黑豹"在干什么、张楚做了什么。在我"唐朝"都没听明白的时候，你就告诉我国外怎么怎么了，这个就不行，太快了，我看不懂。

读者来信和音乐小样特别多，跟豆瓣一样

陶然
Ran Tao

读者来信特别多，很多都是写自己的生活的，没什么主题。现在看来，这杂志就像豆瓣一样，你知道吗?

因为来信特别多，我一度把信上的邮票抠下来集邮。那一阵沈黎晖也集邮，邮币市场的人估计都认识他。

胡吗个
Mage Hu

那个时候会收到一些读者来信。我觉得全国可能也就两三万人，可能就这么大一个受众群。喜欢的真的会特别喜欢，不喜欢的可能连这本杂志都不知道，所以这批人他会给你写信，特别是小地方的人很多，他会跟你交流小地方生活的苦闷，对都市生活的向往，对我们这种人的向往。自己当年也一样，如果在小地方听到一些东西，也会给别人写信，也会向往。

申焕明
Huanming Shen

那会儿小样是成麻袋地往公司寄，个人的、乐队的。

一般没人听，都偶尔听听，我们中午吃完饭闲着没事拿出两盘听听，听10秒、15秒，就拿出来了。我们还探讨过一个问题，就是我觉得，之前那个时代不好说，信息闭塞。现在这个时代是肯定不会埋没才华，你好的话就一定是好。你有互联网了，你作品上传，随便上传哪儿，优酷、网易、豆瓣，随便去哪儿传，你只要是好的，一定是能被人认可的。那个年代有可能漏掉过特别好的，但是我觉得这种可能性也不大。

吴卓玲
Zhuoling Wu

《摩登天空》杂志上登了广告，然后摩登天空名声就渐渐出来了，之后很多乐队过来投稿。寄小样也是因为想签给摩登，或者是在杂志上用，主要是这两个目的。后来有很长时间我负责审全国各地送过来的小样，和陶然在一块儿，挨个听。

但是太多了，我一般就听一两首，不行就换一盘。

听到觉得还可以的，就推荐给沈黎晖，他再听一遍，大部分的磁带都不怎么样，很少能听到我觉得还行的。但是便利商店乐队好像是我听了磁带之后推荐给他们的。

陶然
Ran Tao

好多乐队寄来小样，办公室都快装不下了，我几乎是每盘都要拿着听听。当然，听一下觉得不太好的就过了，反正有很多有意思的小样。

大多数是以朋克为主吧，因为它比较好上手，很少有技术特别好、特别成熟的。也有那种歌词写得难以启齿的音乐，现在想得起来，但真是没法说。

伍叁伍伍
Wusanwuwu

这个杂志做了一件特别聪明的事，就是它在各个一线或者超一线的城市里面分别找了一个在地下摇滚圈的意见领袖，然后通过这个意见领袖去发掘本地的这些地下乐队，广泛收集他们的小样。

王硕
Shuo Wang

更小的时候，我做过一个Demo。那时候听到了好多噪音音乐，像灰野敬二，等等，觉得音乐如果要这样的话，其实也是成立的。然后我就拿电脑外带的麦克风，自己吼一段。也有歌词，自己瞎写的歌词，然后呢，吼得声嘶力竭的，特意要爆音那种感觉，再拿吉他嘣嘣嘣嘣嘣扫几下

弦，然后把一些电影采样什么的全都给拼一块儿，反正也听不出什么是什么，但就觉得特别像灰野敬二，你知道吧，就奔着那儿去的。

就那么一盘半小时的带子，弄得特别费劲，是拿 Windows（微软视窗操作系统）里边那个录音机软件录的。一盘磁带给串出来了，然后给寄过去了，寄过去之后就石沉大海了。

孟金辉
Jinhui Meng

我记得当时我们收过李志的小样儿，好像叫《凡·高先生》吧。后来……听了一会儿就扔边上了。

沈黎晖
Lihui Shen

收到的小样里确实错过了一些东西，比如说彭坦的、朴树的。

臧可义
Keyi Zang

之前做的《摩登天空》杂志其实也是在表明，我们选择了一些更有意思的内容，比你们看的那些乱七八糟的东西有意思多了。尤其是在 90 年代末资讯不发达的情况下，如果你看这个，你可能就会知道国际上一些好的音乐是什么样的，是不是要找这些音乐去听，而不是去听那种纯流行音乐，火什么听什么。它给人一种思考，就是你是否有自己的选择，有自己的判断。

我高中听摇滚乐之后就开始追着买各种杂志。《轻音乐》在 90 年代末的时候我觉得做得挺好的，因为它在努力打破摇滚乐和流行音乐的界限，这样的话，好让大家知道这个东西本身就是一家。因为在国外其实并没有把它分得很清楚。反正是好的音乐，大家就都来听。

后来买过《我爱摇滚乐》，觉得那个杂志也挺奇葩的，能出版是一个奇迹。但它就只说摇滚乐的事，并且是站在一个审美的制高点上，它会踩那些流行音乐——就是流行音乐都不行，听摇滚乐才是最牛的这种。然后像

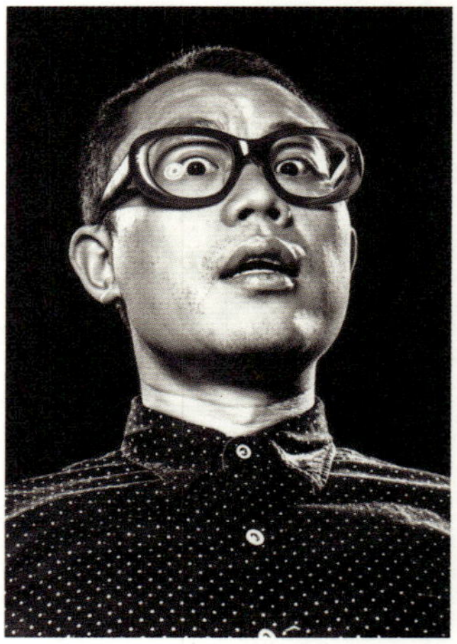

Hero

KEYI ZANG
臧可义

About

正在现场运营总监

摩登天空资深员工

入职公司第一份工作是去长沙带制作团队参加“快男”节目录制

Words

“（音乐节上有人在）泥里打滚，在泥里蹦，特别猛，我不可能去干这个事了，我已经不是那个年龄的人了。”

Modern Sky Magazine
《摩登天空》杂志
Vol.10

《通俗歌曲》，在90年代末的时候它比较偏激。《我爱摇滚乐》后来也是有点想把摇滚乐和商业之间的隔阂给打破，国外摇滚乐的大牌明星就是大明星，一点儿都不比流行音乐的大明星差。

但是《摩登天空》杂志跟它们不一样，它从来没有说过这件事，也没有说我要标榜这个姿态，摇滚乐多牛，听摇滚乐才是真的，听流行音乐都不行之类的。它一上来就说，我们就是去选审美上比较好玩的东西。我们不考虑流行、摇滚、乱七八糟的这些东西。我们不去贴这些符号。我们就是把好的东西都拿出来，好的东西大家一块儿看。

申焕明
Huanming Shen

比如说摩登最后一期杂志。封面文章还没有呢，晚上吃饭的时候，大家一起聊聊聊，说介绍伦敦、东京、柏林还有纽约的电音是什么样的，我们就做这个不就挺好吗？这样四期就有了，这期介绍伦敦，下期介绍纽约，再下期介绍柏林。就整了一期稿子，然后变成最后一期内容了。

王硕
Shuo Wang

《摩登天空》杂志对我个人的影响特别特别大。我绝对是受到了沈黎晖的“教唆”。因为当时报纸上根本就不登这些东西。**然后看《摩登天空》杂志，我最爱第一页，有好多新闻，就是哪个乐队的谁谁谁如何如何了。**它分两篇，一篇是中国乐队，另一篇是外国乐队。外国乐队在我们听来全都很陌生，所以看的次数特别特别多。最早记外国乐队——不是背啊，就是每次都有一种增强认知的感觉。用今天的话说，就是看了好多遍好多遍。

摩登这本杂志看着最舒服，因为纸好，其他杂志都是铜版纸，看的时候老反光，看不清。而且呢，那个时候一些杂志字都多，不谈音乐，老谈哲学，谈思想。我说你谈这干吗呀？我直接买本萨特看不就行了吗？反正也看不懂。摩登说音乐说得最多，而且好多名词都是那时候学的，所以在当时写的周凤岭的专辑乐评，现在想想可能写得都不对。但是呢，就把这些乱七八糟的英文单词都怼上了，在晚报发一个整版。

现在想想，要是搁现在这个年代，我觉得都不可能了。

说好的永不停刊

陶然
Ran Tao

卖得不太好吧，我记得退货挺多的。有时会觉得是不是我的责任让它没卖好。最有压力的还是沈黎晖吧，我们那时候就是一帮小孩儿，二十多岁，只有他是三十来岁，我们不就得听他一个人忽悠嘛。

庞宽
Kuan Pang

杂志头几期卖得还行，后来就不行了，反正就是没钱了嘛，印得也少。当时数据反馈会比较慢，隔了几个月才能知道之前的销量。这个事儿最糟心，因为没刊号，走的都是音像商店，然后要送报摊，就雇了几个小孩儿，自己背一大捆杂志，派送到报刊亭去。

Hero

TAISHENG DING
丁太升

About

人称“黑刀”，新晋奶爸

奇葩影像创始人，导演

曾任中国唱片总公司企划

2001 年 8 月加入摩登，曾参与大量摩登相关新闻写作和文案创作

数次进出摩登天空公司
在公司规模扩大之后彻底离职

Words

“跟老沈聊完之后，我等陶然联系我面试，我一直等，等了一周还是十来天，他终于来电话了，那个号码我现在还记得，是……”

当时我们还小，也不会算这些账，就是老觉得这些事儿挺好的。你会觉得你是在特别先锋的一个位置上，永远是在前边的，那些年轻人都跟着你，在看着你，所以就觉得做这个事儿特别骄傲，特别自豪。

徐凯鹏
Kaipeng Xu

第一期可能宣传得好，卖光了，第二期剩 3 000 册，剩得巨多，我印象特别深，我对封面上骅梓老师那张脸都有阴影了。我上次见着骅梓，我说我见你这脸就有阴影。他说为什么，我说摩登天空第二期杂志那会儿印象太深了，后来满花园村地下全是那本杂志。这导致公司收入的不平衡，加上没准儿中间有人挑事儿，老沈他们哥俩就分道扬镳了。

沈黎晖
Lihui Shen

做了杂志以后才发现赔了好多钱，那就分开吧，印刷和音乐公司正式分开，大概是在 2000 年的时候。

我们拿了他们（《音乐殖民地》）的版权，海外那部分用他们的版权，每个月付版费给他们；我们再自己采编国内的内容，《摩登天空》杂志就横空出世了。第一期就印了 5 000 本，一卖而空，第二期印了一万多本，好像也卖光了。后来最多的时候印到 2.5 万本。我委托的发行有很多问题，有很多滞后的信息，有些可能没有卖掉。第一期肯定是全卖光了，因为印得太少。可能印到 1.5 万册的时候正好，两万以内，但是我们印到 2.5 万，就会出现很多因滞后产生的退货，积压了很多东西。杂志一算账，总共亏了 200 多万。

丁太升
Taisheng Ding

我 2001 年进摩登，记得有一个很重要的事情，不是做杂志，而是把当时滞销已久的印刷品卖出去。我记得办公室里堆满了过期的杂志，一共 10 期嘛。往后快进一段，有一次“旅行团”和“后海大鲨鱼”他们在公司开会、录音，那天下暴雨，摩登办公室是地下室嘛，真的就是漏水和灌水，下面积了那么厚的一层水，那些杂志可都是纸啊。我记得小武，就是“后海大鲨鱼”的鼓手，还有我们一帮人光着膀子把杂志往桌上堆，要抢救出来嘛。然后再把水铲出去，用铁锹。

其实那时候《摩登天空》杂志已经停刊很久了，但是它对于摩登来讲，真的是真金白银换来的，而且当时对于陶然那一拨人来讲，付出过很多心血嘛。

申焕明
Huanming Shen

当时我们没有意识到什么原因，杂志最开始卖得很好，就追加点发行。比如说，上一期我发行 5 000 册，觉得卖得不错；下一期 1 万册，然后 1.5 万册。但是，殊不知你不能拿第二个月的数据来看，你要拿第四个月的。因为当时没有互联网，没有电脑，来往文件都是纸质的，也没有电子邮件，信息的反馈是延时的，导致你通过一两个电话、一两个数据做出错误判断。如果放在现在，其实就没有问题了，发出去多少了，在库里有多少；发出去多少，卖出去多少，数据是实时的。

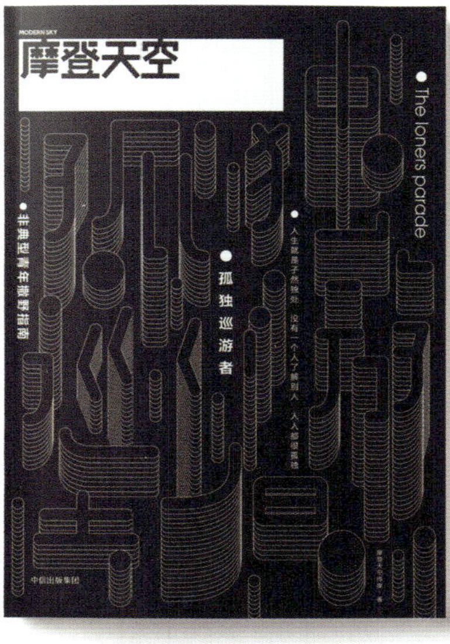

Modern Sky Magazine
《孤独巡游者》
2017. 5

Modern Sky Magazine
《中国有嘻哈？》
2017. 9

又等了 16 年

沈黎晖
Lihui Shen

我觉得，其实简单来说，我们干一件事儿干了差不多 20 年，1997 年到今年，正好 20 周年。我们每天在上班，每年我们好像要做一些一模一样的事情，得给自己找点乐子，每年也收集、创造新的东西。所以我觉得《摩登天空》杂志也是一个乐子，今天再做这件事，可能就没有那么沉重了。

首先我们把自己的标准定得很低，因为我们就是想，三个月出一期可以吗？一年只出 4 本可以吗？摩登天空已经 20 年了，很多事情不一定要想明白再做，稀里糊涂地就把这个事干了。

我觉得现在来看这恰恰也是摩登天空一个不靠谱儿的地方，就是好多事你觉得还挺靠谱儿，但是好多事都不靠谱儿。现在我也觉得杂志不是一个靠谱儿的事儿。以前不靠谱儿，现在恢复起来，可能也有它不靠谱儿的一面。

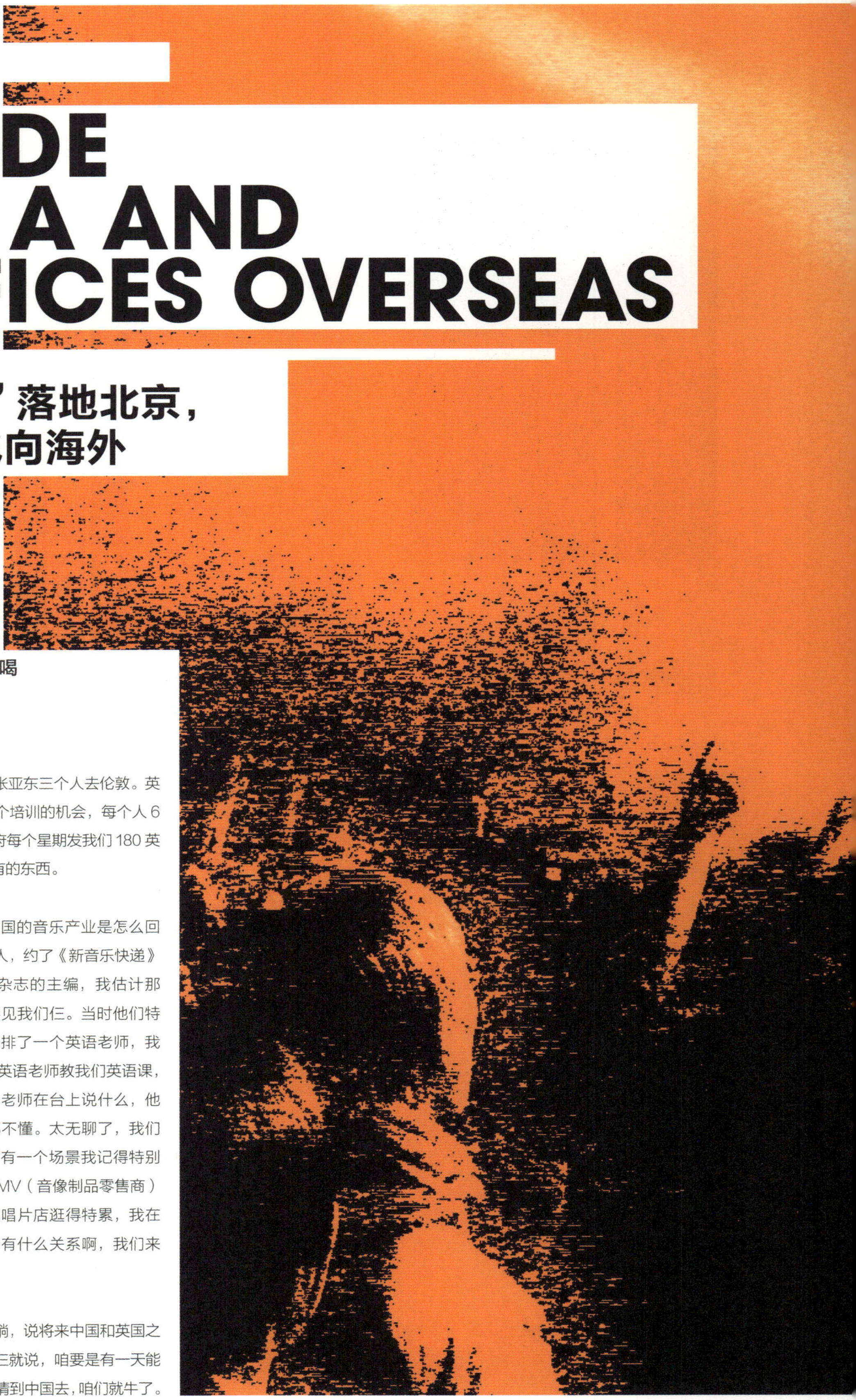

Chapter

06

SUEDE KID A AND OFFICES OVERSEAS

Title

“山羊皮”落地北京，办公室飞向海外

大年初三，上街吆喝

沈黎晖

Lihui Shen

有一年，我和有待还有张亚东三个人去伦敦。英国文化处跟我们说有一个培训的机会，每个人6个星期的时间，英国政府每个星期发我们180英镑，提供住宿，提供所有的东西。

他们为了让我们了解英国的音乐产业是怎么回事，约了全英音乐奖的人，约了《新音乐快递》杂志（*NME*）、《Q》杂志的主编，我估计那帮人都不知道为什么要见我们仨。当时他们特别贴心，给我们三个安排了一个英语老师，我记得特清楚的就是那个英语老师教我们英语课，亚东的英语比我还次。老师在台上说什么，他使劲点头，其实什么都不懂。太无聊了，我们天天大眼瞪小眼，当时有一个场景我记得特别清楚。我坐在牛津街HMV（音像制品零售商）最大唱片店的门口，逛唱片店逛得特累，我在门口一待，说这跟我们有什么关系啊，我们来英国有什么用啊？

回到我们那个小房间一躺，说将来中国和英国之间能干点什么啊？我们仨就说，咱要是有一天能把“山羊皮”这样的乐队请到中国去，咱们就牛了。

SUEDE
CHAOYANG GYMNASIUM
BEIJING
2003
供图 _ 有待

1

2

当时根本也不敢想什么音乐节。又过了一年，我出国去看的第一个音乐节，在瑞典，就有“山羊皮”、有“战车”，就是一票大牌乐队。有待他们都去看“山羊皮”，给我发一个短信说自己跟“山羊皮”在后台呢。当时我在逛摊儿，觉得音乐节太好玩了，那个体量刚好是一万多人的音乐节，在一个森林边上，有湖，特别美，我记得特别清楚，演出我都没怎么看，我就去逛摊了，买小玩意儿，觉得音乐节太好玩了。

我记得那音乐节最特别的一个地方是，它有发廊，就是剪头发的。那时候都没敢想将来自己要做个音乐节，连想都没敢想。

张有待
Youdai Zhang

我 1999 年、2000 年那时候经常去英国还有欧洲的好多音乐节，那个时间正是山羊皮乐队特别火的时候。我记得我在后台第一次见乐队的情景。在“山羊皮”后面演出的是 Placebo（安慰剂乐队），那两个人在他们的休息室里，“山羊皮”在前面演出，特别兴奋。

乐队演完了，那个主唱布莱恩就冲到后台说“厉害，厉害哥们，大哥厉害”。那个时候我就想，能不能有机会把这么好的乐队带到中国演出？因为那个时候中国从来没有一支真正的摇滚乐队来演出，在那之前最后一支来中国演出的乐队还是威猛乐队。有一次，我看一个香港的杂志里面说山羊皮乐队去香港演出，在伊丽莎白体育馆，但是因为歌迷实在太多了，好多歌迷买不到票进不去，于是乐队决定第二天加演一场，给歌迷演。

既然已经到了香港演出，为什么不能来北京呢？有一次在后台跟他们经纪人聊天的时候，就说如果你们下次有机会去亚洲演出，无论是去日本、中国台湾还是去中国香港，能不能联系我，我帮助你们来北京演一场。

所以那个经纪人就留下了我的 E-mail（电子邮箱）地址。我有一天收到了一封邮件就是“山羊皮”的经纪人发来的，说 2003 年 2 月份会在亚洲巡演，问可不可以来中国演出。他们夏天一般都是在欧洲巡演，冬天在亚洲巡演。我一想这个机会不能失去啊，我就找了各种人，找了一个公司，是可以报批的。我问他们愿不愿意投资做这个演出，我说这个乐队是特别好、特别有名的。然后第二天他们开了一个会，说决定不做了，因为这个日期是大年初三，那个时候没有人在北京，肯定不行。

我一想怎么办呢？就去找了沈黎晖，我说“山羊皮”他们愿意来北京演出，可是现在完全没有人能接，怎么办，我们能不能做。沈黎晖说你找找老沈，老沈就是江湖中的另外一沈——沈永革，竹书文化的一把手，他旗下有陈琳这样的流行歌手。我就去找老沈，没想到老沈是“山羊皮”的歌迷，他说可以。**就这样，北京的“二沈”，也就是摩登天空和竹书文化两家唱片公司联手做了这场演出，一家出了一半的钱。**我就是帮着把这个活儿干了，据说最后好像是赔了 30 万，但我觉得这俩这么聪明的老板，自然会有办法。最重要的是“山羊皮”来演出了。

沈黎晖
Lihui Shen

后来演出的时候，我记得挺清楚，我去给他们开的招待饭局，第一顿饭我在，在北京一个烤鸭饭馆。安德森（山羊皮乐

1. SUEDE MEMBERS & YOUDAI ZHANG
2003
供图＿有待

2. BRETT ANDERSON BEIJING
2003
供图＿有待

队主唱）见着我就说，你这个眼镜很漂亮，直夸我眼镜。大年初三开的演唱会，不是大年初二就是大年初一，我们去了一个特别奇怪的烤鸭店。所有人都在准备过节。他们在这桌吃烤鸭——看起来也不太爱吃，楼下是一帮服务员在那儿唱卡拉OK，特难听，全跑调了。过年，外面还放炮，这个太有年味了。

申焕明
Huanming Shen

两边一块儿出钱，反正是赔钱，票也卖得不好，最后为了撑场面，把看台上的人都请到场地里来。其实那段时间摩登已经进入了最困难的时期，就是2002年到2005年之间。整个中国唱片行业都不好，但是坚持下来了。

庞宽
Kuan Pang

张有待是跟“山羊皮”那个贝斯手联系的，北京这场等于就是加这么一站。

本来是叫我弹键盘，但是后来又不让我弹，让我做设计。所以“山羊皮”海报设计也是我做的。其实也没什么设计，就是一个照片上放点字。张有待坐我边上，在那盯着看。这里往左一点，往右一点，往上一点，就是这样。

那时候我想这太牛了，这是一个大牌啊，没见过，然后确实也特别牛，特帅。而且那天他还发烧呢，确实演得特别好，给震了，震了。那时候没怎么看过外国的演出。之前就是1994年，看过一次比约克的，然后就没怎么太看过外国的。

但是他安排的那个日子特别不好，是大年初三。刚下的雪，而且好多人都放假回家了。

王硕
Shuo Wang

帮忙了，当时为什么要帮忙呢？当时帮忙的原因主要是买不起门票，280块还是380块。丁太升有一天突然给我打一个电话，说你给我们帮点忙，贴贴海报，围着三环，就当个义工，帮着卖个票什么乱七八糟的。以义工的身份，你在门口，可以摆摊、帮着卖卖纪念品什么的，然后偶尔抽空、轮班倒，就可以进去看两眼。我说这也行啊，我见着他们了，就不算白来嘛。

那天我记得特别清楚，早上起来八点半，在摩登天空集合。我、丁太升，还有庞宽，仨人打一辆车，然后去朝阳体育馆。这时候庞宽跟我一人守这门，一人守那门，跟哼哈二将似的，在门那儿守着。他给我递过一根儿七星，说你抽烟不？我说我抽。这是我们的第一句对话，到现在还记得特别清楚。

还一个细节，就是卖T恤。也不知道怎么想的，定价35块钱，因为都没有零钱找。后来我们也没跟别人商量，就自己给提价，提到40，然后那5块钱，我们就当打车钱自己给私吞了。结果特傻，跟我们一块儿卖衣服的有一个孩子，是沈永革那边其中一个人的亲戚，他就把这事儿给捅了，第二天我们就遭到批评了。但是他很肯定的一点是什么呢？他不确定我们是把钱私吞了，但是很确定的是我们把钱给涨上去了。当时还有一件事，凌晨三四点钟，去麦乐迪KTV卖票，这哪儿卖得出去啊？我第一次去Gay（同性恋）酒吧也是那次，因为当时觉得Gay的品位都好，而且这个布莱特·安德森（Brett Anderson）自称是双性恋嘛。

卖票的时候那些Gay吧，没事儿就摸一下你的头，然后说，小孩儿挺可爱的，干吗呢？卖票呢。卖什么票呢？“山羊皮”。山羊皮？棉袄啊？然后我们说不是，说这是一个乐队，英国的。多少钱啊？380。380？你知道380能干吗吗？然后就开始教育我。大冬天的，我们满三环跑报亭，说您好，我能在这贴一海报吗？他们说哎哟，你这贴完了也得被揭啊。后来才知道，这玩意儿都是要给钱的，不给钱没戏。然后我说那您揭掉不赖我，反正我贴了。拿不干胶都给贴上，就是这么捋着三环内环，然后再捋外环，等捋外环回来的时候，再往马路对过看，发现确实已经被揭下来了。那时候正好还赶上春节嘛，**大伙儿对山羊皮乐队没有什么认知，但是我觉得这个演出特别特别有意义。**

沈黎晖
Lihui Shen

那会儿不是有个笑话嘛，就是因为那个门口贴着“山羊皮”的海报，安德森穿了一个皮夹克，人家看外国模特穿着个皮衣，就问，你们这是皮衣展销会吗？当时我记得我们报的批文写的是类似“山羊皮演唱组合”，批文批的是组合。我找正大国际的江姐帮我们报的批文，也没收我们钱。后来她给我打电话，说你们那个什么羊皮，批下来了。

3

3. Suede Asian Tour
跳房子乐队为“山羊皮”北京演唱会暖场
2003
供图_有待

4. Radiohead Kid A
英国摇滚乐队 Radiohead 的第四张录音室专辑《Kid A》
2000

边忭
Bian Bian

当时“山羊皮”来了，得去啊，那个时候学校也挺远的，也没地铁什么的，然后就说同学们包一个黑车一块儿去，门口买张黄牛票什么的。觉得他们都是尖儿，真是尖儿，每一个人打扮得真的特别像样，比上音乐节还在乎、还像样。其实我们买的是特别后边的票，可能都看不见那几个人。当时就觉得太牛了，我离这个以前在磁带里、在 CD 里听的乐队就几百米，然后听完回去一阵显摆。

申焕明
Huanming Shen

有一回沈黎晖要去英国一个论坛。那会儿公司钱非常紧了，账面上只有 2 000 块钱，工资还没发呢。他说他得去趟英国。我说这月得发工资啊。我问他你干吗去？他要去的话，就意味着工资得下个月或者再晚一点发了。我说非去吗？他说非得去。我说你跟我讲讲，为什么非得去？他说我们去了，就成了中国第一家参加这类论坛的唱片公司。我们去了，有好多资源可以吸收、接触，我当时就理解了。

当年代理发行那张《Kid A》（一号复制人），我记得特清楚，要交 8 万港币，取了钱先去雅宝路换港币，给詹华送去，先送了 4 万，过段时间按合同又凑了 4 万。其实最后还是赔钱了，但是意义重大。这是国内第一回同步发行国际一线大牌摇滚乐队的唱片啊。包括后来跟竹书文化一块儿请“山羊皮”来演出，张有待帮着联系的，也是赔钱的，赔了有二三十万，你说这事有没有意义？那一定是有。

可能从财务上来说，这些钱你就不应该花。但是现在看应该花吗？一定是应该花的。往大了说，还促进中外文化交流了呢。往小了说，实际上你是加速了自己与海外的接触。请“山羊皮”来北京的第一场演出是不是对未来做音乐节和跟海外沟通提供了帮助和便利呢？那一定是。你是不是有经验了呢？那一定是。你当年赔的那二三十万，值不值呢？那一定是值得。

沈黎晖
Lihui Shen

当时是 EMI（百代唱片）中国区的人找我，他们觉得他们发行不了 Radiohead（电台司令乐队）这样的唱片，他们不懂，或者说他们觉得摩登是覆盖这个市场的最佳选择。我说我喜欢 Radiohead，所以准备发《Kid A》。

4

等我们报批完，刚拿到版号，那张唱片已经在日本东京先发行了。我说这下完了，果不其然，很快盗版就出来了。但是因为我们是做印刷的，我们就说，我们的封面一定要比英国印得还好，纸张比英国用得还讲究。当时 CD 只生产了 2 000 张还是 3 000 张，我记得我去了 EMI 公司，还送了他们一张。谁能想到 Radiohead 那么大牌一个乐队在中国只发行了 2 000 张 CD 呢？

后来，他们就问了 Coldplay（酷玩乐队）我们还愿不愿意代理。我说算了。

那个美国人真来上班了

孟金辉
Jinhui Meng

迈克是一个特别传奇的人，你要跟他喝过酒才知道。我们去过法国的一个音乐博览会，也开始跟海外的一些厂牌有一些联系，做一些引进之类的。但是迈克来了之后，美国的公司才成立起来。

最早的时候，我都不知道他是怎么有我邮箱的。只记得有一天收到一封邮件，邮件中自我介绍说他在美国，在唱片行业也工作过，对中国特别感兴趣，问“我能不能去那儿工作？”。我就去和沈黎晖聊，沈黎晖说那来呗，但是我没法给工资，如果有什么想法的话，我们可以去看怎么弄。然后那哥们儿就真来了。我忘了当时鲍勃·迪伦发哪张专辑，我跟他说，你帮着带一张鲍勃·迪伦的专辑过来。我还拎了两罐啤酒去机场接这哥们儿，结果他给我一个复刻的光盘，我说你怎么带这么一个光盘啊？当时他说他特别怕出事儿，比如下了飞机就有人拿枪对着他脑袋什么的。我说你还是美国人吗？

他来了之后，第二天还是第三天去 D-22 酒吧，迈克一看特高兴，感觉中国和他想象的不一样。D-22 演出完了，

投影在那儿放伍德斯托克的录像。迈克最后喝得一塌糊涂。那时候他还借住在我家里，一个复式小二层，他回去一下子就把胳膊摔了。后来带他出去跟乐队，一喝多就各种事儿，把酒店里弄得一塌糊涂。有一次我跟他住一个屋，我也喝多了，第二天早上一醒来，发现门都敞着，床边围了一圈树。我说这是哪儿啊？我以为我喝多了，走错地儿了，但一看还是酒店。结果是他把酒店大堂的植物都搬到了屋里，人在地上躺着呢。

华东
Dong Hua

第一次在美国巡演，22 个城市，还挺大的，纽约等一些城市是迈克帮我们去办的，还有一些其他的朋友帮我们在纽约联系了一些演出。大概是 2007 年，他喝大了，跑上台了，可能这在美国比较忌讳，保安就把他推出去了。后来知道他可能膀子摔坏了还是怎样，又去医院打了个石膏。

孟金辉
Jinhui Meng

他第一次带“重塑”去国外音乐节演出。看着他们在台上，他可能觉得这个乐队是他带来的，喝完酒特高兴，非要到台上去。但是黑人保安不允许啊，一看这谁呀，喝多了，然后把他揪着按地上打，打完，胳膊又断了。

沈黎晖
Lihui Shen

来了以后也觉得这哥们儿成天喝醉，跟人打架。一回来以后眼圈就是青的。但是我觉得这些都是命运，这些人在一个特定的时间出现，就跟演电影似的，这些人都突然出现，本来这些人跟我们有什么关系啊？然后在 2006 年就做了我们在美国的办公室。

Heroine

WULI
乌莉雅素

About

摩登天空副总裁兼艺人经纪部总监
有两只宠物，塔拉和赛汗
曾任张亚东、郁冬、叶蓓、曹方的经纪人

Words

“我把‘重塑’的海外权利交给迈克的时候让他给我写过保证书，要他保证让‘重塑雕像的权利’成为世界上最牛的乐队。这是他对我的承诺。”

Modern Sky Festival
美国摩登天空音乐节
2017

我们把摩登天空音乐节扔到国外去。到国外镀个金，也在审美上找到一些不同，再回到中国。而且对于摩登市场层面或老公司形象层面也是挺好的一件事。因为现在没有任何一个中国企业或者中国音乐节品牌说自己把音乐节开到国外了。所以我觉得还是挺好的一件事。

国外办公室这件事，我觉得宣告了摩登的野心，摩登确实也需要更多国际交流。国外的办公室会反哺，比如说，他们发现国外一些刚刚有起色的小乐队或者歌手艺人，可能我们就可以比别人有更进一步的机会了。

我们每个月发迈克好几千美元，我们跟迈克说，你想办法把这个钱挣回来。当时最离谱儿的是，有一段时间他接了好多网站设计的活儿，还把“刺猬”、“鲨鱼”、“新裤子”什么的一堆乐队弄到美国去开大巴巡演，最后一塌糊涂。中国乐队不能吃苦，都不行，但是迈克觉得：美国乐队都是这么过来的，这些中国乐队特别奇怪，怎么就不能吃苦？当时也不知道为什么去做这个巡演，好像是给慈善机构做的一个巡演，看起来特别不靠谱儿。但是2007年摩登做音乐节的时候，就觉得迈克很有用。

臧可义
Keyi Zang

对于我们来讲，摩登天空音乐节其实是一个曲线救国的过程。在中国做两个音乐节，一个摩登天空，一个草莓，确实很难把这两个音乐节都做得特别好。不如

华东
Dong Hua

那是在SOHO，在曼哈顿的SOHO，对面就是耐克的买手店。那天我们去的时候，刚好耐克正在发行一个最新的纪念款，排队的人特多，而且全部都是黑人，有警察在那儿维持秩序，我老远看到以为发生什么事了。他们那个办公室还挺舒服的。

乌莉雅素
Wuli

纽约办公室是2016年正式开始运营的。**迈克是一个异想天开的家伙，特别理想主义。他那种理想主义我觉得在这个时代还是缺的，非常稀少。他敢于去想，而我们执行力很强。**实际上摩登作为一个民营公司，最大的优势就是它的执行力，它有敏感度和审美。执行力很强的时候事就容易成，就像现在嘻哈成为热点，马上就有嘻哈的IP（知识产权）出来，变成一个音乐节。有一天迈克说，如果我们在纽约，而且是在中央公园

Re-TROS
重塑雕像的权利
2017

去做一场中国人自己办的音乐节该多酷啊！太牛了！实际上他中文说得最好的就是“牛”这个字，而且还能打出来汉语拼音。每次一说什么就打出那个汉语拼音，特别逗。我们想了想，觉得这事儿如果做了确实挺酷的。所以第一年我们去纽约的时候，真的是带着那种荣誉感过去的，完成了之后，所有人都好像发着光，觉得这是一个荣耀，我们太牛了，能在纽约做，甭管来了多少人，有没有那么多老外，但至少我们做成了。

迈克给我取的外号叫纽约皇后，他一叫我就是 queen，我叫他 captain，就是船长。所以实际上我们俩的沟通不像其他人那样，一来北京就开始胡喝，我不跟他们胡喝。一般是他们胡喝，我在旁边作为一个见证人，但是不在他们那个频道里。

他动不动第二天来上班时脸都青了，每天都喝高。差不多来一次丢一次手机，丢个电脑。只要落地就奔着去喝了，第二天你找不到他，这很正常。我在纽约那段时间跟他接触最多，但也正是他在戒酒的阶段。据说如果他再不戒，他媳妇就不要他了。我们是这么猜的。他最大的优点在于，**你只要跟他喝酒，他一直给你埋单，一直请你喝。**我觉得这对于爱喝酒的人来说，就很愿意跟他成为朋友了。你只要在他喝酒的那个场地里，他会一直给你买酒。

前一阵我们在做“重塑”在海外巡演的案子，迈克自己写了个保证书，就是保证要让“重塑”成为世界上最牛的乐队。这是他对我的承诺。因为他喜欢这个乐队，他想给他们做很多的事情。我给他讲，有很多事情你可能做不好，他说不可能，说他一定能做好，他一定会解决所有的问题，他一定会认认真真的。认真我相信，因为他真的挺爱“重塑”的。但是结果好不好，从你现在做的一些事情上我看不出来，所以上次他来北京的时候，给我写了一个保证书。我要求他写的，我说这是中式的保证，你必须保证你对这个乐队负责任，我才可以把海外的权利给你。

华东
Dong Hua

这件事我听说了，真的是挺感动的。

迈克·洛尤迪切：我有时候也允许自己喝大

采访 / 翻译 _ 张妙纯

摩登天空杂志（以下简称 M）：你还记得第一次听说摩登天空是什么时候吗？ 迈克·洛尤迪切（Michael Lojudice，以下简称 L）：我当时在《英国卫报》的网站上找到了一篇关于中国音乐厂牌的故事。我当时一点也不了解中国当代的独立音乐。然后看到这个故事里写沈黎晖，写他在地下室里，坐在一张懒人沙发上弹吉他，诸如此类，听起来特别酷。那大概是 2006 年。

M：所以你那时是做音乐产业相关的工作吗？ L：是的，当时我在这里（指纽约）的音乐产业工作了大概已经有 10 年。我做过公关，在一些厂牌工作过，当过经纪人。我看了那篇文章，然后我就找到了摩登天空的网站。网站整个都是中文的。但是我在上面看到了一个邮箱。于是我就发了一封邮件，说“嗨！我在美国是干这个的，我看了这篇文章，挺有意思的”，诸如此类的话。我当时也没想到会收到回信。然后一个叫孟金辉的人给我回了邮件。他当时是厂牌的经理，而且会说英文。我们邮件往来了大概两个多月。然后我说：“哦，我说不定可以给你们当顾问之类的。也许你们对这些美国乐队也有点兴趣。”然后还没等我反应过来，我就已经在飞去北京的路上了。我那次在北京待了整整三个月。三个月之后，我们就在纽约开了分部。

M：你第一次去中国有什么有意思的细节吗？ L：我当时先是跟孟金辉在机场碰了面。他就带着我从机场去了办公室。我走进办公室里，看到有个很小的屋子，每个人都在一根接一根地抽烟，每个人身上都覆盖着一层烟雾。然后他们就说：“这是你的桌子了！”我把我的箱子放在桌子旁边，桌子上有台电脑，就是这样了。

M：你认为当时北京和纽约的音乐环境最大的不同之处是什么？ L：纽约的观众是非常……你知道……也要分情况……纽约的观众要更傲慢，他们经常就这样站着（抱着胳膊）。但是在北京，观众就非常喜欢看演出。孩子们都为之疯狂，你知道吧，就是感觉很开心。当时我已经做音乐生意做了 10 年，状态非常糟糕了，看到这些，就像是给我重新注入了活力。

M：这么多年过去了，你认为摩登天空发生了怎样的变化？ L：2006 年摩登天空只有八九个人，发行着没人买的唱片，办着演出。每个人都觉得很好玩。大家也都更年轻。现在，**那个在机场接我的男人，孟金辉，已经成了 VICE 中国的总经理。而黎晖已经变成了一个大人物。**现在公司大概有 300 人的吧。我们办了很多音乐节，我们有自己的演出场所，我们每个人都老了。

M：对你来说，代理美国乐队和代理中国乐队有什么不同吗？ L：两者是完全不同的。像“重塑雕像的权利”这样的乐队，比如这次巡演，他们会在传统的演出现场，给一群主要是西方人的观众演出。在宣传上我们也是走的传统路线。当我们请像马頔这样的音乐人，或者其他非常“中国”、非常面向中国留学生群体的音乐人来演出的时候，就是完全不同的情况。宣传上就会完全专注于中国人群体。美国乐队的话，就会是一个非常传统的运营方式。

M：有没有在美国演出过的摩登天空的乐队，真正得到了当地听众的喜爱？ L：当然。刺猬乐队在这边巡演过很多次。人们爱死“刺猬”了。他们爱死“阿童木”了。“重塑雕像的权利”也是，绝对的。“新裤子”在科切拉（Coachella）音乐节演过一次，大概四五年前。他们特别棒。

M：你第一次见到沈黎晖的时候，对他是什么印象？ L：啊……我觉得，他真的是个坚不可摧的人。尤其从中国的现状来讲，他每天要面对的糟心事儿……这就不细说了。他首先是一个艺术家，然后他创建了一个在商业上成功的公司，能够雇用很多喜欢音乐的孩子来为这个公司工作，也能够给其他艺术家资源去做他们的作品。他这些年来也一直对我非常非常好。我大概和他同住过三个星期？我第一次去北京的时候，他们把我扔来扔去的，一开始我是和孟金辉一起住的，然后我和沈黎晖住了三个星期，之后我忘了又住到哪里去了。

Hero

MICHAEL LOJUDICE
迈克 · 洛尤迪切

About

摩登天空北美地区总裁

Words

“还没等我反应过来，我就已经在飞去北京的路上了。我那次在北京待了整整三个月。三个月之后，我们就在纽约开了分部……后来，我们办了很多音乐节，我们有了自己的演出场所，我们每个人都老了。”

M：你们一开始是怎么交流的？ L：他当时会说一点英语，但是我一点中文都不会说。他现在是真的说英语了，就是我能够跟他交谈了。他们的英语都越来越好了，但是 10 年过去，我还是只会说 10 个中文单词。太可悲了。

M：你为了摩登天空的美国音乐节付出了很多心血，这个过程是怎样的呢？ L：今年是第四年了。第一年的时候，我们就说“哦，我们在纽约嘛”，所以找了一些西方有名的音乐人，像是说谎者乐队（Liars），或者“猫女魔力”（Cat Power）之类的。这些大牌乐队的经纪人要求很多。他们说，我们的艺人必须在这个时间上台，必须这个、必须那个。我们的前半场表演全都是中国音乐人，后半场按照这些人的要求，全部都是西方的音乐人。当真正付诸实施的时候，几乎所有来的人都是中国留学生，根本没人关注那些西方音乐人，他们都是去看中国音乐人的。所以这些经纪人就说：“天哪，为什么这些中国音乐人先上台，太不尊重人了！”我就说“抱歉我们不是故意的”，等等。第二年，我们很幸运地请到了小野洋子来压轴。她就住在旁边。她很谦逊，对我们都很好，那次的感觉就是“天哪，这太棒了”。她已经 80 岁了，她的现场太棒了。然后我们有了一个西雅图的音乐节，去的绝大部分人，是去看宋冬野的。他们不是去看小野洋子的，他们是去看“新裤子”的。但这就是我们的观众群体！

M：摩登天空现在拥有了一个说唱厂牌。你认为他们在这方面做得怎么样呢？ L：这是个潮流，很大一部分是因为那个电视节目。我从我们的北京团队那里听说，他们说“嘿，现在说唱开始火了”。这些说唱歌手突然（比画出一个蘑菇云，模拟爆炸声）就火了。其实还挺逗的，我当时都不知道我们旗下的这些音乐人是谁。我说：“好吧，演出名单已经很挤了，我们想想办法吧。”然后他们说：“别这样嘛”，而我想着，签证那么贵、机票那么贵。我最后回答说：“好吧，行，可以，我们会做的。”然后很短的一段时间后，就真的……就是现在所有人都是来看他们的了。谁知道这事儿会怎样发展呢。我们会说“好”，那我们是不是也要开始看看西方的说唱音乐人？中国的孩子是更喜欢比较当代的 Trap（陷阱音乐），还是更喜欢说唱界比较经典的音乐？但是他们告诉我们说，“不不不，还没到那一步。现在他们只是喜欢这些年轻人，他们喜欢这个电视人格。”所以其实很难确定这事儿会怎样发展。

M：第一次摩登天空音乐节，你们有当地人的帮助吗？ L：那次音乐节是我和一个叫麦克 · 布兰登（Mike Brandon）的人策划的。他是神秘之光（Mystery Lights）的主唱，他也在摩登天空工作。我们俩扎扎实实地每天工作 20 个小时，干了三个月，才促成了那次音乐节。我差点死了。

M：这就是你第一年没能享受音乐节的原因吧？ L：说真的，第一年的时候，我一场演出都没看着。我就是满场来回跑。

M：那后来这种情况有没有什么改善？据说上次很多人是来看宋冬野的？ L：是的，我记得他是飞机起飞前几小时才拿到的签证。经常发生这种破事儿。

M：我也想问来着，我一直听说乐队很难拿到来这里演出的签证。 L：我的天哪。这个真的……这个工作真的不容易。别干这行。

M：有哪个乐队有过什么特别夸张的经历吗？ L：我觉得吧……要说完，那估计我们就得在这儿待一个月了……

M：你觉得在美国推广中国音乐人的最好的演出方式是什么？ L：这些方式都挺好的，取决于哪个乐队吧。我觉得像是 SXSW（西

迈克·洛尤迪切和沈黎晖的某次会面

南以南）或者 Coachella 这样的音乐节，“新裤子”、“重塑雕像的权利”、“刺猬”，这些做更西化的音乐风格的乐队能够更容易被接受。

M：这些音乐人觉得自己在美国的演出怎么样？ L：我觉得应该挺好的。马頔上一次在美国的巡演很棒，策划得很好，效果很好，票也卖得很好。还有夜叉乐队，在摩登天空纽约音乐节之后，他们骑摩托车一路骑行到了西南部，我们也帮他们安排了几次会面。他们想要见那个电视节目上的杰西·詹姆斯（Jesse James），他是个摩托车工程师，还挺有名的。然后“夜叉”还在加州见到了一位很有名的日本摩托车匠人。

M：他们认为西方观众怎么样？ L：**我觉得他们每个人差不多都挺爱来这边的，你知道吧。**（说完这段，他喝了口水，然后开始自言自语地模仿刚才的问题，“哦，所以迈克，你之前经常喝大了被人暴揍，你想对此说点啥呢？”接着他说：“你知道这个问题他们问过多少次吗……我跟你保证，不管是谁给你准备的这些问题，他们每次都会准备一样的问题。太逗了。”）

M：他们每次都问你喝大了的事情吗？ L：他们每次都是问“你第一次来中国的时候，你总是喝大，对此你有啥要说的？”，嗯……我能说啥，是真的啊，我有时候也允许自己喝大。（他的同事从背后的办公室探头出来，说：“这话来源是谁啊？”）

采访结束后，我们聊了一会儿马上要举行的纽约摩登天空音乐节。他告诉我去年马頔的巡演一票难求，今年尽管依然很火，但却不如去年。他当时问别人， 马頔的听众去哪儿了。别人回答说：他们现在都听嘻哈了。迈克看起来有点儿疑惑，说不明白这些人怎么能够从喜欢一个音乐风格突然转变到喜欢另一个。在这之后，我们又聊了一会儿红花会等说唱歌手在国内掀起的现象级热度，他沉默了5秒钟，继而感叹道：“可能今年我们需要多备几辆救护车。”

Chapter
07

UNDERSTATEMENT HARDSHIP

Title
看似轻描淡写的艰难

去要钱，反欠了钱

申焕明
Huanming Shen

到 2000 年的时候，公司就开始没钱了。开始发现那个账面上不好了，回款少了。唱片回款也少，一张张地出，虽然把成本压得低了，但还是不挣钱。觉得不挣钱的原因是唱片卖少了，因为正大音乐替摩登做唱片发行，我就开始一次次地去正大要钱，因为关系比较好，就先让人预支。唱片刚发了没多久，还没回款呢，就管人要钱去。

当时公司在平谷买了两套商品房，干吗使呢？做仓库用，因为唱片没地儿搁。两套四居室，当时就派了祝威、徐凯鹏、杨欢他们三个人去，看看咱们到底有多少库存，你得心里有个数。理了一个星期的货，盘点库存。那地儿也没有浴室什么的，我记得好像是夏天，他们几个在外边吃，就睡屋里地上。一个星期之后，吓了一跳，如果没记错的话，光杂志的制作成本就 100 多万，加上唱片一起，200 多万压在库房里。那是硬成本啊，都是花钱做的，做这些东西花了那么多钱，就压在那儿了。

当时我们最大的杂志发行商在广州，发现他们差了我们 30 多万的回款。我说去要吧，我就拿着两三千元钱的盘缠，去广州要钱去了。人家说没问题，说你等等我返货，因为他也把货都铺出去了，他要等回信息。那一等，时间就比较长，我等了 10 ~ 15 天，盘缠也花没了。我在那儿待着也没事，就去肇庆了，结果钱包丢了，一分钱都没有了。我就找了一个卖手机的，我说我把我手机给你，你给我 50 元钱，我下午就回来拿。他就给了我 50 元钱，我坐大巴回广州，赶紧冲到发行商办公室，说赶紧先借我 1 000 元钱，别的先甭说，我说我钱包没了，他们就给了我 1 000 元钱，我回去把手机赎回来，第二天又去发行商办公室，算账。人家退货全部返回来了，根据合同，摩登还差人家 5 万多块钱。我说好，再见，我回北京了，拜拜！当时摩登的钱就紧成那样了。

没钱的时候，反正是没工资，几个月发不出来。发不出来就发不出来吧。那会儿大家年龄也小，也都没家，都无所谓，就这么扛着了，反正公司有饭，吃饭还是可以的。因为公司需要租房子的人不是很多，就一两个，其他的都是家在北京，有饭吃，有地方住，情况就还好一些。

摩登当时做了一个小的录音棚，好像用的就是之前喜力给的那笔赞助费吧。老沈他强于常人的地方，我觉得就是在必要的硬件投资上，他一定会想尽办法去投。在负债的情况下，他可能会有意去做这件事情。我们有一天聊天说，从某种意义上讲，没钱造就了摩登天空。因为，如果有钱，可能就不是这样一番境况了，整个市场就是这样，你改变不了大市场，互联网时代来了，实体唱片不好了，任何一个个人或一个小集体，你是无力改变的，在这种情况下，低成本就对了，低成本才能让你活下来，低成本也能造就你好多商业竞争上的优势。

沈黎晖
Lihui Shen

我是做到“果味 VC”那张唱片的时候突然觉得市场不好了。理论上，“果味 VC”的卡带可以卖掉 10 万张，因为它也是个挺好的乐队，我们突然发现可能两万张都卖不掉，就觉得问题很大，后面的唱片都卖得很少，CD（激光唱片）可能也没起来，因为 CD 出来的时候就变得非常普及，非常廉价，而且非常容易盗版，所以市面上出现了很多盗版。唱片就开始不挣钱，我们唱片也亏，杂志也亏，那就完蛋了。那时候大概是 2000 年，之后有那么三四年处在这么一个焦灼的状态，我们还欠了别人好几百万。

陶然
Ran Tao

给郭敬明做的那张唱片，他那边出了不少钱，忘了具体多少，反正我记得够发好几个月工资的，在那之前好久，就一直没发工资。

我在摩登的时候，摩登一直没钱。老沈还在公司的睡袋里睡过。但是我也不知道那时候怎么想的，一直没想过要走，大家都是这样。大家的家都在北京，都年轻，就觉得这几个人都聊得来，去别的地儿可能很难找到聊得来的人了。

Hero

LINGSHENG SUN
孙凌生

About

音乐制作人，Timers 乐队成员
高中时组建“果味 VC”乐队
2002 年由于压力过大解散过一次乐队
2017 年退出“果味 VC”

Words

“那时候我找沈黎晖谈过一次，我说要不然我们签个专辑约吧。当时我记得很清楚，他在那个花园桥底下吃橙子，一边吃橙子一边跟我说，你们现在还不够，你们现在各种技术、意识都还不够，然后说你们再提高提高，把作品再好好整理一下再说。”

申焕明
Huanming Shen

老沈有难处不跟别人说，包括平常我们见面、吃饭，他也不言语。那会儿困难到他已经没钱租房子了，他从工作之后就不再跟父母一起住了。后来别人跟我说我才知道，我问他你怎么不言语呢，他也不说。他在公司的地板上睡了两年，就那样一直扛着。

孙凌生
Lingsheng Sun

我们第二张专辑是在摩登天空的地下室录的，条件非常艰苦。当时公司时运不济，所以只能是那样的录音环境。

当时我们每天吃小浣熊干脆面。干脆面里面有一个塑料片，就是水浒系列的，因为录了很长时间，每天录，连续录了三个月，录音师跟我们在一起，每天都吃方便面，总想攒那个塑料片，说什么时候才能攒到咱们认识的人，林冲、武松什么的，后来发现根本没有希望。

那个时候摩登处于一个很暗淡的时期，也是中国音乐圈的大转型时期。那个时候没有音乐节，没有更多的人关注摇滚乐，我说的摇滚乐是泛摇滚乐，就是你只要拿把吉他就算，那都没有人关注。所以那个时候摩登的经营主要是靠唱片的版权费，还有一些不是很大的商业合作。我们录音肯定是考虑到整体的预算，第一张制作很大。我一直非常感谢沈黎晖，就是我们在出第一张专辑的时候，沈总他在清醒乐队，最后一场商演是跟一些人在湖南卫视唱《还珠格格》，当时还有照片，里面穿黄色雨衣的那个人就是他。他为什么要去参加那个演出？是因为他要挣商演的钱，然后回过头来砸到“果味 VC”的第一张专辑上面。这件事情我一直非常感动。

丁太升
Taisheng Ding

2002 年年底到 2003 年年初，摩登天空已经非常非常穷了，发不出工资。会欠我们每个人好多好多钱。他差不多欠了我十多个月的工资，就是连续不发，发不出来，没钱，但是我们会继续做啊。

他自己为此应该是卖了一套北二环的房子。因为吃不起饭嘛，所以我们中午的时候经常就会去门口的削面摊，就是一个摊，不是饭馆，去到那儿，一人一碗面，可能几块钱一碗，最后老沈统一结账。因为我们都没钱。老沈跟他当时的一个女朋友借了好几万块钱，然后他女朋友为此在网上骂他。我去找老沈，说赶紧把这事解决了吧，后来又多给了她几万块钱。确实后来老沈已经有钱了嘛。就因为这些事情弄得乱七八糟的，所以我就说他很不容易。

但是在这种情况下，那天我过生日，老沈说你们先吃，就走了。我心想，这是什么路子啊，这是怕结账吗？过了一会他回来了，拿着个小盒子，打开之后是一把黑色的瑞士军刀，是给我的礼物。

吴卓玲
Zhuoling Wu

第一次离开公司好像是因为公司确实运营不下去了，发不起工资，很多人都没办法。你想我一个外地人，还得租房，三个月没发工资就活不下去了，没办法，只能走。沈黎晖也没有挽留我们。他也知道我们其实已经牺牲挺多的了，也是想帮他扛一下，但确实没办法。过了一两年他又恢复了，扛过来了。

徐凯鹏
Kaipeng Xu

印刷业务独立出去以后，公司好像就剩5个人了，我印象里除了一个财务、一个做饭的阿姨，员工只剩我和祝威两个人了，然后沈黎晖也不经常来，我们俩就每天玩，感觉就像留守儿童一样，留在那个公司，然后帮他看家，也没有什么，接接电话，也都做不了主，我就出差过几次，也都没有什么，我印象里那段时间很短暂，后来又招了什么新的办公室的女孩什么的，其实也都昙花一现，待俩月就走，因为工资太低了，而且刚分家那段时期，已经不是一个正常公司运作的状态了。

据说沈黎晖没脸见我们了，后来我离开，第一肯定是因为钱，第二也见不到老板，也不知道下一步干什么。加上我觉得他心情也不太好，我说我也别给你添麻烦了，那我就不干了。他说那行吧，你走吧。然后我就走了，我还吹了一牛，我说我预感你几年后还得把我请回来，估计他也觉得我吹牛呢。

非典，过年，盗版

庞宽
Kuan Pang

2003年的时候最惨了，那是"非典"那年嘛，公司都停了，啥都没了，我们正好出《我们是自动的》那张唱片，根本就没人校对，等到唱片印出来，全都是错，歌词什么的一塌糊涂，全都乱了。最惨的时候，祝威跟沈黎晖说，你给我点钱，我回家，春节了，你给我点钱我回家过年去。沈黎晖从兜里掏出50块钱来，说你先拿着吧……

沈黎晖
Lihui Shen

当时有好长时间没发工资。我记得有一年春节祝威要回家过年，我就给了他一百块钱，好像我身上一共就只有两百块钱。那时候真没钱。大家只能凑钱吃饭，祝威、丁太升当时都住过公司。我觉得我遇到的人都还不错，追债的人跟我说话都是说，你看我也很难过，好像他比我还难过，都到那份儿上了。我这边挣了钱先能吃饭就行，慢慢地就都把账还上了。

庞宽
Kuan Pang

当时的收入就是靠卖唱片获得的。然后有一些商演，也就是这样，就是入不敷出吧。可能就是沈黎晖想做的事儿太多了，现在也是，精力可能比较分散了。

吴卓玲
Zhuoling Wu

当时盗版很严重，虽然没有像现在一样，现在网上可以随便下载，但我们的威胁就是盗版，唱片出了之后很快就被人盗了。但发现自己的专辑有盗版应该是好事，说明你是那种能火得起来的，人家才去盗你的版。你如果太冷门了，那盗版商他会觉得你没价值，他根本不会盗你。

庞宽
Kuan Pang

后来我们老说嘛，如果"新裤子"放在现在的话，肯定就火了，就是那会儿赶上唱片的末期，盗版已经开始上来了。那会儿盗版都做得挺讲究，特别精美，比正版做得还好，都是那种外面一个纸盒，一个小抽屉似的拉出来，歌就是我们三张专辑所有歌的组合，人家肯定买盗版嘛。彭磊前两天买了五盒我们自己的磁带，全都是盗版的。可想而知，当年的正版包括盗版加在一起数量还是挺多的，卖得挺好的。

申焕明
Huanming Shen

当时盗版肯定多，谁也管不住，摩登解决不了这个问题，中国唱片行业都解决不了这个问题，那就盗吧。盗版盛行的年代，我听他们跟我说过一个数字，你卖出一张，盗版可能卖出去5张，可能卖出去10张。

项目鸟瞰效果图
SALE
让利
巅峰
大白菜
0.4元/斤

10元/2个
2元/把
农夫山泉
NONGFU SPRING
每一滴
农夫山泉
大红门排酸

后来最困难的时候，盗版还帮了点摩登的忙，因为打盗版每年可能有个二三十万的收入，可以支撑一下公司运营。可能是2000年、2001年以后，我们打了一阵子盗版。比如，家乐福放我们的歌或有卖盗版的，去索赔，要个五万八万的，因为实在没办法了。那会儿摩登好像雇了个律师专门帮着打击盗版。

庞宽
Kuan Pang

我们好像是在什么场合仪式性地撅了一堆盗版盘，不过也就是做做样子吧。其实那个时候盗版已经没什么冲击力了，因为网络已经来了。

沈黎晖
Lihui Shen

我们当时就给人做音乐服务，那个时候客户有摩托罗拉、诺基亚，还有微软，当时接了几个订单，挣了一点钱。那时候，大家觉得摩登好像还是杂志，还是挺热的，跟音乐市场有连接。也因为你有杂志，你总会接触一些这种客户，做一些服务。当时很长时间我就觉得我们不要做这些服务，因为我做印刷已经做够了，那是给别人干活儿，我们应该自己去干。没钱以后就开始做服务，但是那个时候你做的服务就全是跟音乐有关系的，因为你有音乐杂志、有唱片公司。困难嘛，就是得慢慢解决。钱回来以后，我记得最清楚的是，当时我们用三四十万又买了一套录音设备。

庞宽
Kuan Pang

彩铃风靡那会儿，我们出《龙虎人丹》那张专辑，沈黎晖特别不喜欢，说你们这是什么破玩意儿啊，你们写一个《嘻唰唰》这样的多好。那时候公司不是正好做彩铃嘛，那张差点儿没让我们出。

申焕明
Huanming Shen

当时跟诺基亚、摩托罗拉等合作，做了一些数字音乐去养活公司。我觉得真正好起来，是后来2006年、2007年开始打算做音乐节了，市场也开始好了。我记得2000年的时候，我们俩聊天，他跟我说过一句话，他说早晚版权会值钱，他说这个国际通用的版权规则在中国也一定会实现。他说早晚会有成规模的现场演出，音乐的现场消费也会有，就是时间上咱们不好说，但这个事情是一定的。我们老说一个公司成功了，一个人坚持了，因为他有毅力，其实我认为这些都是心灵鸡汤。最重要的是，他能看得见。每个人的坚持都得有一个理由，实际上是因为他看见了。我不是说沈黎晖，我是说所有这样的人，他认为有一天一定会那样，他才坚持。你如果告诉他有一天一定不会那样，但他还坚持，那是神经病。就是他认为有一天版权一定会好，有一天中国的现场音乐消费一定会起来，所以他才坚持。他这个眼界，在那个时期可能大多数人是没有的。

1

1. **The Roots Of China Tibet 1**
《根源中国 西藏（一）》
2007

2

2. **The Roots Of China Tibet 2**
《根源中国 西藏（二）》
2007

Chapter
08

THE B-SIDE OF MUSIC WORLD

Title

换个角度看看世界

孟金辉
Jinhui Meng

摩登做过一个巨贵的唱片，好像就叫什么《西藏一》《西藏二》吧。你不说这个我都忘了，当时我们做了一个世界音乐厂牌，里边除了西藏，还发了胡淼峪那张，就是《智慧到彼岸》。其实我也不知道为什么当时要做那个世界音乐厂牌，我完全想不起来，也不知道当时为什么就做了。

当时有一个商业赞助吧，好像是个做混音的商业项目，应该是奥迪赞助的。然后沈黎晖带着录音师东子去西藏了，待了好长时间，那时候正好吴卓玲在那儿呢。

沈黎晖
Lihui Shen

做清醒乐队的时候，我记得我在接受采访时说，我们才不会去做西藏的音乐，我说那不是我的生活。过了几年就自己打了脸，因为那时候我觉得自己的生活一团糟，所以要去西藏换换心情，其实是出于这样的考虑。我们就搬了一堆刚买的设备去西藏，其实是为了换个角度去看看有什么可以玩，我觉得这是一种寻找刺激的方式，其实我们一直在找乐，在寻找刺激。每进入一个新的领域，其实都是一种新的刺激。所以去西藏那件事是典型的从一个观察者的角度去那个地方。摩登肯定是不给自己这个限制的，我们觉得什么好玩就干什么。实际上，好玩在某些方面是特别重要的一个东西，所以觉得去西藏好玩就去西藏，做出版也挺有意思，就做出版。但是出版业务摩登也做得比较短，也没有特别认真地做这件事，可能出了几本书就不做了。但是都还好，也都没赔钱，也没大卖，四平八稳地做了几件事，后来没精力了，就放弃了。**那个时候做事还是比较随性的。**

吴卓玲
Zhuoling Wu

2005 年，我在拉萨的时候沈黎晖打电话来，说他们想出一张世界音乐的专辑，就是关于西藏，让我去给他们找民间艺人。我就到处联络、打听，安排一些路线去采风。我带着沈黎晖和刚到摩登负责录音的东哥一起在拉萨玩儿，大概两个星期吧，找了一些民间歌手录音，有一些就是在当时我租的小屋子里录的。

沈黎晖特别开心，因为西藏的生活跟北京的那种生活完全不一样，也没什么负担，他也不需要摆什么老板的架子，空气也好，每天阳光灿烂。他刚去的时候还是挺城里人的，讲究洗澡、刷牙、洗脸那种。我住的那个院子条件比较简陋，后来他可能适应了，之后就也不洗脸、刷牙了，他说在西藏就得这样，不用洗脸、刷牙，胡子拉碴的，他觉得就是很自然。我记得他还流了鼻血，是高原反应。我还有张照片，他流着鼻血，拿纸堵着鼻孔，还有在我那屋子里弹琴什么的。

我们还去桑耶寺、纳木错玩儿了一圈。纳木错是很好玩的，特别冷，但是那天真的很美。后来就跑来那个小女孩，就是后来搁进封面的那个小女孩。我们本来就在那里站着，可能就是想拍点风景，她突然就出现了，然后就跑到我们面前来，满脸鼻涕、泥土混在一起。她过来，然后沈黎晖说给她拍照。她也很配合，不懂我们在说什么。我们好像还问她叫什么名字，我有点忘了，她一直在我们旁边拍照，好像就是上天送来的一个小姑娘。然后我们走了，她也就走了。

Chapter
09

WE WANT A FEST OR TWO!

Title

要有好看的音乐节

Preface

没想到摩登天空能办音乐节，而且请了
Yeah Yeah Yeahs 乐队。—— 庞宽

无从做起，也就那么做了

丁太升
Taisheng Ding

2006 年老沈就想做音乐节。当时觉得有机会的话摩登天空应该做一次，2006 年的时候我去日本待了一年，就在媒体上看到摩登天空有意要举办音乐节。我想老沈你疯了，公司一共就那么几个人，还要办音乐节……

不出所料，他没办成。

我去日本之前老沈给我饯行，他说他非常非常的……我想不出那个成语是什么，反正就跟我说，你没问题，你那么能闯肯定没问题。他说不管怎么样，如果你想回来，随时回来。我说行。

结果在那边待了一年我就不想待了，我就跑回北京了，跑回北京第二天我给他打了一个电话，我说我回来了。他说行，回来吧。没几天我就回摩登天空上班了。这段时间的工作重点就变成了筹备第一届摩登天空音乐节。

既然老沈不怕没钱，那我们就跟他一起把这件事做出来。而且我相信老沈当时有一个念头：因为唱片销量逐年下降，那肯定就会存在着转型的机会，说不定音乐节会是摩登天空转型的一个机会呢。所以那就试试看吧。我记得很长一段时间，我们每天工作到后半夜，中午又去上班，然后又是工作到后半夜，很长一段时间。总之，大不了是这几个月再瘦上 5 斤嘛。

第一届我真没有出太多的力，当然所有的文稿差不多都是我这边出的，还有一部分是陶然，但是我写得更多。陶然他可能只写几个字就能够抵得过我写的成千上万的字，我印象非常深。老沈希望这个音乐节比之前的音乐节更广袤一些，涵盖更多一些，所以他提出了一个口号叫 Music Plus，“音乐 +”嘛。可是你知

道在中国做宣传也好，把你的理念推荐出去也好，如果只有一句英文，其实不太能够打动人。这个时候他很希望有一句中文的口号。陶然大概用了一秒钟，他说：大于音乐。

沈黎晖
Lihui Shen

2006 ~ 2007 年，我说要做音乐节，当时和摩登有合作的几家公司（诺基亚、摩托罗拉等）就吓坏了，因为音乐节也得花好几百万。我们账上那时候刚有一百多万，我们做音乐节的时候确实账上有一百多万。还了别人的钱还有一百多万，我们觉得自己就过上小康生活了。就在小康生活的时候，非要做音乐节，要投资 300 万。

我记得特清楚，那时候我们在香山的雕刻时光咖啡馆头脑风暴。去的路上我们当时的副总闫月特别严肃地说：你答应我一件事。我说什么事，她说我们现在可能过得好一点，但是切记，公司不能超过 15 个人，不能干那些不挣钱的事。

2007 年，我们账上有一百多万的时候，我铁了心要做音乐节，当时负责宣传的那个人一听就害怕了，辞职了。当时就剩了那么七八个人，要做音乐节。

那时候我刚在瑞典看了个音乐节。那会儿国内音乐节已经有一些了，但我觉得他们做得都不对，我觉得音乐节不应该长成这样，他们太不重视视觉和海报设计，这些应该是音乐节好玩的一面。包括音乐的风格我也不喜欢，所以我觉得摩登要做自己的音乐节，要告诉他们音乐节应该什么样，当时的口号叫 Music Plus。

音乐节的体量很大，其实挺吓人的，管理那么大一个项目，无从做起的一件事情，但也就那么做了。

MODERN SKY FESTIVAL POSTER
沈黎晖在摩登天空音乐节海报前
2008

摩登天空的第一次摩登天空音乐节

有好多人说，办音乐节那天沈黎晖把对讲机关了，意思是别问我了。其实这个做法是对的，你问他，他也没经验啊。你问了的结果可能就是导致做决定速度变慢了，还不如直接自己做决定。——申焕明

沈黎晖
Lihui Shen

2007 年在海淀公园做摩登天空音乐节的时候，刚开的第二天就有假票了。这个之前我肯定想象不到。第一次做音乐节，就有假票，假票上也有防伪贴，这个东西让你很难去预防。我可能要开好多次会去做一个灯箱，却忽视了主要的一些东西，比如说，如何防伪、工作证怎么才能做得更有效等这些看不见的系统。

我们做音乐这么多年，现在我们就知道最重要的事情并不是一个灯箱长什么样。但是在当时你不知道，所以我们，尤其是我个人，花了很多时间在看起来完全不重要的事情上。

范雪
Fancy Fan

我最深刻的记忆就是第一天的混乱。摩登总共十几个人，现场第一天我们内部也都是乱的，没有人知道第一天是怎么过去的。但是其实外面的乐迷也好，观众也好，还玩得挺高兴的。这是意外之喜，第一天就那样过去了。

等到第二天，稍微顺了些，相对来说各方面大家也都熟悉一些了，就好一些。

结果最后一天，大暴雨。我被公安给扣在那儿。公安说暴雨天气不安全，让停。然后就听外面三四千人一起喊，最后在暴雨中就演完了。

华东
Dong Hua

那年的舞台特别大，我们是倒数第二个上台，后面压轴的是“Yeah Yeah Yeahs”，那场演出令我印象非常深，可能是我到目前为止演过的记忆最深刻的一场。可能也是我们在国内第一次感觉到演得爽的音乐节。那天下着大雨。

沈黎晖
Lihui Shen

到了他们（Yeah Yeah Yeahs）演出的时间，我说这些人为什么不上台？我就急了，就从后台跑到他们的休息室，看到休息室是空的，人呢？这个时候也下暴雨，我也不管了，身上全都淋湿了，也没有伞，我往后台走，突然听到欢呼的声音，我知道他们上台了，这才放心。

当时“Yeah Yeah Yeahs”给我们列的清单特别奇怪，说他们需要一个桶、一支玫瑰、一条毛巾……都是很奇怪的东西。当时我们都不知道干什么用，公司的人问我，我说就按他们的要求准备，包括什么牌子的酒都照办。后来才发现，那些都是道具，那哥们儿说他要一支玫瑰，都是演出的时候有用的东西。那休息室的酒好多都没喝，我记得结束以后拿了好几瓶酒回家。那次音乐节结束以后，很多人都病了。我觉得一生难忘。

臧可义
Keyi Zang

那届音乐节吸引来的可能是最对的观众。他们知道这组音乐人的价值，所以即便是下雨，他们依旧会非常投入地冲进去，享受音乐。

王硕
Shuo Wang

那时候可太不容易了。这么多年了，音乐节都是国内乐队压轴，“夜叉”呀什么的这种乐队，没有国外乐队来过。当时第一次，把一支国外而且算是正当红的乐队给请来了。我们就冒着雨看“Yeah Yeah Yeahs”，回家才发现手机都淋雨淋憋了。

那就再弄个草莓吧

第一届草莓音乐节要我们压轴，当时我们都觉得摩登天空做这个决定是疯了。怎么会找我们压轴，那要演一个小时呢。——刘敏

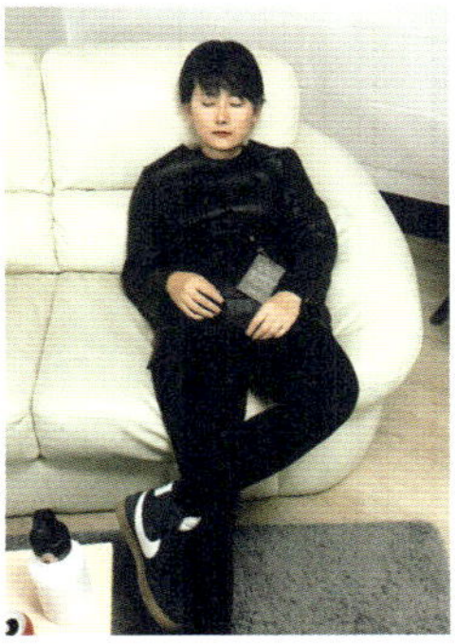

Heroine

MIN LIU
刘敏

About

“重塑雕像的权利”成员

曾透露录制某首歌时用了三把吉他、一个键盘

原 U235 吉他手

MV RE-TROS
扫描二维码观看
《A Death-Bed Song》
重塑雕像的权利

丁太升
Taisheng Ding

（草莓音乐节的）这个故事我在《奇葩大会》上讲过，但是被他们删掉了很多。

2008 年“十一”做完了第二届摩登天空音乐节，公司就“猫冬”了。但是既然我们的野心已经被烧起来了，那为什么野心不能更大一些呢？

不好意思，我还有一点小小的野心。我跟老沈说，我们应该再做一个音乐节。

当时来讲，音乐节有两个比较好的档期，“五一”档和“十一”档，我说我们“十一”有音乐节了，那么“五一”档为什么不继续举办一个呢？老沈说“五一”有音乐节了啊。我说，我告诉你，“战国时代”要来临了，如果你不加入进来，会有其他的人加入进来，那时候这个战场里没有我们。如果我们现在就进来，我们就有机会成为最大的音乐节运营商。

老沈有些被我说动了。

我、陶然、老沈三个在阳光 100 南边的那一排小饭馆中的第一家——我们习惯叫它地沟油小馆，就在那家饭馆，我们三个喝了点啤酒，在那儿瞎聊，聊这个音乐节要不要办，当然要办。那什么时候办？“五一”办，不怕，我们豁出去了。我和陶然、老沈三个都已经在一个观点上达成共识：这个音乐节应该是一个更加市场化、商业化的音乐节。接下来就是开会。在“阳光 100”1508 的那个小会议室里，我们很多人，包括老沈、孟金辉、陶然、沈玥……我们不停地在开会，想了无数个名字，最后终于确定了“草莓”这个名字。是陶然说出了“草莓”，所有人都觉得好。因为“草莓”有一点点革命的含义，它和披头士也有关系，其实很摇滚了，然后又符合我们将在春天举办的这个气氛，当即大家就一致通过了，这个音乐节叫“草莓”。

陶然
Ran Tao

当时没想多长时间，最多 20 分钟吧，然后就说“草莓”，他们就觉得通过了。

“草莓”它比较友好嘛，毕竟同一档期对标的音乐节是硬核取向的。我们一开始做“草莓”的时候，就想把它做成一个相对来说比较宽泛的音乐节。从这点来看，一开始就决定了它肯定更强大，因为它的面更广。我们会永远面向年轻人，然后这就循环起来了，越来越多的人就会来。

丁太升
Taisheng Ding

既然确定了音乐节要办，又确定了音乐节的名字，我们就开始找场地。很幸运的是，我们发现了通州运河公园。你猜是谁发现的？是华东。

华东
Dong Hua

当时很多人都知道摩登要做一个新的音乐节，一个跟摩登天空音乐节品位跟定位不太一样的音乐节，好像正在找场地什么的。正好通州运河公园那边有我的一个朋友，然后我帮忙中间牵了线，搭了桥，老沈他们就过去聊。

1. Yico Tseng and The Big Wave
曾轶可和大波浪乐队主唱李剑
摄影 _ 灰色团队
2017

2. Ramones at Strawberry Music Festival
雷蒙斯乐队在草莓音乐节
摄影 _ 灰色团队
2017

丁太升
Taisheng Ding

我们去看过之后觉得这简直是一个完美的场地，除了离市区稍微远了一些。那个大草坡简直是让我们所有人心旷神怡。

那天是 3 月初，下了雪，我们所有人都去了。确定了这些之后，我想稍微夸耀一下自己的工作，就是确定音乐节的气质。当时好像新的《广告法》还没有出台，还能够提“最”字。所以我当时好像一口气用了 5 个“最”字，后来又扩充到了 9 个“最”。第一个是最春天，我记不清顺序了，大概是最春天、最摇滚、最浪漫、最激情、最有爱。没错，最后一个是最有爱，第一个是最春天。

摩登天空音乐节强调的是国际化和酷，但是“草莓”不啊，**“草莓”应该包含所有这些浪漫的、春天的、激情的、有爱的……当然还有它最摇滚的属性。**因为从阵容来讲，我们的这些都是最顶尖的摇滚乐队，当然除了摇滚之外，我们还有很浪漫的东西，比如第一届“草莓”我们就请到了老狼，我印象特别深。老狼在台上唱《睡在我上铺的兄弟》的时候，改编成了纯摇滚版，老狼就在舞台上一直跳，大家在下面就跟着跳。那样一首民谣的歌曲改编得非常非常摇滚，大家怒嗨无比，而且非常感动。我在下面险些就要哭，我觉得太好了，太浪漫了。8 年过去了，我现在想起来还是热血澎湃。

我们准备了几个月的时间，我们做了那么多努力。很多阵容还是我亲自邀请和制定时间表的，企划工作也主要是老沈、陶然和我三个人在做。定下来那么多工作，前期准备了那么多工作。但是第一届“草莓”，我和陶然有点难过，那时候我们两个站在草坡上非常失落。其实当时每天来了得有一万人吧，但是我们设想可能一天能有 1.5 万人。对于那个 11 万平方米的大场地来讲，一万人稀稀拉拉，真的不够，所以真的很失落。因为这不是对我们工作的肯定。我们希望的是所有 CBD（中央商务区）的人都来，中关村的人都来，所有那些学院路的学生们都应该来，五道口的都应该来，这是咱们的音乐节。

一万多人，其实比摩登音乐节的峰值还是要高一些的，但是确实比我们的预期少。

虽然人数不够多，但是谁都知道第一届草莓音乐节真的是成功了。从现场体验来讲真的不一样，所以我印象特别深。到了 2010 年 4 月份的时候，当时我们在豆瓣玩，豆瓣也是个重要的宣传基地，所有人都在提那个草坡太好了，“草莓”太舒服了。当然，这里面也有我们的推波助澜。到了第二年的“草莓”，陶然我们两个还是站在那个草坡上，抽着烟，然后看着现场差不多每天三万观众，油然而生的是什么，你知道吗？自豪感。

结果，草莓音乐节越往后，就有越多不在 Live House（室内演出现场）看演出的人出现在场地里，我觉得我成功了啊，这就是当初我希望做到的。

臧可义
Keyi Zang

说得稍微那什么一点儿，就是观众整体越变越普通，但这是一件好事。因为我们希望每次音乐节都能把这个城市里最拔尖的那些年轻人弄出来，然后来这儿玩。但这其实是一个阶段性的目标。如果现在你去到一些这种文化生活不那么普遍的城市，比如说我们刚刚结束的贵阳、刚刚结束的银川，你就会看到一些稀奇古怪的年轻人都出现了。因为他们都在等待这么一场活动，然后把他们这种积攒了一年的能量给释放出来。

1

2

张晓舟
Xiaozhou Zhang

草莓音乐节的名气远远大于摩登天空，这未必不是一个问题，知道“草莓”的人不知道摩登天空，或者认为摩登天空就是草莓音乐节，这会造成误解。因为“草莓”这个名字很好，但是“草莓”这个名字永远散发着一种青少年的气息，卖萌的气息。如果老是这样的话，第一，比较气派，即使从消费角度来讲，你做的永远就是小青年的生意。第二，可能会有一点恶心，沈黎晖这样的人，60 后，混迹于 90 后、00 后之间卖萌。而且这个公司已经运作 20 年了，现在的这些年轻人 20 年前还不存在呢。

其实很简单。你怎么理解 Modern，现代性。最早“摩登”这个词用在 30 年代的上海——东亚文化的中心，东京文化没有办法与之相比。整个中国的八九十年代，从 30 年代整整中断了 60 年，是完全中断的一个年代。半个世纪没有这样的东西，重新接上来了。摩登不是时髦，不是潮，但我认为很多年轻人，包括本公司员工和受众，以及草莓音乐节的乐迷，都把摩登天空理解为潮和时髦。摩登的含义要远远大于这些。

还是出事儿了

这场音乐节是我们所有人的心血，我们这么努力，入场券的券你写成眷顾的眷，你干吗呢？所以当时我就一边在那儿发着脾气，一边又难过，眼泪哗哗往下流，止不住。——丁太升

申焕明
Huanming Shen

摩登天空办音乐节，最困难的一次，应该是 2009 年的摩登天空音乐节。

那一年环境比较特殊，之前的音乐节都在海淀公园办，那一年不行，只能挂在朝阳公园的一个活动底下办。这样的话，我们等于是跟那边一个公司在合作。那年请了 17 个还是 19 个海外乐队，报批什么的都是他们来负责。之前我们按照步骤已经公布阵容了，他们说没问题，结果在还有 5 天的时候，那边突然通知我们说海外乐队没批下来，全部被取消了。当时摩登面临的情况是，钱也付了，有的人机票也买了。我们都傻了，公司陷入疯狂状态，怎么办？公司里一片混乱，好多人大喊大叫。

当时我记得沈黎晖跟我说了一句话：咦，这困难来得有点意思。

然后大家就连夜开始想办法，换乐队。那回是我们第一次使用身份证验票系统，咱们自己开发的，就是你刷身份证给你票。我们就组织人退票，那个口大概有二三十个工作人员来退票。因为你阵容变了嘛，人家要退票你就得管。当时的场地费还没给，因为那次是要配合一个四天的大活动，所以那是唯一一次开了四天的音乐节……反正就是各种难。第二天，合作的那个公司就来要钱了，那时候我们给观众退了票，场地费更给不出去了，人家堵门要账……最后协调来协调去，商量分批把钱给人家。

沈黎晖
Lihui Shen

堵门要账的事儿好像有，但是当时我不在，我全躲了。其实也习以为常了，因为揽的事情太多，所以每天遇到的都是很差劲的事，但是在做音乐节的时候这种事反倒相对比较少，当然也有可能其实不少，就是**心理承受能力一年比一年强，脸皮越来越厚，抗压能力就越来越强。**

申焕明
Huanming Shen

这事儿之前，我们本来已经订好 17 日在海淀公园做一个 Zoo 电音节，那时候还没有微博，都是发送短信投到两块大屏幕上。那次电音节完了之后，我第一回看见观众哭，不是因为看见了艺人而哭，是因为之前的事情大家都知道，摩登把这场音乐节办下来不容易，有的观众听着那个音乐现场掉眼泪了，而且是音乐节结束之后的事。

臧可义
Keyi Zang

在 2009 年做电子音乐节现在看来做得非常超前，因为到 2015 年、2016 年的时候，所谓的电子音乐节在国内才成规模。但是在 2009 年，Zoo 就赔得挺惨的，赔到后来好像有一个月连工资都发不出来了，特别苦的那种。

丁太升
Taisheng Ding

还是没钱，那个音乐节完了之后，大概用了 8 个月的时间才把摩登天空音乐节和 Zoo 音乐节欠的钱一点一点地还上。2009 年那会儿，音乐节结束之后的每个星期一老沈都得看一遍，跟财务对一遍，这星期到账什么钱，要花什么钱，哪些钱必须得花。就像家里过日子似的，就得先紧着孩子，先紧着买菜钱。

孟金辉
Jinhui Meng

2009 年那次我负责海外联络，没办法，就跟他们解释呗，就说这是因为有一些不可抗力。有一些艺人还是来了，但就是没在音乐节上演出。

丁太升
Taisheng Ding

宋冬野唱的时候已经有 5 万多人，到张曼玉已经有 6 万多人了，已经非常非常紧张了。可是这个时候刮起了大风，舞台往下降降降，已经离头顶不太远了，这个时候风把那个顶吹得直晃，还是很让人紧张啊。

最后还是老沈喊了一声“停”，然后总导演直接上去把张曼玉给拖下去了，真是一把抱住往下拖，因为风太大了。然后华东把吉他往舞台上一扔就下去了。我们紧急开会，有我，有陶然，他当时已经不在摩登，但是他也还过来帮忙，有申总，还有谁我记不清了，反正我们一堆人在那儿开会。

我们在想，因为老沈决定停嘛，后边还有一个重型的乐队，很有名（指芬兰知名摇滚乐队 H.I.M）。很多人是专门来看他们的，而且他们在上海的时候就几乎没演，唱了一首还是三首，不知道什么原因就下来了，在北京如果再不演，可能就会造成很大的负面新闻。可是老沈依然决定停了，因为风太大了，如果出事的话，没有人担待得起。然后开始退票，这是多少钱啊，这是几百万啊，几万人，每张票最少得一百来块钱。

所以我们都在说，我们要分析啊。不过有些事情，老沈如果决定了，没有人拦得住，因为他不能冒这个风险，砸伤一个人的话，这个事情就完蛋了，对于"草莓"的美誉度，甚至对其他的音乐节都会有影响。虽然你临时喊停会有一些人骂，但是事后会有更多人理解。

我当时是作为工作人员，现在我是作为一个和摩登没关系的人，我都不得不感叹老沈太不容易了。所以我也非常佩服老沈这一点，**他作为一个金牛座的男人，要在这么短的时间亏这么多钱，他能做出这个决定太让人佩服了，也太有魄力了，太勇敢了。**真的，他当时太高大了。

胡吗个
Mage Hu

现在回头来想，自己也不够努力。你上台去演出，拎着吉他就去了。如果现在知道我要带个吉他上台的话，我会准备好多辅助设备，什么电源盒、放大器之类的，会保证自己处在最好的状态，把声音传递出去。那个时候不知道，也不懂，也不知道做功课，就拎着一把普通吉他上去了。然后有电流声，有时候声音都没有，有时候声音小，我完全不知道，反正在现场演出这方面，我觉得挺失败的。

孟金辉
Jinhui Meng

没记错的话，应该是2007年，丁太升在后台趴在桌子上哇哇大哭。我当时觉得挺逗的，但是他哭得太真切了，就没好意思笑。

钱也都花在这儿了

2010年、2011年的时候，摩登终于拿到第一笔风险投资。这笔钱用在哪儿了？真的是在还没有焐热的情况下就支付出去给艺人了。当时我听到外界说摩登疯了吧。还是刚才那句话，老沈看见后边的东西了，公司在没钱的情况下——拿到现在看，不是很多的钱，把钱花在哪儿了？又花在了音乐节这个他认为必要的会影响未来的事情上。——申焕明

申焕明
Huanming Shen

摩登天空可能是为数不多的，有可能是唯一一家拥有大型户外演出音响器材的独立音乐公司。可能外界看你更多看的是阵容，是表面现象。本质是什么？本质就是靠这些东西支撑的。我有艺人，我有器材，我有好的流程体系，我就低成本了。这个低成本不是砍价、降低档次带来的，而是在前期高投入之后带来的。我个人认为，这些都影响了"草莓"未来的发展。

臧可义
Keyi Zang

2009年开始，我一直没离开过音乐节，除此之外，我还在做整个摩登天空的演出门票体系。对于门票的定价，当时没有那么多参考的标准。制约你的无非就是两个因素，第一个就是整个行业内大概的一个标准。因为你不能比别人贵特别多或者便宜特别多。另一方面，你需要看一下自己的这个音乐节项目的投入。因为一个音乐节项目最健康的状态是通过卖门票能把成本收回来，这样的话，我不需要有任何的商业合作就可以打平，腰板就硬了。我就可以在招商的时候说我不喜欢你的这个想法，就不让你进来，而不会因为我太需要钱了，只要你给我钱，我就得求爷爷告奶奶让你进来。那样的话，有可能会让你的音乐节变味儿。

我记得在2012年以前，可能所有音乐节都只能勉强达到收支持平，很难做到像现在这样，实现一个普遍盈利的状况。

Hero

SHUO
小硕

About

摩登天空副总裁，兼任云南摩登天空分公司总经理

2017 年推动摩登天空运动厂牌孵化与创立

本名张翀硕，学戏剧文学出身

第一次来北京为了做电影，创业失败回云南做公关公司

阴差阳错创立五百里音乐节，由此结识沈黎晖

目前分管实体商业事业线、音乐节事业线、运动事业线、新项目研发部

Words

“本来我和我老婆都准备移民了，我也知道如果来北京，相当于重拾十几年前创业时候的辛苦，但我在摩登的平台上面获得了更多收获和成长。我觉得最大的价值就在于这内在的成长。”

丁太升
Taisheng Ding

音乐节过程中，新闻稿一天差不多一篇，每天就一千多字，最后一天会有一个着重的总结，相当于要把它定性、定调，一定是对品牌美誉度以及口碑、来年的上座率等都要有一定的帮助，所以老沈会非常在意这些东西，非常在意我们的宣传。所以当音乐节结束之后，所有的同事都开始吃、开始玩，但是陶然我们两个往往要工作到深夜一两点。

那时候准备文案，经常是我写一段，之后他说你歇会儿，然后他来写，写了可能一儿会之后，我来接着写，就这样。第一天的音乐节刚刚结束，我们就会立刻把摄影师拍的照片拷进来，然后挑，每天差不多挑 10 张图，都是最精彩的，然后陶然我们两个开始做宣传文案，做新闻稿。**差不多 9 点半结束，到 12 点、1 点我们的新闻稿已经发出去了。所以第二天媒体一大早就能够发出来，这个工作做得还是非常及时。**

小硕
Shuo

“草莓”这种成熟的品牌音乐节，其实已经不用开那么多会了，它已经可以流水线作业了。我们有三个标准去判断这个音乐节能不能立项。

第一个就是算账，就是这个音乐节的账能不能算得过来。第二，这个音乐节选择什么场地。第三，报批是否确定可以批得下来，并不是说到了报批的时候再走正常程序，报批存在被驳回的可能，一旦被驳回，损失就会很大，其实有很多没有经验的新公司都是这样去做的。

臧可义
Keyi Zang

现在摩登天空做音乐节有明确的分工，有整体的项目部门去做整体执行。有商务部门，有负责门票、视频、直播这些事的部门。以前都是一个人干好多好多事。

2007 年那次我好像还处理过餐饮招商，就是把那些卖烤羊肉串的都给招到音乐节里边，然后还得帮他们做上下水、接电，那时候完全不懂，但是就得听他们需要什么，然后再找相关的人帮他们解决。

Music Plus
摩登天空音乐节
摄影_陈哲
2016

让他们来

那时候我刚来摩登，第一件重要的事就是弄神童乐队（Prodigy）的演出，我觉得他们应该是来过中国的大牌之一吧，越是出名的，越是难搞。——张然

张然
Ryan Zhang

Prodigy 发过来的细则就特别厚。比如说，他们指定一个牌子的香槟，这个牌子的香槟在中国没有，然后我们就说换一个牌子行不行，给他们好多种参考，他们说什么都不同意。但是变成朋友了之后他们才说，是因为他们觉得这是他们的一个幸运香槟，得喝这个，要不然演出演不好，喝不喝不是关键，后台必须得有这个香槟。别的都可以没有，就这个必须得有。很多时候，你跟乐队熟了，他就会告诉你，比如这么多项，好几百页，可能就这三条是最关键的，是他们在意的。要是不熟呢，从来没有接触过，从来不知道你是谁，他可能会用这些东西来衡量你能不能做到这个，你要是能做到这个，我们可以聊演出。他也是用这个来衡量你到底是一个什么水平。

PRODIGY
@ STRAWBERRY MUSIC FESTIVAL
2016, BEIJING

Prodigy
神童乐队
摄影 _ 李奔跑
2016

国外的音乐节，越是贵的、越是大牌的那种艺人，越不是钱能搞定的。更多的是他得参加一个有意义的事，他们需要一个理由。但你要有一个公司作为背景，比如摩登天空在中国做这么多的事，他就会从另外一个出发点来衡量你，比如，他以后可能还会来参加你其他的一些活动，可能会跟你有版权上的合作。这样我们的筹码就更大一点，这都是像滚雪球一样，你做得越多，你的筹码就越大。

2018 年 2 月，我们要做一个特别大牌的乐队在中国的演出，中国有 31 个公司向这组艺人发出了邀请，有 31 个公司在跟他们谈。我们的报价是倒数第二的，在里面排第 30 名，但是这个乐队现在接了我们的邀约。前两天，原定的演出场地又被占用了，我跟这支乐队说，现在咱场地没了，咱们得换一个更小的场地，然后这支乐队还减了一点钱。

这也是乐队对你的信任，因为我跟他说了特别多的可能性，提了特别多的建议。这个乐队中的一个工作人员，专门来中国看了所有的我说的这些场地，然后也专门花了一上午的时间，问了我特别多问题，问题都很细致，比如来中国是不是必须得起一个外号；中国的演唱会是不是要送一些票给有关单位什么的；怎么去防黄牛倒卖门票，包括报批、消防什么的都会问到。我带他去看演出场地，他甚至会去检查人家的灭火器这些东西过没过期，特别细致。但是在这个过程中，他也会觉得你是一个比较靠谱儿的人，因为他问你什么问题，你都能给他解答，你是一个有经验的人。可能很多人能给出一个特别高的价格，但他们也不觉得钱是关键，这不是一锤子买卖。

Modern Sky Festival
纽约摩登天空音乐节海报
2014

Modern Sky Festival
纽约摩登天空音乐节海报
2015

Modern Sky Festival
纽约摩登天空音乐节海报
2017
MVM Vision by: MVM design label_

Modern Sky Festival
洛杉矶摩登天空音乐节海报
2017
MVM Vision by: MVM design label_

我们也得出去

小硕
Shuo

既有机缘，也有沈总的想法。

我们美国公司现在的 CEO 迈克那时候突然有一天给摩登写了一封邮件，说自己是谁谁谁，在美国干什么，想到中国来做义工，非常喜欢摩登天空这个公司，能不能去做你们的义工，不要工资。我们回复说你愿意来就来，我们以为他肯定不会来，这个人只是脑袋一热，结果人家就来了。来了以后就在北京待了好几个月，参与了音乐节的执行，在摩登内部了解了摩登。

他回到美国以后，他的公司一直和摩登有很多合作，也帮摩登找一些艺人到中国来，也帮摩登在美国找一些机会。之前一直是合作的方式，后来摩登在美国设了办公室，请他去管理这个办公室，摩登最终变成一个正式的公司。从办公室变公司的原因就是，我们的海外扩张战略已经开始布局了，而且已经有成果了，所以才会去做这个事情。第一次海外音乐节——纽约摩登天空音乐节，其实是迈克用了两到三年的时间做成的，在沈总可能还没有完全决定做这个国际市场战略布局的时候，迈克就说我们要不要去纽约做一个音乐节。那个时候的摩登天空是不可想象的，觉得这个事风险很大，而且是跨国运作。所以说对这件事情有期望，可能没有决心。但迈克一直在攒。后来到了摩登决定一定要去做海外市场的时候，也基本上是迈克攒成的时候，迈克说现在条件已经成熟了，都可以了，沈总说我们投资做，就做了第一次纽约中央公园的摩登天空音乐节。后来，我们到了芬兰的赫尔辛基做音乐节，然后是西雅图，陆续开始扩张。

张有待
Youdai Zhang

我对摩登天空去海外做音乐节这件事持保留意见，尤其是在纽约。我们目前的音乐节业态还不是那么成熟，虽然摩登天空在国内的音乐节行业中保持着规模和审美上的一些领先优势，但跟欧洲和美国比，还存在不少缺陷。把音乐节办在美国，尤其是纽约，相当于把自己的缺陷放到了放大镜下面，我并不是很理解。

MODERN SKY FESTIVAL AT NYC LIVE

沈黎晖
Lihui Shen

当时在纽约做音乐节，其实还是因为我知道我们赔得起这个钱。

当时音乐节的预算我记得大概是 50 万美元那么一个数字。摩登当时的年收入可能已经上亿人民币了，所以当年做这件事的时候感觉也不需要花很多钱，最多就是全赔掉嘛。

结果呢，当然是比想象中赔得多，还挺心疼的。后来我们跟迈克说，不行，你赔多少钱你自己掏，迈克确实自己掏了一大笔钱去弥补音乐节的亏损。他永远是特别乐观，我是属于比较偏悲观一点的，但是我会用一些合同条款让他很难受。所以迈克后来也为纽约的这个音乐节付出了一些代价，他也赔了一大笔钱。但是我们当时把这个音乐节想得太简单了，所以看待说得也没错。我们觉得用一半海外艺人，一半中国艺人，就把这事做成了。

第一年在纽约做摩登天空音乐节的时候，大家觉得这是一次文化入侵，《纽约时报》确实这么写：中国现在在向我们“出口”音乐节。之前可能中国人在向我们出口玩具，但是现在连音乐节都来了，这个太可怕了。当时美国媒体其实也有点调侃的意思，我觉得这个挺好玩。但是我想说，我们成了纽约的一部分，而且纽约人也觉得这很平常。这些事没有对和错，你干了，就写进了历史。

到 2017 年，我们干脆就面对中国观众，想得更简单一点。我觉得可能直到我们做第四年的时候，我们才会把面对中国市场变成一个活动的主旋律。但是我觉得，最多再过两年，我们的创意就会回到第一年——一半中国乐队、一半美国乐队。为什么呢？因为我们已经有了真正的音乐工业，去实现真正的连接，而不是文化交流，或者表明我们是一个特别人性的主办方。

2016 年摩登美国公司在中央公园做了一个法国的音乐节，同样也是一个场地，来的全是法国人，它的目标就非常明确，在纽约做一个音乐节，给在美国的法国人。我觉得可能中国的文化影响到我们第一次在纽约做音乐节初衷。“重塑”这样的乐队已经真正进入欧美市场，在未来两年，可能还有两三个乐队要做到这一步。

Jack（纽约摩登天空音乐节亲历者）
Jack

我们买了点儿价格很宰人的热狗吃。当时我觉得其实很难用一个这么浓缩的阵容去满足所有不同流派的，尤其是来自两个不同国家的听众。

Helena（纽约摩登天空音乐节亲历者）
Helena

当时很冷，场地上可以坐的地方不多，地上也没有草，所以我们一直走来走去。很快我们全都喝多了。那天我本来是想去看 Cat Power（猫女魔力）的，但是不知道为什么，Cat Power 上台后只演出了一半就开始哭，然后就提前结束了演出。我们当时都很蒙，也喝多了，搞不清楚怎么回事。但是我看到了很多很棒的中国音乐人。

妙妙（纽约摩登天空音乐节亲历者）
Miaomiao

厕所前排的队还是和在国内的时候一样长。吃的和喝的都挺贵的，但是啤酒还挺好的。舞台后面有一圈长凳，我们看完“重塑”之后到那里坐着，听背后一对情侣吵架吵得不可开交。等到走出演出场地，发现整个中央公园非常安静，跟国内的那种感觉很不一样。

音乐节说到底是什么？

臧可义
Keyi Zang

过去中国的音乐节观众老是把它当成特别像社交的一件事。在国外的音乐节，反而大家都会找那种特别旧的衣服穿出来，他们知道去这个音乐节就是去躁，到最后把鞋都扔了，因为实在穿不回去了。但是中国的女孩儿会穿高跟鞋来。

每年在武汉音乐节老赶上下雨，观众进去玩泥巴，听起来也是一件挺不可思议的事。大家都直接在泥里打滚儿，在泥里蹦，我现在都无法想象。你明显感觉到观众已经明白了，这件事像是音乐节受众变化的转折点。

Heroine

A-SI
阿肆

About

歌手，因《我在人民广场吃炸鸡》一曲在豆瓣上走红

2012 年签约摩登天空

Words

“我觉得我的内心其实是一个嘻哈歌手。我写歌虽然是带旋律的，但是它歌词非常多。”

A-SI
2017
阿肆在洛杉矶摩登天空音乐节
摄影 _ 田思聪

小硕
Shuo

我个人把中国音乐节分为三个阶段，就是 1.0、2.0、3.0，三个阶段。1.0 阶段有一些代表性的音乐节，2.0 时代最有代表性的其实就是摩登天空音乐节和草莓音乐节。2001-2006 年这个阶段是 1.0 时期，2007-2013 年这是 2.0 时期，2014 年到现在是 3.0 时期。

1.0 这个时期是萌芽和孕育，音乐节很少，这个事物也很新，受众很小，几乎是处于 99% 的地下状态。2.0 时代各地就开始出现了更多的音乐节，这里面最重要的一个标志性的音乐节就是“草莓”，因为“草莓”在 2.0 这个时期把中国的音乐节变成了一个综合类的连锁品牌音乐节。因为在第二个时期的后半段，“草莓”就做到了更多的城市，真正实现了连锁化。这个想法大家其实都有，但是真正做到的是“草莓”，并且“草莓”做出了一个模型给大家看，形成了跟传统的音乐唱片公司不一样的一个新的产业链条，艺人、版权、音乐节、用户、票务……这样一个链条，通过“草莓”展现给整个行业，告诉人们这个行业可以这样去做。资本的注入也向行业证明了这个东西是非常正确的。所以 2.0 时代其实开启了更多人对这个事情的可能性认知和兴趣，这个非常重要。所以，2.0 时期最为重要的人可能就是沈黎辉。

3.0 时期是什么特征呢？音乐节有两个特征，第一就是各地出现了自己的品牌音乐节，而且成熟化了，可以盈利。第二就是整个音乐节市场的细分，就是类型化音乐节，比如你要做民谣音乐节，做电子音乐节、嘻哈音乐节。所以 3.0 时代其实就是百花齐放，各地都在做，但是成为品牌的只是个别少数。从 2014 年开始到现在，都在这个时期里面。我们在每个时期都能找到典型的代表。地方性品牌音乐节有代表性的很多，我们会遇到竞争对手。比如说杭州的西湖音乐节；成都其实有一个热波音乐节，之前停了几年，他们现在融资了，可能会有新的做法；镇江的长江国际音乐节，舟山的东海音乐节，这些都是当地非常棒的品牌，可能有全国性的影响力，但是只在当地办。这个时候海外的音乐节也开始进入中国，简单生活节、夏日超音速（Summer Sonic）音乐节，等等，因为他们觉得中国的市场成熟了，所以他们才愿意来。

阿肆
A-Si

以前只是听说过草莓音乐节，不知道背后是摩登。直到公司经纪部联系我的时候，我才知道原来有一个公司叫作摩登天空。当时摩登的同事搜罗了“豆瓣音乐人”上面关注度比较高的音乐人。那时我的关注度还不错，录过一些 Demo（小样），经常是在一个排行榜上的，所以摩登上海分部的同事就找到我。

之前摩登签的都是一些有作品或者有知名度的乐队，类型也都是比较偏摇滚、电子，等等，没有我这种类型的艺人。当时公司说有一个计划想签一些新锐的、不同类型的音乐人，所以我们就被签进来了。

Hero

HUNAN
胡楠

About

摩登天空研发二部总监
影响城市之声联合创始人

Words

“到晚上 9 点大家回去睡觉的，
那不是音乐节。”

胡楠
HuNan

在未来的摩登天空布局里，综合性的大音乐节一定得有，中国这么大的国家，我觉得我们得有一张牌拿出去，全中国最大的音乐节，这是要建立在我是一个音乐公司的基础上去谈的。

当然，大型音乐节和细分类音乐节一定是有分化趋势的，但是这没有什么可说的，因为人的物质需求达到一定程度的时候，精神需求自然就会选择了。不同年龄层可能有不同喜好，有自己喜好的音乐，广场舞做音乐节也没有问题，这就是个人的选择。音乐教育就是这样，比如说年轻人就喜欢电子音乐节，或者更喜欢后摇，我觉得都是理所应当的。现在主办方都很聪明，不像以前做事情那么冒进了，现在的人知道什么叫作运营，什么叫作宣传，然后一点点地去做这个事，是希望这个行业能够更好，也就是说，音乐节这条线的发展应该更宽泛一点。**因为“草莓”已经证明了，人们去那里狂欢就是为了开心，你不能阻止人们开心，有一个地方可以开心，我觉得这事挺好的，是一件善事。**

关于艺术装置、科技引进这些，我们已经在开始做连接了。我们会把音乐节当成一个平台，把我们可以连接到的，符合我们气质调性的团体、艺术家，融入音乐节的场景里面，这个我觉得也是未来三年重点要做的事情。要去研发、孵化一些新东西，把这些新东西孵化出来干吗呢？其实是为了不同的序列，针对大中小型的不同演出，丰富它的内容，增强它的体验，然后各方面都会提升不止一个档次，因为我们希望这个音乐节处于领跑的位置，不仅仅是在音乐上。一个音乐节有意思，像欧洲这些大的音乐节，它除了音乐以外，有很多有意思的东西。你要说生活方式，应该是尽可能有新鲜好玩的玩意儿。

陶雷
Raymond Tao

我来摩登还在奇怪，就这么点儿人的一个公司，怎么可能一年做十几场二十场音乐节？我就觉得非常不可思议。然后我就觉得老沈这个人真的是，你说他有梦想这事，我觉得都说轻了，因为有梦想的人很多，尤其是在音乐圈里面，有梦想的人太多了，所有人都说有梦想。某著名节目都要问你的梦想是什么，每个音乐人都说自己有梦想。但是真正能够像沈黎晖这样做到现在，能够活下来，然后能够把摩登天空做成这样，全中国只有他一个人。

丁太升
Taisheng Ding

摩登天空不只是音乐节，如果把摩登天空等同于它做的音乐节，那就大错特错了。

在那之前，它已经出版了150张唱片。那些唱片，我告诉你，将来的中国文化史都会提到它们的名字。M

Edison Chen
2017
陈冠希在草莓音乐节
摄影＿灰色

Chapter
10

Title

A LITTLE BIT STARDOM 签几个明星

ROSE ZHANG
张蔷在草莓音乐节
2013

沈黎晖
Lihui Shen

在我小的时候，20 世纪 80 年代，我天天听胡同口的音像店放张蔷的歌，怎么也不会想到有一天张蔷会成为摩登天空旗下的艺人。这些在从前你根本没法想象，对吧？但是我对张蔷一直有个情结，觉得这是一个偶像级的歌手，虽然她比我年龄大不了多少，但是因为你在那个年纪的时候，音像店里已经在放她的音乐了，就觉得那太厉害了。后来能促成这件事情，也是我有一定能力的时候了。但是我觉得，她跟“新裤子”这个结合也特别重要，如果不是这样的话，这个案子就变成一个纯怀旧的东西了。

Heroine

ROSE ZHANG
张蔷

About

首位登上美国《时代周刊》的华人歌手

曾在 1985 年至 1986 年一年多的时间录制了 19 张专辑

2013 年签约摩登天空，与新裤子乐队合作，登上草莓音乐节舞台

Words

“就是接活儿，不接活儿就得罪人了。我也可以不接，但当时我的经纪人是我妈妈，我不敢不听她的话。”

张晓舟
Xiaozhou Zhang

我写过一篇文章，张蔷可能是一个代表过去的歌手，但是沈黎晖从过去里面挑选了她，跟“新裤子”进行组合，就变成了一个现代的东西，并且面向未来。他们的演出，绝大部分歌迷是 90 后。我觉得这就是迄今为止沈黎晖在唱片上干得最漂亮的一件事，就是《不要问我什么是迪斯科》。你从这个唱片里面可以感受到，张蔷是在摩登天空存在之前的故事，是 80 年代的故事。80 年代的东西，跟这个时代的“新裤子”结合在一起，60 后的人加上 70 后的人，结果粉丝是 90 后。这是为什么？其实就是时代的加法、减法，然后从流行文化里提炼出某种永恒的东西。从这个意义上来讲，可能沈黎晖想的跟我想的并没有什么区别，都想做一些能留下的东西。

张蔷
Rose Zhang

当时签约摩登，要登上草莓的舞台，老沈问我想唱什么，我说我更想唱一些经典的歌曲，因为自己的作品不是那么广为人知。老沈问我可不可以先做一个嫁接，新裤子乐队成员也特别喜欢 80 年代的复古音乐和迪斯科，觉得我可以试一试和他们合作。当时他给我推荐了《Bye Bye Disco》（再见迪斯科）这首歌曲，第一次听这首歌我就觉得好听，旋律什么的全在，所以我没有抗拒这首歌，进棚录完效果也真的很不错。我跟“新裤子”他们接触时也很和谐，在“草莓”舞台成功后一个多月，我们就出了一张专辑。

第一次登上草莓音乐节的舞台上，看着台下那么多年轻人，其实我当时什么都没想。我之前参加的都是类似于央视的节目，面对的是企业机关，所以面对“草莓”、时尚的年轻人，那是不一样的氛围，有一种音乐本身的感觉在。那天我稍微有点紧张，而且我用的 loop（歌曲里不停循环的鼓点或其他节奏），耳机里没有明确的报号，所以第一场我在不停地数拍子。因为迪斯科需要很厚的和声，要贴在一起往前走，一个单声去发声会没有冲撞力，所以我的 loop 一点都不能错。我所有精力都集中在了音乐上，没有更多地顾及与观众交流，只是沉浸在音乐里，想着把这场秀做好。

到现在，我手机里还保留几个老歌手的歌曲，日本实力派的有五轮真弓、大桥纯子、玉置浩二这些人，偶像派的有山口百惠，我觉得她在所有的演员中是唱的最有味道的。欧美的就多了，像法兰西·高（France Gall）、唐娜·莎曼（Donna Summer）、辛迪·劳帕（Cyndi Lauper）等都是我的偶像，也觉得他们都很难被超越。当时《时代周刊》称我为“中国的麦当娜”，其实我不太喜欢这个称谓，她的歌曲很好听，但我更喜欢有深度而非以商业、偶像化为主的事物。我觉得舞曲就应该要跟得上时代的潮流，应该保留一种活跃的、快乐的、少是非的心。你必须真的喜欢音乐，而不是为了生活。

沈黎晖
Lihui Shen

张曼玉喜欢宋冬野，所以你看，很多事情它是一个多米诺效应，如果我们没有签宋冬野，就没有跟张曼玉的签约合作，也肯定没有马頔签约进来了。张曼玉喜欢宋冬野我也很难理解啊，因为她喜欢的音乐一直都是 Portishead 乐队那类的。她认识我一个朋友，她就说喜欢宋冬野。我朋友说自己认识他们老板，说要不要给你们介绍认识一下。那时候她正好来北京参加一个什么活动，就约到摩登天空的办公室见面。因为那个时候我们事先做了一点功课，知道张曼玉在一个杂志的派对上唱过一首歌。当时我跟乌莉说，我们可以跟她合作点什么，而不光是她来办公室跟宋冬野见面。

张曼玉坐在我们办公室，扯了点闲篇儿以后就说，我要不要给你们放一放我的音乐？她本来是个电影明星，在那个时候她就变成了一个送音乐小样来给我们听的音乐人。我说那当然好啊，她就放了一些她

MAGGIE CHEUNG
张曼玉在草莓音乐节
2014

喜欢的音乐和她的音乐小样。我听了之后说，你要做这样的音乐，应该签摩登天空啊。她说，真的吗？你真的愿意签我吗？我说，我们可是认真的。她说当然是啊。我说那我应该找谁谈合约啊？她说：我自己谈！我们后来真的超级认真地跟她谈合约，就这么签下了张曼玉。

乌莉雅素
Wuli

实际上我一直跟媒体在讲，我们能跟张曼玉合作，很大程度上是因为有基本的审美信任，也就是说，大家要在经济利益的驱使之外达成一个什么目标。Maggie（张曼玉）完完全全是因为认可摩登在做的事，认可我们在音乐节里邀请这些人，尤其是那些海外的乐队来演出，她看到原来中国还有一个这样的公司，在邀请她喜欢的音乐人来国内演出，她觉得这是让她最兴奋的一个点。

这就是基于审美上的信任。就像是如果你和某人喜欢同一个乐队，喜欢的风格也相似，你就会觉得这个人跟自己特别对路，就是这么一个情况。和 Maggie 到现在合作得还不错，但是她很随性，对于音乐这一部分她是真的热爱。她不像其他的音乐人那样，可能是很有计划地在做。我们也尊重她这一点。

有一次在香港的时候，我引见万能青年旅店的董亚千跟 Maggie 认识，他们俩在讨论音乐的时候会开些玩笑。Maggie 问董亚千做音乐多久了？他说，很久了，我们都十几年了。然后 Maggie 掐指一算说，我做音乐跟你们一样久，我也是老人了，只不过我没有发过歌，不像你们，有专辑。实际上她对于音乐一直感兴趣，自己也有过创作的动机，但没有形成作品。但在我们看来，这也挺牛的。

关于给 Maggie 匹配的乐手，我会提建议，然后跟老沈商量，也会听 Maggie 的意见。实际上那个时候 Maggie 是完全信任我们的。我们给她大量推荐摩登的乐队。她以前在国内一个时尚杂志的派对突然出现，现场所有的嘉宾都不知道那是 Maggie。她当时唱了首歌，还是她自己的原创，乐手都特有范儿。我看着那个视频的时候就想，我在国内怎么才能找到这么有范儿又帅的乐手去配她呢？所以在选乐手的时候，我头疼了很久，后来想到“重塑雕像的权利”乐队的华东他们和 Maggie 听歌的审美在一个频道里。所以当时我跟老沈不约而同地说，一定要让 Maggie 去接纳他们，了解他们，喜欢他们。最后果不其然，她觉得很喜欢，所以当时华东他们是最快加入进来的。也试过一些鼓手，权衡了一下，还是找了一个发挥稳定的。当时我们选乐手确实选了很久，而且还得让 Maggie 一个一个去认识。在这期间虽然没有合作，但是她慢慢知道了“超级市场”了，知道了“新裤子”，知道了“后海大鲨鱼”、“刺猬”等很多乐队。我们在这个过程里会告诉她这是我们签的乐队，虽然音乐类型可能不是你这个风格的，但是你也可以听听。所以有的时候我们在酒店里会上网帮她下载一些视频，给她看他们的现场，让她听他们的歌。每次我去香港都给她带一些乐队的专辑，让她大量去听。我们希望能在内地给她找到一些乐手，这样的话，对于我们来讲，沟通成本能低很多。后来她跟华东、刘敏，以及“重塑”的整个合作都很顺利。我觉得互相之间都会有收获。

庞宽
Kuan Pang

我帮她做了一首歌，就是 2015 年的时候，她要翻唱四首歌，我帮她写了一首，其他的都是华东他们帮着弄的。

华东
Dong Hua

这个事情其实跟我的乐队没有什么关系，就是我一个人参与了，老沈他们推荐的。张曼玉要在“草莓”演出，她需要有一个乐队。老沈推荐了我，还推荐了博轩弹贝斯，还找了鼓手、键盘手，还有吉他手夏炎等。我们一起帮她来做这个乐队，在草莓音乐节演完之后，可能也是因为通过排练，大家有长时间的接触，觉得在一起都还挺舒服的。曾经有一年的时间，我几乎每个月都会去一次香港，帮她做歌、录音。

陈冠希
Edison Chen

我放我的音乐给他们听，看他们的反应。他们真的了解我的要求，也了解我在说什么，然后觉得有空间可以帮到我，我就跟他们合作。我觉得他们很聪明，他们做的音乐节会越来越好，所以我觉得他们真正有影响到我们中国内地的音乐行业，所以就选择跟他们一起合作。

申焕明
Huanming Shen

其实那次是跟一个香港朋友去聊别的什么事，不知怎么我就问了句，你认识陈冠希吗？他问我干吗，我说我们把他签下来。到现在我也不知道为什么那么问，哪儿来的那个想法，真的。后来大家见面后，我觉得是互相的真诚打动了对方，一拍即合了。

沈黎晖
Lihui Shen

陈冠希第二次来我才见到他，跟他爸爸一起吃完饭，在酒店跟他见面，聊了几句天，就听了他的音乐小样。有少部分的歌打动我，其他的我觉得还可以，因为都还没做完。其实恰恰是那种状态的东西让我觉得他挺真诚的。以前我对他不是特别了解，但是见了面以后，觉得他是挺单纯的一个人。当然，我们跟他合作还有其他的目的，比如说我们要在潮流这些领域做一些东西，但最重要的是，我觉得这个人我还挺认可的，也挺真的。我觉得，真比什么都重要，如果你没有那个真的东西，音乐是没有意义的。

在西安他第一次上“草莓”的舞台演出，我在下面是真被感动了，他感染到了我。我在底下流眼泪，自己也不知道为什么。我站在台侧，觉得他的表演比我想象中要好。事先我还捏了一把汗，因为我之前从来没看过他表演，所以有点担心，结果我觉得还挺不错的。

陈冠希
Edison Chen

我想改变音乐节的文化，所以会在表演里加入很多不一样的元素，我们要做好专辑，要做好音乐，后面有很多很多东西，我们可以去做。我经常跟每一个人都说，你想得太远，都还没走第一步，你已经想到第10 步了，那你一定会失败。你一定要慢慢地、一步一步地走，才能有成功的感觉。

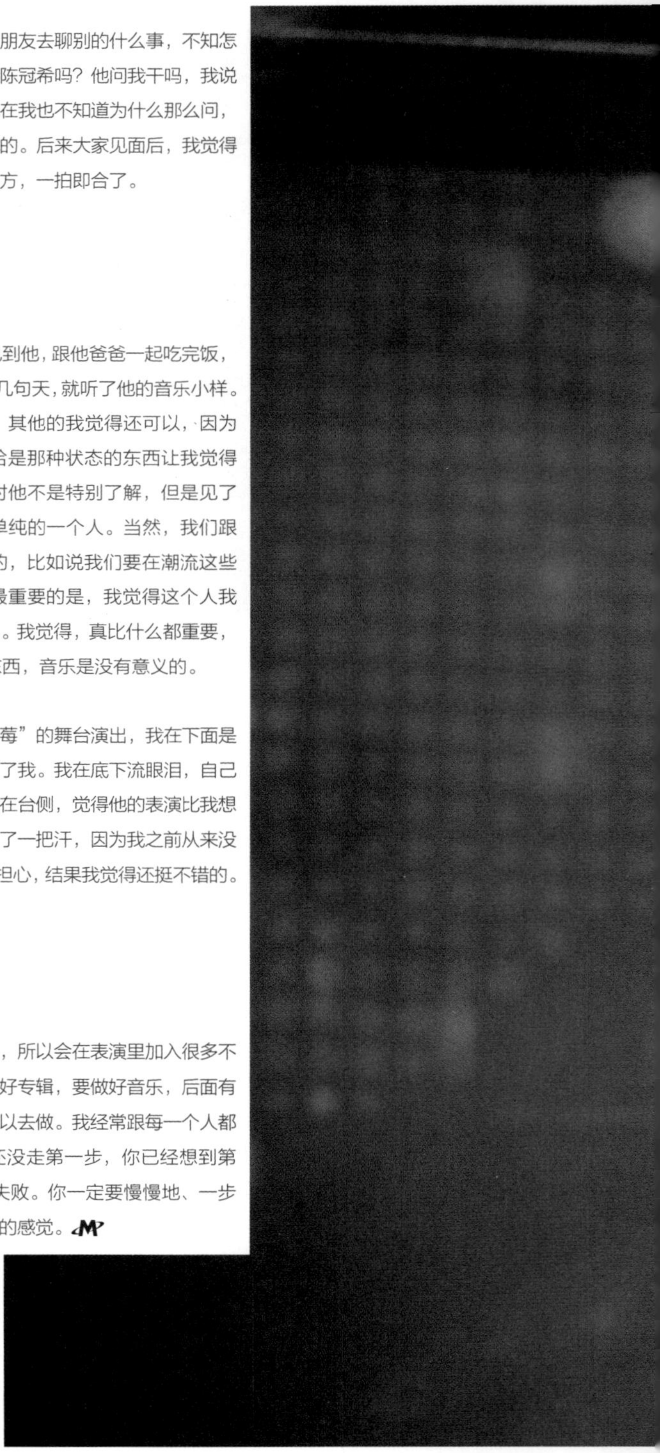

EDISON CHEN
2017
陈冠希在草莓音乐节
摄影师 _ 灰色

SPIN"N"DIZZY

Chapter
11

THE MAN CALLED LIHUI SHEN

Title

那个叫沈黎晖的人

庞宽
Kuan Pang

记得头一次见沈黎晖的时候，最深的印象就是一个小矮个儿，精力特充沛，一直到现在好像都是。他踢球的时候特有劲儿，“噔噔噔”的那种，反正好像就没见他累过。

宋晓辉
Xiaohui Song

我跟沈黎晖第一次见的时候，我是在正大国际音乐制作中心做设计，有一间屋子是设计室，我一个人在屋子里设计封面。当时正大代理清醒乐队《好极了!？》那张专辑的发行。第一次沈黎晖来公司的时候，他到我的工作室来，揣着手就来了，好像也没怎么说话。

他来了我屋，就这么晃晃的，后来也不知道为什么，他就开始动我的电脑，然后看我机器里的属性，看内存、空间、硬盘数据。后来我想他可能是在找话题，但还没想好怎么说。我当时在旁边，觉得挺唐突、挺生气的。我拿过鼠标，把电脑关机，转身就走了，我跟他见面的第一回合是这样一个场景。后来大家慢慢地比较熟了，合作下来还是很开心的。

当时摇滚圈，不管熟不熟，大家经常见面点个头，那样大家就会意了，沈黎晖可能是不太会那一套。我觉得他这个人是很内向的，不是那种一上来就称兄道弟、很快能够熟悉起来的感觉。

陈弘礼
Hongli Chen

那时候不知道沈黎晖是从谁那儿打听到我们（穴位乐队）的。有一次他还约了我们见面，因为他想做我们乐队的经纪人。我记得很清楚，那时候他在工人体育场的二楼（还是三楼？），那里有一个办公室。他约我们在那儿见面，然后就跟我们聊想做我们乐队的经纪人什么的，我们在那

Hero

MING LU
鹿鸣

About

摩登天空项目研发总监
Modern Sky Lab（摩登天空实验室）品牌总监
摩登天空运动厂牌主理人
第一份工作也是在摩登天空

Words

“摩登的变化？这个不能说实话。”

儿待了一会儿就走了。我们心想：这是谁啊？要做我们的经纪人，你会干吗啊？反正聊完也没有结果，我那时候也不知道他自己有乐队。

阿肆
A-Si

我去北京的时候他来探班，但我后来听说他 10 年没去过录音棚了。我当时还以为所有歌手他都会去探班，觉得这个老板真好。后来我的制作人（当时是“旅行团”的键盘手）告诉我——其实他那会儿特别不高兴，他说“旅行团”在摩登发过很多专辑，老沈根本也没有探班。我后来想，他可能看我是一个小女生，第一次到北京录音，所以会为我打气、给我鼓励。我事后回想很感动，觉得自己真的跟对了老板，他从内心认可你，想要去给你一些帮助和力量。

鹿鸣
Ming Lu

我觉得沈黎晖是典型的金牛座，太典型了，金牛座的一些优缺点他全都有。

除了金牛座的优缺点以外，我一直很欣赏他的一点是，他对酷的这个感受力太强了。他的年龄我不知道是不是所有人都知道，他是一个 60 后，但是你现在跟一个 60 后聊一个 95 后在干吗，他的判断你会觉得是可以的，甚至是你没想到的。他对年轻人的了解能跟得上，这个也太酷了。他是一个灵魂极自由的人，他觉得这个事情酷、有趣，总是能吸引别人也这么觉得，这挺牛的。

孟金辉
Jinhui Meng

从商业上，我觉得沈黎晖是一个非常好的商人。因为当时我们也经常一块儿出去谈事情什么的。说他是很好的商人，倒不是说他有多么强的技巧，而是说他先知道自己要什么东西，然后再去，不管是跟乐队去聊，还是跟其他品牌去聊。这里边，其实那个价值所在，你是很清楚的。然后，你能够去做什么，能够去为对方提供什么，这些东西都很清楚。而且，沈黎晖在跟乐队去谈的时候，我印象中他经常说的一句话就是：“我们是得看财务报表的。”一看财务报表，乐队就不行了。这是一个公司，这是一种商业行为，那我在商言商嘛。从商人的角度来说，他还是很直接的，是拎得很清的。

张然
Ryan Zhang

认识老沈的年头儿其实挺长了，但是真正打交道还是在“视袭”那会儿，当时我们在有些项目上面有竞争，比如说在西安、在好多城市的音乐节上都有竞争。那会摩登天空也还没有那么大，我们也都能跟他竞争。但是我们的每次竞争都是特别好的那种，从来没有过什么不好的事，都是很公平的，所以那时候留下的算是挺好的印象。

我这个人其实也不是那种非得竞争的性格。摩登天空肯定是前辈，特别早以前玩乐队的时候，我和乐队的人也来摩登谈过，那是 2000 年年初的时候，摩登那时候刚刚成立没多长时间，在那个地下室里。**总体上，摩登给我的感觉就是签的这些乐队比较时髦、比较潮流，比较像英国的乐队，然后设计的这些东西、做的所有这些事情，品质还算是挺高的，**因为老沈的审美还行，所以说，差不多我最开始对摩登的印象就是他个人的性格。

陶然
Ran Tao

反正他就不是一个……比如大家坐在一起，他就不是一个能跟人成为朋友的人，因为他不会考虑别人的感受，就是与人共情的能力比较弱，永远活在自己的世界里，坚持做他想做的那些事。而且，他也不是那种我做老板我就天天吃香的喝辣的，特奇怪，他就是只想做事，他一直就是这样。但就是像他这样的，才可以做成事。一般我跟人聊天，好些人说我也要做这做那，但是再继续聊就会发现，他关心的东西都特别具体，比如“你看那姑娘多漂亮……”我一看这种人就觉得没戏。你知道吗，沈黎晖他原来一直就没有这些东西，反正挺……不是一般人的吧。

丁太升
Taisheng Ding

沈黎晖是一个奇才。为什么这么说呢？沈黎晖是一个智商和情商都很低的人，但他是个天才。你看啊，中国多少人从事文化产业，做生意的人又有多少，但沈黎晖只有一个。他能把音乐产业从死亡的边缘拉回来，自己的公司原本都快不行了，几次面临破产什么的，最后都活过来了。我记不清是哪年了，有一次我离开摩登的时候，我跟他说，你答应我一件事吧。他说你说吧。我说，摩登天空别关门。他想了想说，行，我答应你。摩登天空几次面临破产、崩溃和关门大吉，他都扛下来了，而且，他越做越好。

庞宽
Kuan Pang

我觉得沈黎晖特别善于“画饼”。那时候每天中午一块吃饭，大家就是听他在那儿“画饼”，各种宏伟蓝图什么的，然后大家就都特别兴奋、特别高兴。

他那会儿的商业偶像是理查德·布兰森，就是先靠唱片、靠音乐挣到钱了，以后又做航空公司，又做这个那个的。

那时候我们也是小孩，听着还挺高兴的，因为它能给你带来一种希望，这个是最重要的。也就是说，如果一个人没有希望，他可能也很难生活下去。甭管真的假的，如果你每天都能在一个老是觉得特有希望的状态当中，那其实就挺好的。

吴卓玲
Zhuoling Wu

你让他去做歌手、做乐队、做艺人，还不如让他做摩登天空这个公司，因为这更符合他的性格。他本人挺有意思的，挺好玩的，还算挺有领袖号召力，能把这些人团结在身边做这些事情，有一颗年轻的心。

范雪
Fancy Fan

其实在很久前我还不认为他是一个很有商业头脑的人，**我认为他是个艺术家，不适合当老板。但是后来，我认为他还是一个挺有商业头脑的人。**

张然
Ryan Zhang

他谈判真的特别厉害，你碰上他就没办法。好多时候，他拿出一套他的逻辑，就给你直接带到里面。你谈完之后一回想：我怎么被他带到这儿了？最后还觉得他说得特别有道理。

陶雷
Raymond Tao

其实我最早不是特别了解沈总，一个初步印象还是从“新裤子”主唱彭磊那里来的，他在漫画里画过沈黎晖，沈总戴着眼镜，眼镜里写着两个 $。他说沈总老不给他们钱。我那时候就说原来沈黎晖是这样的，其实就是一些特别片面的感觉。

乌莉雅素
Wuli

他是金牛座。但他是肯在大事上花钱的一个人，愿意拿出钱去投入一件跟事业有关系的事。当然我说的是他不会去花钱在享受上。我们跟他创业这么久，并没有真正去享受物质上的东西，但是我们更多的是在享受一份自己热爱的工作带来的很多机会。比如说，我们享受了摩登天空音乐节，那是沈黎晖投资的，不是我们投资的；草莓音乐节从最开始到现在，变成大家耳熟能详的一个音乐节产品，我们一起享受了这个过程，虽然也很累。他有他的道理，我是能够接受的。有一次在跟“馒头商学院”进行分享的时候我说过，我很认同沈黎晖的价值观和他做事的价值体系，所以我们是同一类人，我们都不是物质享受主义者，我可能找到了自己喜欢做的事。他在找到自己喜欢做的事的时候，把它变成了一件有品牌的事情，形成了自己的一个品牌，就是摩登天空，我们大家都从中受益。

庞宽
Kuan Pang

沈黎晖就是没把手的大衣柜——抠门儿。但是他就是特别能磕，还是挺聪明的，也确实挺厉害的。

丰江舟
Jiangzhcu Feng

我觉得沈黎晖挺好的。我以前做事是比较极致、比较极端的。我看一些事物会按照自己的价值观去判断。现在我就不会这样做了，因为在那个时候，在这个行业里面，一定是受这个行业局限，别的行业你不了解，所以肯定会比较极端地看很多问题。沈黎晖不是这样的人，我觉得他有大局观，否则他也做不到今天这样。当时我们肯定是不理解他的做法，因为我们没有看到未来。他一直在坚持，这在国内其实非常不容易。我自己做乐队什么的，也没有坚持住，原因也是在这里。

王硕
Shuo Wang

沈黎晖其实老请我吃饭，吃饭的时候就老跟我谈理想。他 2004 年那会儿跟我谈的理想，2008 年的时候就实现了，后来就没再谈过理想。当然了，现在壮大了，可能人家也没必要跟我这么一个小孩儿去谈理想了。哈哈。

张然
Ryan Zhang

我们俩以前老是去国外的那些论坛，在国外的时候他是另外一种状态，然后想的很多事情更加理想化，更偏向个人爱好，更像是他想干的事；但在国内，同样都是他，更多考虑的是这件事怎么能不赔钱。而且在他办公室里坐着跟他交流的时候，你很难有一段很长的时间去把一件事聊得特深，大部分情况下都是几句话就得把它讲完，然后问大家觉得怎么样，行或不行，决策。我觉得跟老沈一块儿工作的感觉就是，你要想从摩登天空挣大钱，有点儿难。因为以前自己做，挣钱比较容易，除养活员工以外，剩下都是你的。但现在你是在做一份工作，更多是要考虑怎么能让你做的这项工作在这家公司更有价值，或者更能配合别人。

胡吗个
Mage Hu

我觉得他性格还挺分裂的。怎么讲呢，我一直认为最早沈黎晖出我们这批唱片的时候，其实他是挺有想法的，可能真喜欢这些，觉得这个是好东西，要把它做出来，而且还有一点钱，可以做出来。但当他为了理想做这个东西的时候，所有人都骂他是奸商。一直到现在，经过这么长时间，他经历了外界的各种碾压，其实已经很商业化了，但很多人现在却开始说他是艺术家，或者说他有自己的理想在坚持。

陶雷
Raymond Tao

他在做这件事情的时候，可能并没有一个所谓的战略眼光和战略布局，那都是事后总结的。在当时就是跟着感觉走，然后他又非常坚持。我觉得做成一件事的人都有一些偏执，他要做音乐节所有人都反对，包括公司所有人都不支持，因为那时候也没有多少人，二十几个人，但是他还是一根筋地去做这个事。我以前觉得他是看到了这个东西的商业前景，但是后来发现也不是，他只是觉得那件事情对，那件事情好，他就想去做。

所以我觉得你不能把沈黎辉这个人总结成一个梦想家，他同时也是实干家和精明的商人，这几个东西加在一起，我觉得这是在市场上非常理想的一个人物设定，就像乔布斯，他有自己的商业理想，然后他又是一个实干的人。

李帅
Shine Li

老沈是一个酷人，他今年四十多了，但是他的意识，对行业的了解，对未来的判断，我觉得绝对领先于他们这个年龄段的人，而且他喜欢的很多东西我也挺意外的。有一次我俩聊起大友克洋的《AKIRA》（阿基拉），他说他特别喜欢，我都惊了，一个四十多的人喜欢那么一个东西，有点儿意思。**我觉得他是一个不像中年人的酷中年人。**很多设计的东西、潮流的东西他也会涉猎，座位背后书架上好书不少，我经常从他那儿拿书，每次找他要书，他都会怪怪地微笑着说，“你已经从我这儿拿了很多书了……”，他会买很多尖儿货，拍一些好的照片，发掘新的地方，回来跟我们分享：“你们好好感受感受。”

沈黎晖是一个智商和情商都很低的人，但他是个天才。——丁太升

摩登天空 | 無限宇宙 /
不思議な無数 **COSMOS:**
M005_ M___DSK Label

MVM Vision by: MVM design label_

Hero

YUE SHEN
沈玥

About

摩登天空合伙人，副总裁
前摩托罗拉员工
2008 年加入摩登负责商务和市场
先后参与音乐节招商和 M______CSK 组建

Words

“90 年代沈黎晖说想做大巴巡演，
后来我们也做了，但是根据中国的
道路和车管法规，改装的大巴上只
能坐三个人。”

沈玥
Yue Shen

摩登天空的未来有两个维度。一个维度是要把核心竞争力做得特别好，比如说艺人经纪，艺人经纪是摩登最有核心竞争力的。包括最早发展了中国比较早期的、具有启蒙作用的音乐人，帮他们出唱片，做演出。到后来赶上了民谣爆发去做布局，再到后来像张曼玉、陈冠希这些大明星，他们有做音乐的想法，摩登对他们来说是一个比较好的选择了。再到后来去布局嘻哈，其实最核心的就是艺人经纪，还有就是公司整体的执行力，这么大一个团队做这么多场音乐节，做这么多场演出，做这么多项目，当然不是说公司所有人都很忙，但是公司会有 20% 的人做 80% 的工作，他们会随时处于一个地狱模式，我觉得这就是公司的两大核心竞争力。一个是艺人经纪，一个是执行力。执行力当然还包括能省钱，大家会尽量不放弃一分钱。另一个维度就是无休止扩张的野心，对世界的好奇、对自己能力边界的好奇心从来没有停止过。基本上一个是内核，一个是外延。这两个维度对公司是非常重要的，而这两个维度基本上就定义了沈黎晖这个人。

同时他也是一个非常随性的人，可能今天有一个艺人说我要做一件事，他一听就觉得扯淡，做这事干什么？为什么要做？然后过两天他想起这事又给人打电话，说我觉得你说得挺好的，要不咱们试试吧。

张晓舟
Xiaozhou Zhang

在那个年代，从我自己的角度，我会觉得沈黎晖还是挺真实的，但同时有点矫揉造作。我这不是贬义，矫揉造作也是一种真实。他为什么矫揉造作呢？因为他也向往自己没有的东西，例如一件漂亮的风衣，或者更好的设计和印刷。但是那个时候没有电脑，有些东西还是手绘。正因为他的矫揉造作，他想得到更多的别人也有的东西，所以后来创造了一些新的文化。我的意思是，一个人得有对于未来的认识。摩登天空不是过去时的，它是未来。

张有待
Youdai Zhang

我在今年年初的时候跟老沈聊，说我们一起做一件事吧。他说那我们一起做一个爵士乐的厂牌吧。我们后来发现国内的爵士乐队确实不多，我们先从一张爵士乐的专辑开始做起。有一支我特别喜欢的乐队叫洛克西音乐（Roxy Music），主唱布莱恩·费瑞（Bryan Ferry）是一个爵士乐迷，他们出过一张专辑就叫《爵士的时代》，就是把他们很多经典的歌找一个爵士乐队来演出，好像回到了爵士乐的年代，甚至让你有一种他们的某首歌可能是翻唱自某支爵士乐队的作品的那种感觉。

我想，假设在 20 世纪 30 年代的上海滩，有一个沈老板抽着雪茄，看上一个舞女，说我要签你，把你捧成大明星，成立了一个摩登天空唱片公司，有了《好极了！？》《Bye-Bye Disco》这样的歌，但全部是由大乐队来演奏的，会让你觉得可能摩登天空在 80 年前就有了这样的一支乐队。这就不仅仅是庆祝摩登天空成立 20 周年，而是变成庆祝 80 周年了。**跟老沈聊了这个想法，他挺喜欢的，就说“你别超过预算啊，在这个钱数里面，把这张专辑录了就行”**。我的想法是，尽量让这张专辑的音乐做得纯粹，所以所有的编曲和大乐队音乐部分的录音都是在丹麦完成的，找国内的爵士歌手来翻唱。

我觉得沈黎晖有很倔强的一面，坚持理想地去做事情，但是同时又能够把握好商业的平衡，在挣钱和不挣钱的情况下都能够保持一个好的心态。另外我也比较尊重他的商业原则，虽然有很多地方是我不认同的，但是我希望他能够把摩登天空这个牌子打好，我们都能够在下面乘凉。M

Chapter

12

NOW & FUTURE

Title

关于现在和未来

Preface

我们希望你接触到摩登天空的时候，它是你无趣生活中最有意思的那几个点，这样我觉得就够了。—— 陶雷

正在现场

臧可义
Keyi Zang

从 2015 年开始，摩登在互联网上做一些尝试。当时就有 Pogo 看演出（一款提供音乐现场信息服务的软件）做售票，另外一个就是“正在现场”那会儿还是专注于直播这一块。大概做了半年，我就去做这个直播平台的运营负责人了。包括现在也还在做。“正在现场”已经把门票这块业务给转接过来了。

“正在现场”是一个互联网的线上平台，但如果说我们拿一场音乐节的直播来做案例的话，其实有很多工作是要在线下完成的。比如说，我们在音乐节前期要明确一下音乐节现场的网络情况，并且会去邀约移动和电信的工作人员到现场专门做光纤网络。有了这个东西做基础，才能把直播的画面和信号传递回来。

从版权或者直播内容的层面上讲，我们要提前去确认所有参演艺人的直播情况。因为并不是所有人员都可以去参与直播。比如说像陈冠希，我们不能整场全都给他播出来。这些东西我们在内容层面上要提前去确认。

另外，产品类运营方面，我们可能会提前去做一些预告、物料汇总，等等。然后等这三块事全都搞定了之后，这个音乐节的直播自然也就成型了。你在这个 APP 里边就能够看到整个音乐节的直播了。

除了音乐节表演的内容之外，我们也在尝试着去做一些像自制类型的直播节目。比如目前在音乐节表演的间隙，我们会做一档《草莓哔哔哔》的节目。我们会提前把受访的艺人确认好，做一些采访提纲，再扔到音乐节现场的直播间里边，让他们去接受采访并且直播出去。未来我们也希望把这一档节目做得更有互动性。因为演出很难去互动，人家自己演自己的，没工夫跟你互动。但是这个直播就是一个很好的互动机会。所以我们未来也会在这块儿着力去做更多的调整。

我们在音乐节后台也在尝试做另一档直播节目，会把很多其他内容也都汇总起来。会有一些观众或者奇怪的工作人员参与进来。比如说，在里边摆摊的、做餐饮的。我觉得他们都特别有意思。我们把他们都纳入进来，去做一些纯服务人员的直播。

比如我们让一个烤串师傅打开他的手机，说我给你半个小时你可以做直播。你是一个烤串师傅，你能

MODERN SKY NOW

MODERN SKY NOW
扫描二维码下载
正在现场 APP

不能从你的角度给观众讲一讲这个音乐节是怎么回事。他讲的可能不是那些演出，甚至他可能根本不知道这些表演的人是谁，只知道几点几点的时候是观众吃饭的高峰期，所以那会儿我得赶紧准备烤串。完全是一些周边的内容，但是也会跟音乐节有关系，也挺逗的。

我们会在这方面多做一些策划，并且如果是手机直播的话，烤串师傅就能跟观看直播的观众有特别强的互动。比如说，我接下来烤这个，我不烤羊肉了，我只烤鱿鱼什么的。在这个音乐节的基础之上，我们又能跟其他直播平台有所区别。目前这种素人直播已经变得越来越固化了，大多数都是一个人直播自己干什么奇怪的事，或者跟人聊天之类的。**我觉得需要一种更有魅力的企划出现。**我们未来也会持续地在这方面下更多的工夫。

2015 年草莓音乐节开始做了 VR（虚拟现实）直播。因为那时 VR 的技术突然火起来。所有人都在说 VR，“正在”作为直播平台，就希望能赶上这个风潮。当时的工作主要就是采购设备和做技术研发，如果赶上了，我们就会成为第一个做 VR 直播的平台，并且让草莓音乐节成为第一个有 VR 直播的音乐节。我们也着手去做了自己的 VR 眼镜，把手机插里面的那种。当时我觉得卖得还挺不错的，想着可能我们以后每次音乐节都会做 VR 直播，先把这个本钱积攒下来。但是后来 VR 的热度又慢慢下去了，并且它在技术上面没有什么突破。对于我们来讲的话就无所谓了。反正我们把之前该做的先做了。本钱就一直积攒着，没有什么问题。

M______DSK

申焕明
Huanming Shen

M______DSK 的由来源于我们 2016 年 8 月 LAB 的一次财务会。那次财务会上发现有一场演出的酒水流水特别高，我就留意了一下那半年其他嘻哈演出的酒水流水，发现都高于平时的演出，就多留了个心。后来那一个月集中去 School、愚公、摩登 LAB 看了几场演出，看到了很多过去观众身上没有东西，一种生命力与消费力的合体。我回来就跟老沈说，嘻哈明年得起，咱们得做点什么了，他当时就说成立厂牌啊，等等。后来叫着公司听嘻哈的一众小朋友们就开了个会，M______DSK 就成立了。我记得之前好像老沈还起了个名字叫“大滑梯”，后来没用。

沈玥
Yue Shen

最早是“正在现场”那边做嘻哈的巡演，然后公司开始讨论我们是不是要成立一个嘻哈厂牌开始签艺人，这个时候我的商务总监李亚依对这个事比较有兴趣，我就去向沈黎晖推荐她，沈黎晖也觉得很合适。

所谓做嘻哈厂牌就是 M______DSK，我们是要把这个厂牌做成一个以嘻哈音乐为核心的生活方式品牌，这个品牌下面就会有各种各样的内容，包含厂牌的艺人和唱片，以及品牌化的活动，还包括音乐节和巡演，等等。

沈黎晖
Lihui Shen

当时做了个调研，看公司谁对嘻哈比较了解，可能就有那几十个人，可能更多，但是那屋能坐下十几个人，坐一屋子，亚依就给我听了万妮达，我说这个可以啊。没想到没过几天，就有一个叫万妮达的想签摩登，我说那肯定要把她签下来，所以说这是送上门来了。我们开了这个会，就有人送上门来。后来申焕明和我说，我签陈冠希你觉得怎么样。你认识他吗？他说间接认识，那我说你去把他拿下来。但是我说陈冠希一定要做嘻哈，前后是差一点点时间，但是我觉得这些可能性是缺一不可的元素。这些可能性东一榔头、西一棒子的，你拿到这些东西的时候，真的是不同方向的很不确定的东西。

MVM Vision by: MVM design label_

摩登嘻哈秀
扫描二维码观看
《摩登嘻哈秀》所有节目

《摩登天空》杂志“复活”，摩登嘻哈秀“发车”

陶雷
Raymond Tao

我之所以来摩登，是因为有一次沈黎晖聊到一些对未来的设想，我就聊到要做内容，因为我原来是做广告的，我就跟他说，我对做内容营销非常有兴趣。他说我们干脆成立一个新的单元，取名叫作摩登天空数字传媒，这个部分就做以独立音乐为核心的青年文化相关的内容。

2016 年 9 月份我们正式开始做新媒体、做公众号，然后我们也建立了视频团队，杂志也是在 2016 年年底开始复刊的。已经 16 年了，《摩登天空》杂志之前做了 10 期，在 2001 年就停刊了，16 年之后我们又把它复活了。

我觉得我们现在重启《摩登天空》杂志，实际上也是为了延续原来《摩登天空》杂志的血脉。但它已经超越了杂志本身的含义，媒体形式上我们现在非常多元，有微信公众号，有微博，有很多视频的内容，也有纸质杂志。大家也知道我们现在开始去探索做 IP 内容，做综艺节目，未来我们可能还会做一些影视方面的尝试。

我们最近在和爱奇艺合作一个拼车秀，大名叫作《摩登嘻哈秀》，一共 8 集，是一个网络综艺节目。在摩登你可以尝试任何新的想法，这就是一个典型的例子，沈黎晖想做综艺和影视类的内容已经想了很久。但是因为各种原因，一直没能够实施。

这个节目来自我的合作伙伴魏大民的一个想法，我们看国外有这种类型的节目，觉得这个形式很好，比较适合音乐题材，也适合艺人。那时候也不知道能不能实现，就开始写一些策划方案，拿着这些策划方案去找平台谈，然后就开始做了。我当时也没有想到它能够真的做出来，因为在这里面其实你需要去不断尝试不同的可能性，然后因为各种天时地利的关系，不一定能够成功。但是像《摩登嘻哈秀》，正好赶上了嘻哈的兴起，摩登天空自己有一票艺人出来。然后这个节目的内容也做了一些调整，最后变成一个纯粹的嘻哈类的脱口秀节目。

可以说我们就是一个草台班子，摩登传媒参与制作的人员，基本上没有一个人有做综艺节目的经验。但从另一个角度也说明，**你的限制都是来自自身的，只要你有这个想法，你愿意走出那一步，它就有可能变成现实。**我们这一群人没有做过综艺节目，包括我也没有做过杂志，也没有做过媒体。其实真的是外行。但是在摩登这个环境中，你会有这个可能性去尝试，虽然有可能失败，但是也有这种机会去做一些不同的事情。这是我来摩登以后最大的一个感受。

MVM
扫描二维码关注微博

MVM

李帅
Shine Li

在以前的一段时间里，中国的设计和视觉工作者都是在幕后的，但是近年的演出现场，设计和视觉已经越来越多出现在台前了。在后亚文化时代，好的海报设计和视觉，已经是评定一个音乐厂牌或活动品牌品位的重要标准之一了。

成立 MVM 都是 2017 年 1 月份的事了，正式对外宣布是 2017 年 9 月份。最重要的出发点是设计师的自我保鲜度。我认为，一个优秀的设计师需要创作和表达，要尽量减少甲方提出的具体意见，并且要尽量避免因甲方提出非专业要求而不停修改、失去设计师专业方向的情况。我们建立 MVM 的初衷就是帮助更优秀的设计师表达自己的观点和想法，尽量少地受到额外的无用的干扰，脱离“服务”的属性。当然这一切建立在“优秀设计师”的基础上，基本功还没练好的不要挑别人毛病，先看看自己。

我希望把更年轻、有想法的人聚在一起玩，碰撞出更新鲜好玩的东西。我觉得我们在某些方面不够“年轻”，很多棱角已经被现实磨掉了，变得很功利，不能说是错的，这是一个生存的基础，但是这对创造来说有的时候是一种沉重的限制。MVM 的初衷是希望能在一个合理成本的前提下，创作出情感驱动的属于设计师标准的优秀作品，而非服务，现阶段市场是否认可并不是最重要的，我们认为是好的，就会一直做下去。

我觉得酷这个字眼，有的时候自己说完了也会反思一下，就像你说这个世界上还是好人多，怎么区分？挺难区分。酷也一样，挺难讲的。**如果你对自己还有一点信心，就做自己最喜欢的东西，做到被大家认可。**

我觉得摩登本身就是挺传奇的，因为沈老板要发唱片就注册了唱片公司，我觉得这事太酷了。现在快 20 年了，这么多新项目，想干啥干啥，“无中生有”，挺棒的。

Hero

SHINE LI
李帅

About

摩登天空设计总监
视觉厂牌 MVM 创建者 / 主理人
曾任《Rolling Stone》(《滚石》杂志中文版）美术总监

Words

“如果你对自己还有一点信心，就做自己最喜欢的东西，做到被大家认可。”

摩登天空 | 無限宇宙 /
不思議な無数 **COSMOS:**
M001_ Modern Fortress
MVM Vision by: MVM design label_

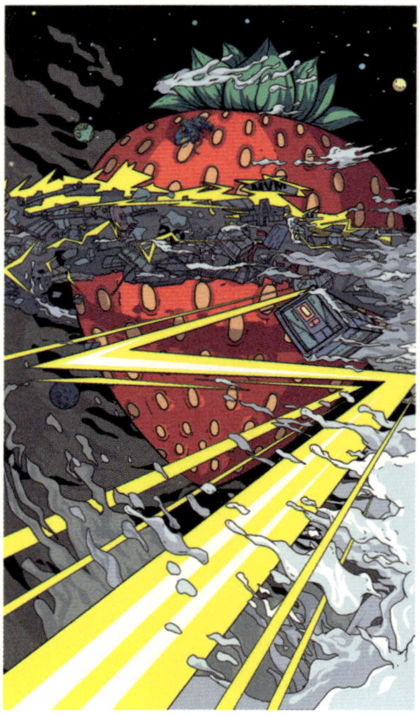

摩登天空 | 無限宇宙 /
不思議な無数 **COSMOS:**
M002_ Strawberry Planet
MVM Vision by: MVM design label_

摩登天空 | 無限宇宙 /
不思議な無数 **COSMOS:**
M003_ Surreal world
MVM Vision by: MVM design label_

Modern Sky Sports
摩登天空运动厂牌
发布会海报
MVM Vision by: MVM design label_

摩登天空运动厂牌

鹿鸣
Ming Lu

摩登为今天的年轻人成立了一个新的部门：项目研发部门。我们一直在观察现在95后年轻人生活的一些变化，看看怎么推进一些落地的事情。有一天就发现，大家朋友圈里开始晒健身、晒跑步，很多人开始去健身房打卡，在里面拍个自拍照。实际上他怎么健身、健身多久都不重要，打卡、发朋友圈更重要。这背后的逻辑是，他要的是一种感觉，要让别人看到他练了，这种心理状态其实是在潜意识里他们会觉得有一点自制的生活方式会酷一些。从另一个角度来说，大家潜意识里又都会对性感的事物更敏锐，而这个性感和自制就与健身、跑步关联很大。再往下推，我们觉得这是生活方式，它不是体育课，所以摩登做这个事情就很顺理成章了。

另外还有一个最直接的因素，所有人都告诉我们，运动永远离不了音乐，音乐对运动太重要了，健身不能没有音乐，跑步也不能没有音乐，但现在整个运动市场里面的产品对音乐的把握完全不行。很多人都跟我们说，健身房里面的音乐太烂了，我觉着这就是摩登做这件事情的价值，我们有这么好的音乐审美，当然我们就来做这件事情了。

我们最先想到的也是最先做测试的，当然是线下活动。我们想，我们最擅长的音乐节套在运动里面是什么——那可能是运动节。这

就是我们现在在做的一个新的 IP，也是在户外，会有跑步体验、健身体验、瑜伽体验，当然还有音乐。另外，国外有很多成熟的项目，比如说我们最近引入的 Wanderlust（漫游）美国瑜伽生活节，它在 2009 年于美国创立，时间上跟“草莓”其实差不多，它现在是全球最大的瑜伽生活节，美国市场认可它是一种新的生活方式。我们觉得这个就有必要引进过来。

今年 8 月我们在上海 Modern Sky Lab 里做过一个活动，当时是和 Keep（一款具有社交属性的健身工具类产品）合作。我们想得很简单，就是打破健身房和 Live House（创新型演出场所）这种边界。Live House 的优势是什么？声光电是它最大的优势。我们想的是你应该在 Party（聚会）的同时健身，然后在健身的同时感觉是在体验 Party，过去大家体验夜店是上面有 DJ，然后底下人瞎跳或者有人在领舞，现在无非就是把领舞的人换成教练。你这一次 Party 下来，可能减了脂、塑了形，整个体验也不枯燥、很酷。来的用户跟我们反馈，都说没有体验过这种事情，这种反馈让我们更有信心。

另外，我们也在考虑怎么做线上的事情，比如说“正在现场”开一个频道，我们是不是要自制综艺？而运动里的艺人经纪可能就是教练，所以我们也在考虑签一些教练。

现在还有两个方向已经比较靠谱儿了。一个是艺术展，不是那种艺术家的个展，更多的是一个体验展。比方说 2017

年 798 佩斯那个 Teamlab 的展览，很多人去看，很酷炫，摩登这边其实也在筹划这种体验式的展览，2018 年应该会推出来。还有一块是科技，这个科技不是指互联网，而是指科技的产品和科技体验，这一块其实也是在做连接。

未来的音乐节

胡楠
HuNan

音乐节除音乐以外的部分可以提升的空间太大了，我们可以加进生活方式，可以加进艺术，甚至可以加进科技、游戏，因为中国的市场巨大，人的需求各种各样，**我们把一些我们认为酷的东西集合在一起，再加上一个出色的音乐品位、一个更好的场地。**我希望有一天，中国的音乐节可以是 24 小时的，不是到晚上 9 点大家回去睡觉，那不是音乐节。你累了，可以选择回露营区睡觉，你要不累就可以继续玩。在一天 24 小时里，可以一直给你想要的音乐、食物、啤酒，我觉得中国至少应该有这样一个音乐节，不管是大是小。

摩登天空的 DNA

沈黎晖
Lihui Shen

如果我们回头看 10 年前的话，我觉得我在 2007 年就想不到摩登在 10 年以后是现在这样子。但是，我小时候想到了，初中的时候我就写过摩登的事，可能那个公司不叫摩登，但是我要干这个。我也不知道为什么我会写有电台、有电视台、有杂志、有唱片公司，但是我觉得这肯定是一个目标了。现在，我仍然觉得很难预期摩登会变成什么样的一个事物。

我也经常说，摩登，我觉得它是有机的东西，它就像一个生命体一样，不断地通过不同的人让我们变成一个未知的、可以生长的东西。实际上，现在的摩登有一些很厉害的人、比我牛的人，我觉得这点也特别重要。他们能够有共同之处，也有不同之处，大家像是组成了一个新奇、充满未知感的玩具，同时也很理性，可以在执行层面把想法落实。我觉得它有点像一个怪物，怪物可能是一个贬义词，但是我觉得挺好，不知道它会成长什么样，有可能将来它会爆炸，但那也会是一种挺有意思的结局。

包括摩登所有的乐队，“舌头”、“左小”、“新裤子”、“超级市场”这样的乐队，其实他们的理念、世界观、价值观都完全不一样。他们的生活环境完全不一样，但是你把他们放在一个音乐厂牌里，就和谐了，我不知道为什么。那条线到底在哪儿？你怎么把它写出来？就好像你跟人说摩登要做瑜伽了，别人肯定会说：你们乱来。我敢说，我们做了三个月、四个月之后，大家一定会觉得，这是摩登的一部分。

摩登的 DNA（脱氧核糖核酸）到底是什么呢？你说它街头也可以，你说它优雅也可以，你说它浑蛋也可以，我觉得没有限制是特别重要的一个事情。如果摩登有限制，它就永远是一个音乐厂牌。举个例子，你说兵马司（独立唱片厂牌）是不是一直有一个限制呢？我觉得它一直活在别人的故事里。它可能是一个北京的故事，但是可能某种意义上它用了一个纽约的故事套了一个北京的故事，我觉得那对它来讲是一种限制。可是摩登到今天，它的办公室是个楼，有这么多人了，我们在世界各地有合作方、音乐节和分公司，我觉得，在今天已经很难用一个别人的故事把我们套进来了。你可以任意举例，摩登天空一定会超过这个范围。所以我觉得打破和没有限制，是摩登很重要的 DNA。

陶雷
Raymond Tao

摩登天空最有吸引力的点就是不太靠谱儿，从正统的眼光来看它不着四六，但其实它是每个人内心都有的那个东西。不管你是做着一份得体的工作，还是过着非常有规律的生活，实际上你的生活大部分都是很无聊的、无趣的。我们希望你接触到摩登天空的时候，它是你无趣生活中最有意思的那几个点，这样我觉得就够了。

MODERN SKY SPORTS
鹿鸣（左）张翀硕（右）
摩登天空运动厂牌新闻发布会

SPIN ' N ' DIZZY

转到晕

在过去的 20 年里，摩登天空始终以独具一格的审美不断刷新、拓展和引领大众审美，直至形成如今独立摇滚、电子、民谣、嘻哈、实验音乐百花齐放的景象。在华语独立音乐领域持续进行着突破的同时，也在潮流尖端呈现不同时代的青年文化生态。

作为中国最具青年文化影响力的音乐公司，摩登天空成立 20 周年来，从 1997 年发行第一张唱片——清醒乐队的《好极了!？》起，已经出品 200 余张不同风格的唱片专辑。此次摩登天空计划发行 100 张黑胶，以主题“Spin 'n' Dizzy ”（转到晕）预示黑胶将在如今的快节奏生活场景里高速旋转，抛开浮躁，回归模拟声响与真实体验。

01

《我愚蠢的理想主义》
阿肆

阿肆的第二张个人全创作专辑，创作时间跨度长达 6 年。这次阿肆显示出了更游刃有余的驾驭力。这张专辑不只是阿肆个人走向成熟的标志——阿肆说她还要“用理想的粉拳来动现实的干戈”，而她的音乐，则有望化独立与主流的干戈为玉帛。

02

《那不是我》
谢天笑

作为蛰伏 4 年后的一张沉淀之作，《那不是我》展示出谢天笑在音乐上高超的修辞表达与基于对现实深刻洞察的主题书写。专辑通过对自我的拷问，展示出一种否定性的力量，仿佛一支长矛般刺向我们、治愈我们，催生了全新的自我。

扫码购买

MODERN SKY RECORDS

03

《Island》
丁可

2011 年，丁可推出了这张彼时在国内罕见的新古典专辑，一举成为迄今无人超越的经典之作。新古典音乐的优美构架配合梦呓般的吟唱，这样的风格在国内还未曾出现。这张专辑收录了 9 首单曲，记录了丁可过往岁月里情感及生活的点滴。

04

《嘿，抬头！》
贰佰

2017 年 3 月底，贰佰推出了签约摩登天空后的首张个人专辑《嘿，抬头！》。跳脱出狭隘民谣定义下的情爱表达和自我追寻，贰佰扎根于生活，又似站立于生活之外反观生活，仅用寥寥数笔就将现实生活的甘甜苦楚一一描绘。

05

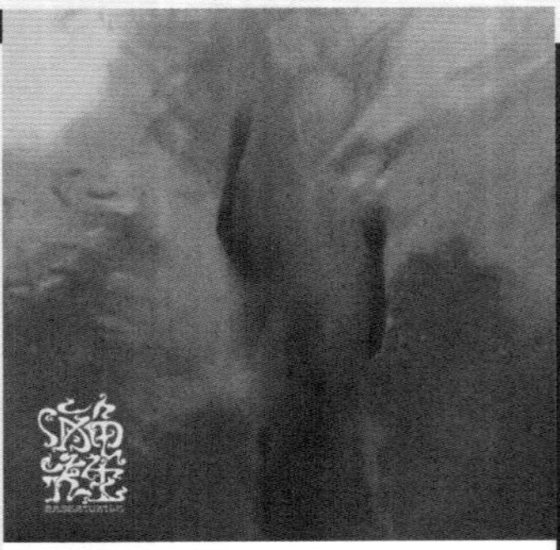

《海龟先生》
海龟先生

这是一张拥有流行讨喜面孔和根源摇滚乐身躯的专辑，在这张专辑里，海龟先生尝试以一种更为轻松柔和、易于被大众接受的方式传递他们的音乐与爱，其中《男孩别哭》和《玛卡瑞纳》等单曲，至今都位列国内最具传唱度的独立音乐曲目单。

06

《孤岛》
马頔

2014 年的秋天，马頔终于带来了他的首张专辑——与我们这些相似命运的陌生人谈论相逢的《孤岛》。曾深受顾城、海子等 80 年代诗人影响的马頔并没有做一个诗人的野心，他只是在这个无人读诗的年代，以歌为媒，唱出永不凋零的爱情。

07

《当初就不应该学吉他》
马飞

在近年来蔚然勃兴的中国独立民谣风潮中，马飞以其陕西方言演唱及市井化的词作独树一帜。他歌唱童年乐趣、底层艰辛、北漂生活乃至酒后犯浑，利落洒脱的方言表达使每一个生活截面都更加亲切可感。

08

《迁徙》
彭坦

2013 年，彭坦签约摩登天空，推出阔别三年后的全新录音室专辑，由爱人春晓担任造型指导和摄影师，呈现一部候鸟自白书，裸寒真空中的音乐凝为沙、卷为浪，泛起金色流光指引飞行方向，是以名为《迁徙》。

09

《安和桥北》
宋冬野

2013年，宋冬野推出了个人首张专辑《安和桥北》，堪称当年华语乐坛的现象级唱片。宋冬野在安和桥下学会弹吉他、走过肆无忌惮的童年和乱七八糟的青春、遇见刻骨铭心的爱情。《安和桥北》是中国当代民谣浪潮的第一股巨浪，其意义和价值，却大大溢出了民谣的范畴。

10

《郭源潮》
宋冬野

作为宋冬野2017年发布的新单曲，《郭源潮》可谓十足的惊人制作，摇滚化的编配揭示了宋冬野在音乐创作上的多元之路。他以寓言的形式，将自己对人生的体悟融入歌词中，“风月难扯，离合不骚”。

11

《河床》
苏阳

“作为在河边生活几十年的人，我们怎样歌唱这条河，怎样歌唱对这条河的情感”，这是苏阳在七年磨一剑的这张《河床》中提出的问题。《河床》是每一粒沙的聚合体，它看似微渺，却蕴藏着无尽的能量。

12

《今日青年》
痛仰

被定义的外壳、被赋予的标签，同被给定的命运一样，都是束缚在青年身上的那部枷锁上的一个扣结，“痛仰”的《今日青年》在以去标签化的努力拆解着这部无形的枷锁，并继续打破着概念与形式、风格与姿态的争论与划分。

13

《走过来，走过去》
万晓利

万晓利首张个人现场录音专辑，由摩登天空旗下音乐厂牌 Badhead 发行。一把吉他、一件海魂衫，万晓利如同一个生不逢时、游走江湖的音乐侠客，犀利，戏谑，“痞气”，不按常理出牌，把真理和傻话一通搅和。黑色幽默背后是冰冷残酷的现实世界。

14

《广东姑娘》
五条人

《广东姑娘》是五条人的第三张专辑，包含了 13 首歌，其中不乏《猪母上山咬老虎》、《请到老祖宗》这样的招牌方言趣怪之作。“广东姑娘”不仅仅是一首主打歌的名字，也是整张专辑的一个概念——表达一种特别的关于“广东姑娘”的文化情感。

15

《梦幻丽莎发廊》
五条人

五条人在第四张专辑《梦幻丽莎发廊》中，展现了一幅波澜壮阔、妙趣横生的社会风情画。大时代中的小人物，在一片高奏的凯歌中，被经济、社会的现代化进程所湮没。民谣在这里赎回了本真的、属于市井与乡民的那个我们已经久违了的兴味。

16

《飞的高的鸟不落在跑不快的牛的背上》
小河

实验的河床上，小河以逍遥自在的姿态逆流而上。充满情绪的人声、无拘无束的奔流、乡野的单纯和人类最美好的渴望闪闪发光。质朴的民间谣曲与抽象的自白、呢喃、呐喊……一切真诚而直接的表达之下是 10 首令人心颤的自由之歌。

17

《幻觉》
谢天笑

《幻觉》是一张结构分明、主题统一的专辑，在大量加入键盘演奏的奇异音效背后，谢天笑的摇滚风骨依然脉络清晰。专辑的同期录音将原始粗糙的现场感高度还原，吉他的回授与延音制造出的宏大声场把所有讨巧元素包裹其中。

18

《预谋邂逅》
阿肆

作为阿肆的首张专辑，《预谋邂逅》可谓 2013 年度内地最受瞩目的创作女声唱片。整张专辑由旅行团乐队键盘手、制作人韦伟亲自操刀，摩登天空大 BOSS 沈黎晖全程监制。当你被幽默诙谐的歌词迷惑得后知后觉时，那份真切的共鸣早已悄然而至。

19

《飞船，宇航员》
尧十三

从这张处女作开始，尧十三便已成功拒绝了人们将其标签化和标准化的企图。尧十三避开了油滑谄媚的编曲陷阱，以恰到火候的实验性手法，悄悄松动着固化在人们脑中的主流审美趣味。

20

《沉默如谜的呼吸》
周云蓬

《沉默如谜的呼吸》里除了音乐，还沉淀着诗、审美以及对生命的凝视。周云蓬以最干净醇厚的方式勾勒出相逢、别离、爱、幻觉……如同清水中的一点浓墨，在听觉世界里缓缓晕开，复杂的情绪丝丝缕缕飘散，沉静而笃定的音乐中，灵魂的深邃诚然可见。

A MUSICAL MAGAZINE IN THE LOOP

一本音乐杂志
对现实的人为介入

撰文_凌波力　　**摄影**_解雪 / 游嘞飞

UCCASTORE
2017.9
尤伦斯艺术商店
摩登天空一角

做杂志不容易，放在任何时代都是。9 月末，《摩登天空》杂志编辑部联合北京尤伦斯当代艺术中心举办了“音乐杂志的摩登时代”分享沙龙，以“音乐杂志在不同时代的角色”为切入点，顺带回顾 20 世纪 90 年代末北京青年人的文化场景。

“音乐杂志的摩登时代”分享沙龙
扫描二维码阅读更多内容

《摩登天空》杂志在当时卖得特别好，前两期很快就脱销，因此后面印刷数也翻了几番。结果出到第 10 期，就杳无音讯了。有热心读者还记得在第 10 期卷首语上编辑大拍胸脯保证，“各位读者无边无际的宽容和期待简直都把我们淹没了，我们怎么可能停刊呢？”

这一度是个谜。直到分享沙龙当天，沈黎晖回忆当年的“膨胀时刻”时，才揭开谜底，“大家都以为杂志被卖掉了，其实并没有。因为当时我们自己做发行，我们的发行单位统计数字非常不准确，回款非常滞后，后来发现赔了一大笔钱。”

这样“不大按规划”走，的确也造就了《摩登天空》的江湖传说，它的存活时间是如此之短，但对当时很多文艺青年又影响至深。有一位在北京上大学的男青年，从第 2 期开始就是忠实粉丝，“当时 BBS 上就有人推荐，说新出的一个杂志特别棒、特别酷，视觉特别好看。父母对我听摇滚乐不是很支持，但这杂志拿的是音像出版物的刊号，相当于买卡带会送一本杂志。卡带一面是中文歌，另一面是英文歌，然后我们就有理由和父母说买磁带是为了学英语。当然仔细一听发现他们也不好好唱，什么“性手枪”啊、“红辣椒”啊，发音全都不对，但还是打开了另一片天地。”

这位文艺男青年他叫尤洋，现任北京尤伦斯艺术中心副馆长。

前几年流行“杂志已死”的言论，2016 年开始，借助外国杂志名头还魂的本土杂志又雨后春笋般冒出，很多杂志的介绍也不再简单定位在某个领域，尤其是面对青少年的杂志，势必标榜自己“涵盖时髦年轻人想要了解的方方面面”。越是强调涵盖到位，越有可能是对自己一样都没做得够出彩的心虚。我有时候觉得，继续做本“不够全面”的音像杂志也没什么不好的，当红歌手满舒克关注到 Hip-Hop 是从篮球和球鞋杂志开始的，谁也说不准做个面面俱到的杂志覆盖的年轻人就一定多。

尤洋馆长在沙龙当天提到他喜欢《摩登天空》的原因，“过了十几年依然记录着那个时代的声音，这是比较重要的。”观察与记录也是这本音像杂志的时代角色吧。

CAMERAS DON'T LIE

镜头不撒谎

编导 / 撰文 _ 木小瓷 CiCi
摄影 _ 秀云 Kromo / 贺老六6
实习生 _ 胡志明 Roman / 包子 4130
配图摄影 _ 木小瓷 / 田咖喱 / 包子 / 灰色 / 哈图 / 亢奋大蜻蜓

PART 1

在摩登天空，如何做一个人见人爱的实习生？

说出来好像有点唬人，摩登天空杂志视频团队的这几个家伙都来头不小。有的原来在温哥华做特效师并且参与过《变形金刚》制作，有的感慨着“人生着实不伦不类”能拍能剪能写诗能写歌出单曲，有既能做幕后又能撑台面的万能跨界女作家，有拿到了所有理想学校 Offer（录取通知书）的素颜也很有范儿的天才美少女……

阿欢是 1997 年出生的姑娘，从 2017 年广州跨年“草莓”开始，就跟着我们一起奋战了无数场“草莓”现场，也是传说中那个“特别可爱的实习生”。2017 年杭州“草莓”，是她最后一场作为实习生所参与的“草莓”，这一次的“草莓”日记，我们的镜头将跟随阿欢来探访此次杭州“草莓”的台前幕后。在摩登天空做实习生到底是怎样的一种体验？这个问题，阿欢或许会给你最有趣的回答。

去年听民谣，今年听嘻哈，关你什么事？

这是一个太难捉摸的时代，你永远不知道下一个火起来的会是什么。我们在成都 M______DSK 现场和乐迷们随机聊了一下他们眼中的嘻哈，以及关于“跟风”话题的看法。有一个姑娘现场用 Freestyle（即兴）的方式发表了对跟风乐迷的看法：昨天还喜欢 GD 今天又爱上 TT / 老子之前唱说唱 你 XX 说非主流 / 现在的你却成了一条跟风狗 / 向万磁王低头 整天呦呦呦 / 你 XX 顶多是个菲佣 还要跪地走

总之，跟风不丢人，重要的是你能从一阵一阵难以预测的风潮之中，真正不停地为自己打开一扇又一扇新世界的门，“好音乐不嫌多”，不求每个人都从始至终忠于某一个艺人和他的作品，毕竟在不同的人生阶段和心境感受之下，同一个人的状态和审美是不尽相同的。只要你知道自己在做什么，那就可以了。

马潇，一个肤浅的民谣歌手

马潇写歌的时候经常喜欢用一些词。比如：酒、姑娘、南方、北方、妈妈、理想。都是那些被很多人唾弃的大俗词儿。

“歌词里的姑娘和酒，虽然你们觉得是一样的，但是在我这儿姑娘都不一样啊，是不重复的。酒也不是一样的酒，有燕京，有威士忌，有珠江。有时候我们经历的就是这些嘛。唱这些歌也没有什么问题，我生活里就是姑娘多啊，我就是从北方去南方，从南方去北方啊，没辙啊。”

“有时候我会愿意让自己变得肤浅一点，有些事情可以用更普通的方式去做，会刨根问底去想，但是这样想的话徒增痛苦。我们做音乐是为了快乐。为了钱的话，你干什么不好，你非得做音乐？但是做到一定程度上，还是要变现。想不明白这个问题……解决问题，比你去想更深的艺术、哲学，要舒服很多。”

在草莓音乐节做摄影师是一种什么体验？

2017 年 9 月 23 日晚，天津草莓音乐节结束后的第一天，几个摄影师在酒店里开始了修图的工作。来自内蒙古的摄影师哈图的电脑卡了很久，他无奈地盯着这台用了 10 年的电脑，羡慕着那些“别人家的电脑们”。此时，同屋的張小 _x 已经快修完了一半的图。

做一个音乐节现场摄影师，这在乐迷看来似乎是件幸福的事。但实际上呢？“草莓现场”这个视频栏目已经做了 4 期，我们把镜头对准乐迷、保安之后，这一次，“遭殃”的是“草莓”现场的那些官方摄影师们。我们记录下了他们在天津“草莓”两天现场的状态，无论是认真工作，还是吃喝玩乐、打情骂俏。“酒水畅饮，容易喝多。”总结起来，几乎就是这 8 个字了。

用哈图的话说就是：“每次音乐节拍摄都是各地摄影师聚在一起，由于相同的热爱加多年的拍摄，大家已经都变成了熟悉的朋友，每次见面就是一个开心的聚会，我很享受这个过程，对于和朋友相聚的期待似乎已经快要超过拍摄本身，大家就像龙珠一样，聚集在一起实现愿望，结束之后再分开，等待下次重聚，感觉特别美妙。”

最后的 69 cafe

当一个地方即将成为历史的时候，人们会忽然对这个地方产生一种强烈的情感，并且这种情感都是突如其来的。2009年，69 cafe（69 咖啡）在北京南锣鼓巷开业的时候，这条街还很清静。在近 8 年的时间里，69 cafe 组织策划了上千场与音乐有关的活动，终于在 2017 年的 7 月，要和所有人说再见。一想到以后南锣鼓巷就剩“海小姐的玫瑰饼”和“比利时男孩薯条”了，会有很多人觉得心碎。就连边远都说：“如果‘69’关门了，以后再也不会来这条这么挤的街了。”

从 7 月中旬开始，这里就开始举办长达半个多月的告别演出。演出阵容也是空前的，我们在最后两天的演出里，记录下了这里再也不会有的人来人往和觥筹交错。用李尔杨的话说就是：“最近这儿每天都和过年一样。”也像店里海报上所写的那样：“期待所有明日的聚会。”

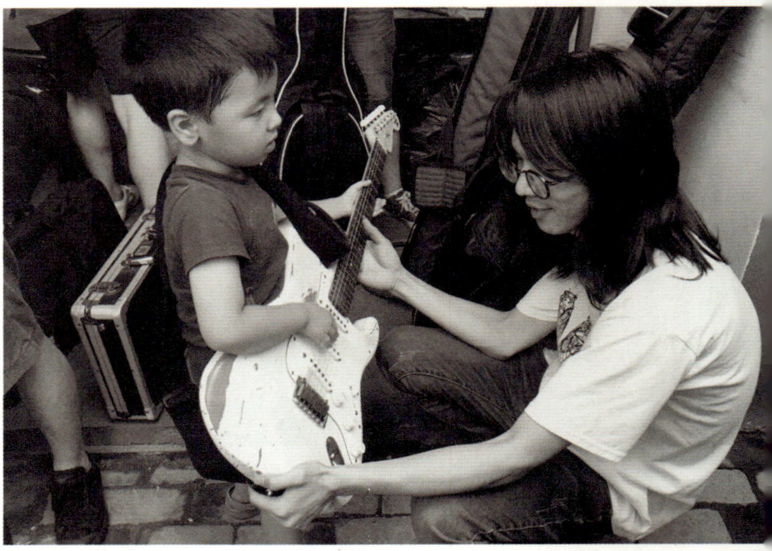

我们让 4 个姑娘卸了妆

在这个连十几岁初中生们都努力让自己化完妆变成二十几岁的小姐姐的时代，化妆品慢慢开始变成姑娘们的春药，大家对于口红色号和遮瑕产品都如数家珍。

化妆品中“寄生”了一部分属于女孩子的自信，抱着“素颜出门对即将见面的人很失礼”的想法，许多女孩总在化妆之后会有比素颜时更好的心情。无法做到素颜也可以很自信地出门，或许是女孩子性格里的不足，或许也仅仅是出于一种对化妆的习惯和依赖。

化妆绝对在任何时候，对于任何女孩来说都是一种仪式，我们让 4 个不同类型和风格的姑娘现场卸了妆，拍摄这个视频，只是想要告诉姑娘们：素颜也是一种真实的美。

如何成为一个时尚博主?

作为一个非知名时尚博主，一衣多穿的灵感来自“薯条”的日常，在这个“看似是个情色片，但实际上是个教你如何用一件白衬衫搭配出五种造型”的视频里，“薯条”就用一件简单的白衬衫展示了几种不同的风格。

这个视频的拍摄是在导演小瓷的家里完成的，在不大的空间里选取了 5 个场景，来分别搭配“薯条”的每一套服装。“薯条”戴着红色贝雷帽站在贴着海报的墙前面，画面像极了《戏梦巴黎》里的伊娃 · 格林，在窗前跳舞的时候，又带点《重庆森林》里王菲的感觉。

伦敦很丧

本片来自导演包子的一次伦敦之旅。“冷色是伦敦的颜色，但我觉得灰色更适合。身边的朋友总说，在伦敦待久了，人莫名会变得丧。我在伦敦待了半个月，伦敦就像一个娇妇，冷漠、华丽，地表布满灰尘。城市吸引我的不是风情，而是街道。干净与否，都反映着人们的状态。”

海德公园(Hyde Park)里的鹅和伦敦的鸽子一样慵懒，湖水周围满是垃圾，散落着饮料瓶和它们掉的羽毛，一只鹅把自己的脑袋埋进水面，这个姿势保持了许久。导演用冷静的镜头记录下这些似乎“并不是那么重要”的城市日常。

包子在去诺丁山的路上无意碰到了前段时间伦敦大火的残骸，还混进了当地教堂的某个新闻发布会现场。在伦敦的第二周，包子去了平克 · 弗洛伊德（Pink Floyd） 在 V&A 博物馆的展。这个展览里最有意思的地方是，当你走到不同的地方，或者站到不同的照片前面时，你的耳机就会对应播放不同的音乐。 里面还有可以自己控制分轨的调音台，可以自己重新创作平克 · 弗洛伊德的音乐和《唯愿你在此》（*Wish You Were Here*）专辑图的完整底片。

这部三分钟的黑白短片，最更像是一次内敛、克制的观望。不同于一贯城市短片里那种撩人的色彩，张扬着向观者展现一个城市里最热闹的街道、最有名的地标。毕竟这里冷漠、华丽，地表布满灰尘。

PART 2

欢迎来到自杀俱乐部

据说，全球每年自杀死亡的人数甚至超过战争和自然灾害致死人数的总和。

寺山修司在《扔掉书本上街去》里写过一篇《完全自杀手册》，教你如何制造自杀机器、怎样高明地写遗书，还会告诉你普遍的自杀动机，以及怎样选择或者布置自杀场景。林林总总，五花八门。太宰治也写过“我本想这个冬日就死去的，可最近拿到一套鼠灰色细条纹的麻质和服，是适合夏天穿的和服，所以我还是先活到夏天吧”。然而他最后还是自杀了。

曾经有一个乐手和我说过他理想中的自杀方式：在自杀前给身边的人打几个电话，把没交代的事交代好。然后在床上铺上一层塑料纸，穿着自己最喜欢的衣服，躺上去，戴上墨镜，吞一整盒安眠药。我问他为什么要铺一层塑料纸，他说，万一尸体烂了没人发现，把床就弄脏了。但那时候我并不知道吞安眠药是极其痛苦的死法，当然也没有建议他再考虑一下其他的死法。

看完这个电影里关于自杀的混剪视频，如果不想立马去死，最好还是好好活着，毕竟火锅、串串、冒菜、饽饽鸡都那么好吃。

波兰首都是上海

这次我们要说的是城市，而不是“你男友係碌葛”（yourboyfriendsucks!）乐队的歌《波兰首都是上海》。城市街头，可以是一场天然时装秀的秀场，无数故事从这里发生、结束。

《卡比利亚之夜》里的玛西娜最后走向街头，一群流浪的孩子骑着车欢快地从她身边而过，笑着大声喊“我们终于无家可归了”。《天鹅绒金矿》里穿喇叭裤、厚底鞋，戴大耳环的街头奔跑的年轻人，毫不掩饰 70 年代的复古与华丽感。从巴塞罗那，到巴黎，再到罗马，伍迪·艾伦的“城市三部曲”已经不必再多说。我们将几部电影里关于那些难忘的城市的镜头，以及人与城市的关系，做了一个视频混剪短片，祝观影愉快。

如何处理前男（女）友的骨灰？

《芳芳》里面，当被问到“他有什么好”的时候，芳芳回答说：他逗我笑但又令我心烦意乱，他总是难以捉摸，每次见他，都像初相识。

这似乎是最好的感情的状态，永远新鲜，永远有用不完的好奇心和探索欲。但并不是每一对情侣都可以这样幸运地维持理想中的状态。往往是日积月累的小事开始让隔阂加深，再导致亲密关系的破裂。

其中最痛苦的就是，有些情绪并不是你不表达或者表达出来之后，对方就会感受得到。就像“我的头脑中已经发生了一场海啸，你却只看到了一只蝴蝶的振翅”。

结束一段亲密关系的方式有一万种，毁灭永远比建立更容易。想到前任，居然第一时间想到一本书——《如何处理仇人的骨灰》。曾经在某一阶段里无比亲密的两个人最后老死不相往来，怎么想这都是一件残忍的事。

许多人分开之后的确成了仇人，而有些人却仍然可以回到普通朋友的状态，你来我往。我们不想评判哪种关系更正确，尤其在感情里难以用“对”与“错”来评判，不同的立场会有不同的偏见。任何存在的、结束的感情都合理。毕竟世界险恶，能遇见交心的人不容易，我们都应该记住别人曾经对我们的好，无论这段关系是以什么样的方式收场。

尊重曾经存在过的美好，即便它们现在都已经消失或者变质，这也是我们能做的，对得起自己和别人的一件事。

最适合做爱、分手、谋杀、吵架的房间

并不是所有人都需要用避孕套，但是所有人都需要一个房间。这个房间，可以是伍尔夫所说的“一间属于自己的房间”，也可以是某一段时间曾经生活过的房间。

空间与人之间，永远都有着最紧密的关联。这种关联更多的是内在审美和气质的影射。房间也像一个人的衣服，你所生活的空间是什么样的，往往你就是什么类型的人。

《开罗紫玫瑰》里后来被火烧掉的洒满阳光的小木屋、《泳池谋杀案》里适合作家写作的乡下小别墅、《壁花少年》里贴满海报的房间、《戏梦巴黎》里被换成了梦露头像的《自由引导人民》海报、《爱情与灵药》里粗狂不羁的铁艺风格又不失温馨浪漫的房间，都再适合情侣居住不过了。

不同风格的房间给人的感受绝对是不同的，就像不同颜色给人的感官刺激也是不同的。这次，我们将几部电影里的房间剪辑到一个短片里，风格不限，各有所长。

扫码观看摩登天空杂志视频

接下来会有更多专题视频栏目
请关注摩登天空杂志公众号：
ModernskyMag

模特_建建

模特_孙鹏 李哈利

2018 PRE-SPRING PSYCHO BOY

YTTRIUM
89
6
C
CARBON
12
1
H
HYDROGEN
1
8
O
OXYGEN
16
5
B
BORON
11
8
O
OXYGEN
16
39
Y
YTTRIUM
89

模特＿李哈利

2018 PRE-SPRING PSYCHO BOY

那天夜里，G 站在城市最高层的 M 俱乐部长廊的落地窗边，吐出一口烟，看着零星的雨一点点定格在玻璃上，舞池里灯光明暗不定，TECHNO（高科技舞曲）厚重的鼓点和某种激素的气息又将她拉回人群。G 发出一贯的尖叫和狂笑，钻进一帮陌生人中间开始摆动全身，百无禁忌地享受着酒精与火辣的肉体。

ALTER EGO

模特＿孙鹏 李哈利

G 向外狂奔，街道上的景象依旧令人迷惑：所有人都在倒立着行走，街角的一群人围成一圈，一边互相抽着耳光，一边对彼此说“很高兴认识你”。几个身穿红袍的年轻人正在认真地以相同的频率将额头撞向墙面，嘴里像是在念祷告词一般喃喃自语。只有一个小男孩双腿叉开，站在马路中央，弯下腰从两腿之间的空隙看着她，并对她眨了眨眼，然后就保持这个姿势跑远了。G 毫无头绪，就趴在地上，向一个路人询问小男孩刚是在做什么。他们面无表情，凑到她耳边怯怯地说道：他在跟你对话。

一个头上缠满纱布的怪人在舞池中缓慢穿梭，似乎在寻找什么。突然间他看向了 G，紧接着倏地就到了她的面前。G 惊讶地发现，纱布后面黑洞般的眼神竟让她有一种似曾相识的感觉。等她回过神时，已经寻不到他的踪迹了。

当这一瞬间降临时，从未有过的怪异，音乐与酒精丧失了原有的作用，时间空间似乎不复存在。G 感到瞬间离所有人都很远，眼前的一切突然开始向四周肆无忌惮地生长，人们都膨胀到只剩下巨大的眼球，他们诧异且厌恶地盯着她，仿佛她才是个不正常的怪物。正当 G 无所适从的时候，她感到地面在快速下沉，天花板在不断逼近，窗外的雨水开始透过玻璃涌进来。

一阵怪异的笑声从远处传来，接着越来越响，直到 G 感觉出这振动是从她体内传出的。恍惚之间，她听见几个路人像是对她说了一句什么。

“你戴的纱布真好看啊。”

1

YOU HAVE A MORE INTERESTING LIFE IF YOU WEAR IMPRESSIVE CLOTHES

你穿得够震撼，才能过上更好的生活

撰文 / 编辑 _ 加七

1.《Velvet Goldmine》
《天鹅绒金矿》
1998

2.《Taxi Driver》
《出租车司机》
1976

“你穿得够震撼，才能过上更好的生活。”这是从不安分的西太后维维安 · 韦斯特伍德（Vivienne Westwood）说的。

维维安那些处处带着出格摇滚元素，不断冲破传统服装界固有规则的出格设计，诚然受英国著名摇滚乐队“性手枪”（Sex Pistols）的组建者和经纪人迈凯伦（McLaren）影响。所以，她把装甲车开到首相卡梅伦家门口去抗议政府，也并不稀奇。毕竟在许多人眼里，“朋克就是维维安 · 韦斯特伍德。”

时尚从来都不是独立存在的，它和音乐、电影等相关青年文化有着密不可分的联系。深究其中真的会发现，“酷的人都和酷的人在一起玩。”

Undercover（日本服饰品牌）2016 年灰色斗篷春夏款，背后写着“Psycho Killer”（变态杀手），《变态杀手》也是 70 年代具有代表性的后朋克乐队 Talking Heads（传声头像）的一首歌。主唱拜恩 18 岁离开英国，独闯美国，对先锋文化格外迷恋。读书之余，整天和同样爱好摇滚乐以及前卫艺术、习惯衣着凌乱的小嬉皮士们混在一起。这其中就包括导演格斯 · 范 · 桑特（Gus Van San）。范 · 桑特也属于导演中的异类。后来，他不仅拍摄了《大象》、《米尔克》等被列在必看影单里的经典电影，也将柯特 · 科本生前最后的一段经历改编成了影片《最后的日子》。

无论是《发条橙》里白色连体裤、马丁靴配黑色圆礼帽的搭配、《天鹅绒金矿》那些充满 70 年代华丽摇滚味道的喇叭裤、厚底鞋以及夸张又不失特色的大耳环，还是大卫 · 林奇导演的、来自 90 年代的惊悚剧情类美剧《双峰镇》，仔细观察不难发现，片中人物当时的穿着很多都被借鉴为现在的流行元素，比如特大号毛衣、丝绒西装、最近回潮的束身胸衣，等等，就像那句经常被提到的话：时尚就是一个轮回。在《出租车司机》、《天生杀人狂》里，也是随处可见时尚元素。

2

“当朋克、自赏、先锋文学和艺术电影组合在你的身上……”
扫描二维码阅读更多内容

HAN FU
付菡
摄影 _ 王未

HAO LIU
刘耗
摄影 _ 小贝

许多时尚设计师本身也身兼数职，可以用最漂亮的姿态在各个领域里来去自如地创作。“Gosha Rubchinskiy”（高沙 · 鲁布钦斯基）是由来自俄罗斯的设计师高沙 · 鲁布钦斯基在 2008 年创立的同名品牌。设计师本人的创作也横跨摄影、电影、出版等领域。这个同样“不怎么正常的”的鬼才，曾以禁片《索多玛 120 天》为灵感拍摄微电影《我死去的那一天》（*The Day of My Death*）。

“又贵又美的东西很容易做出来，真正难的是做一个价格可以接受却依然很棒的产品。晚装很好设计，但我的目标顾客是年轻、酷、有好奇心的年轻人，对他们来说夜晚不复存在。”MSGM 的设计师 马西莫 · 乔治蒂（Massimo Giorgetti）曾这样阐述他的设计理念。这样的设计理念符合了当下多数试图通过外在搭配来显示内在审美气质的年轻人的穿衣理念：为了自己的喜好而买衣服，而不是单纯为了牌子或者是显眼的大 Logo（标志）而买。

在音乐人蒋晗看来，“穿衣服还是跟音乐有关系会好一些。我看到一个人穿得很好看，我脑子里就会出一个 BGM（背景音乐）。我觉得刘耗穿得比较好看，但是我对他已经有一种先入为主的感觉了，怎么都是 Joyside 和赌鬼的音乐。边远也很帅，他是一个自带 BGM 的人，他太酷了。从他的穿着能完全感受到他的音乐的气息。衣服跟自己的喜好息息相关。还有付菡，她的穿着也和她做的音乐的气质是统一的。”

作为一个音乐人、设计师，深受科幻电影和漫画书影响的付菡，也将这种影响融入了她的穿衣中。以《猫眼三姐妹》为主的漫画，身穿连体紧身衣、腰系丝巾、手拿卡片，在摩登都市的上空飞檐走壁，这时华丽的日式合成器 BGM 音乐响起，总结起来就是：周末的派对，不停地约会。新时代的人类，青春不能浪费。

同是音乐人的刘耗，无论是音乐还是日常穿搭，也都极具个人风格。从小在军营长大的刘耗对于军服有一种特殊的情怀，对于帽子、皮带等配饰也有独到的搭配见解。

穿梭在各个时尚活动现场的时尚博主“薯条”，热衷于成套的西装搭配，以及 one piece（一片）撕破感黑色长裙，无论是朋克、哥特，还是带点小女生甜美感觉的风格，她都驾轻就熟。

常年染着蓝头发的作家木小瓷，热衷于五颜六色的宽松长款外套、复古花衬衫，就算是在咖啡馆写作，或是出门拍片子、在音乐节洒水，也要无时无刻不穿得让自己舒服养眼。

这 5 个不同领域的年轻人，都在用具有他们个人风格的穿搭向年轻人传达一个共同的理念：不一定要穿得震撼，但是一定要穿得像自己。把自己喜欢的音乐、电影、文化穿在身上，再在拥挤的人潮中偶遇自己的同类，这才是一件最酷的事。

XIAOCI MU
木小瓷
摄影 _ 胡志明 / 马群

VETEMENTS
VETEMENTS

HAN JIANG
蒋晗
摄影 _ 胡志明

SHUTIAO
薯条
摄影 _Jerr

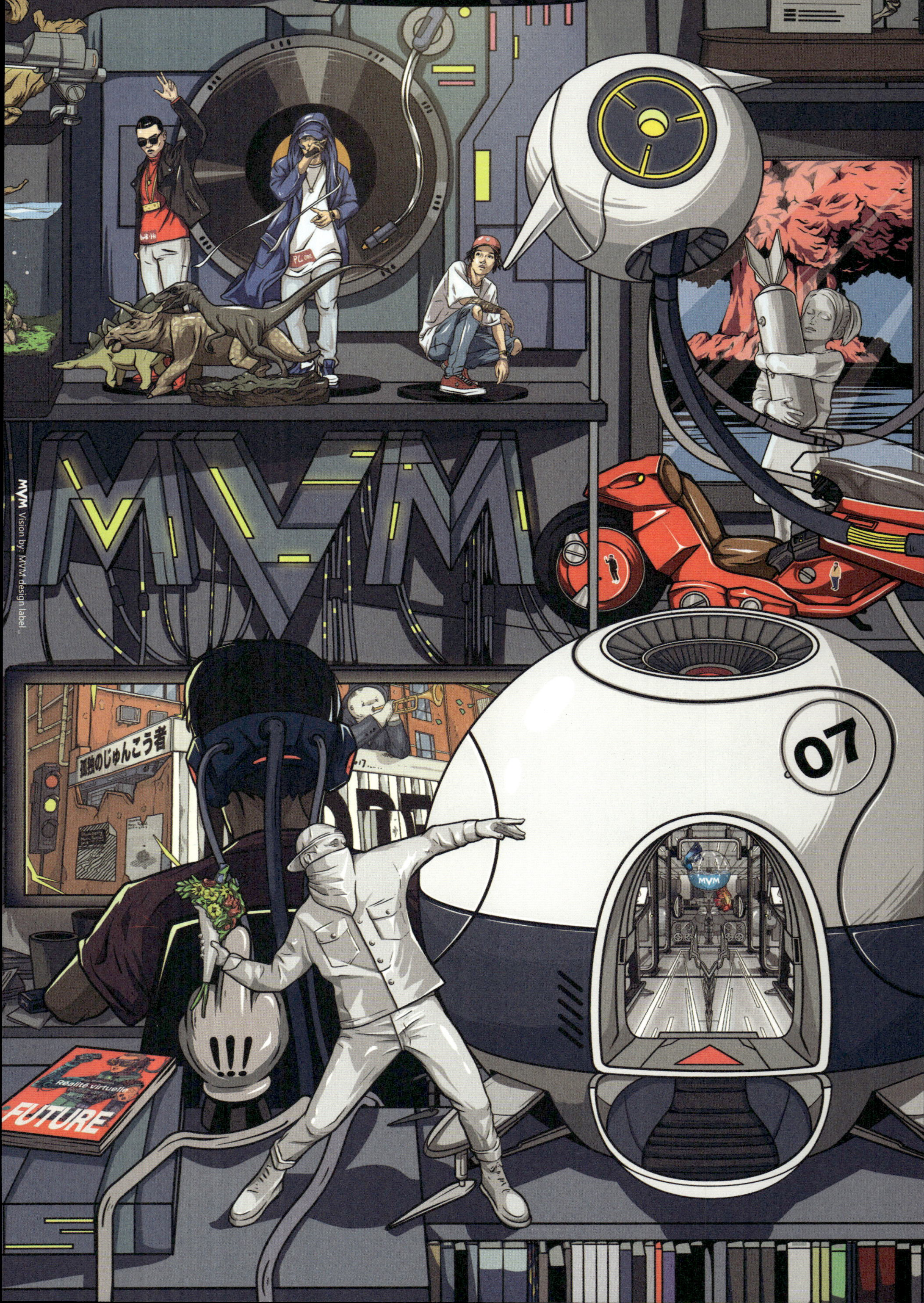
MVM
MVM Vision by: MVM design label_
孤独のじゅんこう者
07
MVM
Réalité virtuelle
FUTURE

摩登天空20年·零至无穷

摩登天空传媒·著

中信出版集团

ZERO
PROJECT
FOUNDING
PARTY
MODERN SKY
20th
ANNIVERSARY
PARTY
1997.12.27
-
2017.12.27
MODERN SKY HQ

ZERO
PROJECT
创始派对

摩登天空
20周年
派对

2017.12.27
摩登天空总部

モダン·スカイ
ゼロ
プロジェクト

39.886026
116.512795

20

MODERN SKY

MVM

图书在版编目（CIP）数据

摩登天空 20 年 · 零至无穷 / 摩登天空传媒著 . --
北京：中信出版社，2018.5
ISBN 978-7-5086-8502-1

Ⅰ . ①摩… Ⅱ . ①摩… Ⅲ . ①青年 – 文化研究 – 中国
Ⅳ . ① D669.5

中国版本图书馆 CIP 数据核字 (2017) 第 330427 号

摩登天空 20 年 · 零至无穷

著　　者：摩登天空传媒
策划编辑：孙履冰
责任编辑：张美杰
营销编辑：王睿里
出版发行：中信出版集团股份有限公司
（北京市朝阳区惠新东街甲 4 号富盛大厦 2 座　邮编　100029）
承 印 者：鸿博昊天科技有限公司

开　　本：787mm×1092mm　1/16　　印　　张：16　　字　　数：158 千字
版　　次：2018 年 5 月第 1 版　　印　　次：2018 年 5 月第 1 次印刷
广告经营许可证：京朝工商广字第 8087 号
书　　号：ISBN 978-7-5086-8502-1
定　　价：68.00 元

ZERO

CONTENTS 目录

Published by Modern Sky Communications 出品
北京摩登天空数字传媒科技有限公司
Address 地址
北京市朝阳区广渠路 1 号创 1958 园区 3-12
Building 3-12, Chuang 1958 Park,
No.1 Guangqu Road, Chaoyang District, Beijing
Publisher 出版人
沈黎晖 Lihui Shen
General Manager 总经理
陶雷 Raymond Tao

Content Director 内容总监
伍叁伍伍 WUSANWUWU
Editor 编辑
王怡芳 Lemuria
刘信达 Jakob Liu
刘正薇 Far Liu
若菲 Adele（特邀）
Procution Editor 流程编辑
王怡芳 Lemuria
New Media Editor 新媒体编辑
兀浅 Wu Qian
杨梦迪 Mandy Yang
New Media Manager 新媒体运营
杜晓 Du Xiao
Events Manager 活动运营主管
游粤飞 Faye You

Visual Design 视觉设计
MVM
Art Director 美术总监
李帅 Shine Li
Art Editor 美术编辑
阮天琪 Tianqi Ruan
寇帅 Song Tang
Assistant Art Editor 助理美术编辑
柳文锋 Vincent Liiu
周明楷 Mingkai Zhou
娄芳鸣 FangMing Lou

Managing Partner 运营合伙人
魏大民 Jeff Wei
Business Development Director 商务合作总监
孔煜 Denny Kong
Marketing Director 市场企划总监
陈瓅 Li Chen
Marketing Manager 市场经理
王亚静 Amy Wang
王栩访 Steven Wang

Business Cooperation 商务联络
孔煜 Denny Kong
kongyu@modernsky.com

ZER

ZER

ZEO

ZERO

零至无穷

∞

MULTIMEDIA ART
多媒体艺术

关于“大波浪”

大波浪乐队正式成立于2011年，是当下国内最具影响力的新浪潮、电子舞曲乐队。当你从他们的歌曲中听出了各式各样的情绪时，可能会不由得发问：“他们究竟是一群怎样的人？完全与世隔绝，还是患有自闭症，抑或是在逃避现实？”其实，根本就没有所谓的正确答案，因为你我都身在这样惊心动魄的“大波浪”的冲击中，早已无法分辨。侧耳聆听，你会发现音乐的触角已探到了深渊里。

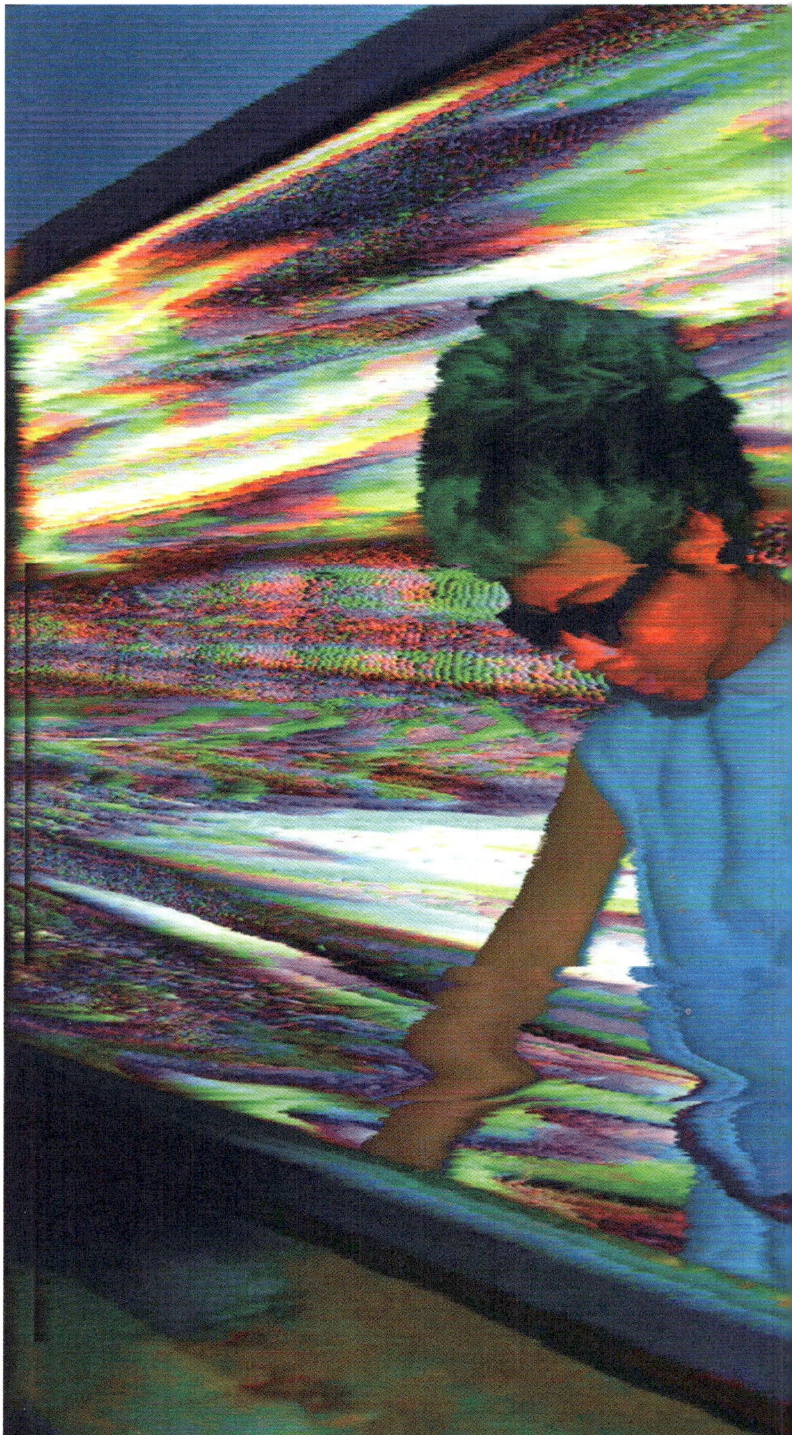

2016 年，大波浪乐队发行了首张同名专辑 *The Big Wave*，并同时开启主题为“你看见太阳了吗”的 34 站全国巡演，现场 VJ（visual jockey，影像骑师）与音乐的搭配，则是巡演中极为重要的一部分，专辑向 20 世纪七八十年代回溯，混合了 New Wave（新浪潮）、Post Punk（后朋克）、Disco（迪斯科）等音乐风格，声响时而沉闷、时而诡异，双主唱的配置使人声部分更加饱满，产生了独特的视听效果。

ALBUM
THE BIG WAVE
扫描二维码收听
《The Big Wave》专辑
大波浪乐队

THE BIG WAVE

大波浪乐队

费俊：在这个时代，提出问题和解决问题同样重要

摩登天空（以下简称 M）：你觉得往后 20 年的时间跨度内，我们的生活会被怎样的技术改变？ 费俊（以下简称 F）：毫无疑问是人工智能，还有人工智能 + 生物技术，它们最终会合在一起，对人类自身的改造是颠覆性的。

M：你觉得未来感究竟是怎么回事？ F：好的科幻类主题的电影、电视剧，打动我的不是很炫酷的画面，而是它的合理性。我觉得真正的未来感是它能让你相信这些事情，你甚至会去想象如果你生活在那个年代会怎样。代入感是未来感很重要的一个要素，仅仅是视觉新奇不一定能打动人。

M：技术伦理在科技的发展过程中起到怎样的作用？ F：技术伦理是用人文的方式来看科技发展。科技发展速度非常快，而我们对于技术带来的后果的发问却是不够的。对于伦理的思考恰恰是从人的层面、从生物的层面来思考技术带来的后果。比如人工智能，一方面我们知道它能如何改善人们的生活，另一方面我们又不得不去思考人究竟是什么、 未来人的角色是什么、人和机械的关系是什么。在这个技术快要失控的时代，对伦理的思考变得至关重要。

M：如今科技在几十年之内就发生了难以置信的变化，很多人和父辈之间存在着对技术以及很多其他方面的认知差异，你如何看待这种差异？ F：这种差异一直是存在的，不仅仅是在代与代之间的。今天即使是受过高等教育的年轻人，其实对于科技的理解也是肤浅的，就像我们每个人都使用智能手机，却没有多少人知道它是如何运作的。退回到 18 世纪或者更早，人类对自己工具的理解是充满自信的，比如我使用一个榔头，我知道它是由钢铁铸成的，也知道砸下去它会怎么样。但是今天我们对科技的理解少之又少，我们只是使用者，我们对它的使用逻辑是不清楚的。像我们今天用 VR，这是大家都充满热情的一个领域。其实 VR 是会造成很多伤害的，尤其是那些做得不太好的内容，其实是在过度消耗你的感官，甚至有时候会对人造成一些生理或者心理上的伤害。也就是说，你可能还没来得及去验证这些事情，这些事物已经融入日常生活中了。无论是伦理思考还是科学验证，我们都是严重滞后的。我觉得代际的差异倒不是这个时代最大的差异，这个时代最大的差异是每个普通人对于科技的理解，尤其是对科技伦理性的理解严重不足。

FEI JUN

QUESTIONING IS AS IMPORTANT AS ANSWERING

撰文_幺蛾

费俊，艺术家、设计师、策展人，现任职于中央美术学院数码媒体工作室，主要研究方向是交互艺术与设计，交互北京创始人、央美博艺创意总监，致力于跨学科和跨媒体的艺术研究。相关的实践有设计艺术、交互艺术，以及其他未知的领域。2005年在中央美院开始从事科研工作，从2010年至今，设计和制作了大量的移动应用程序及交互装置。

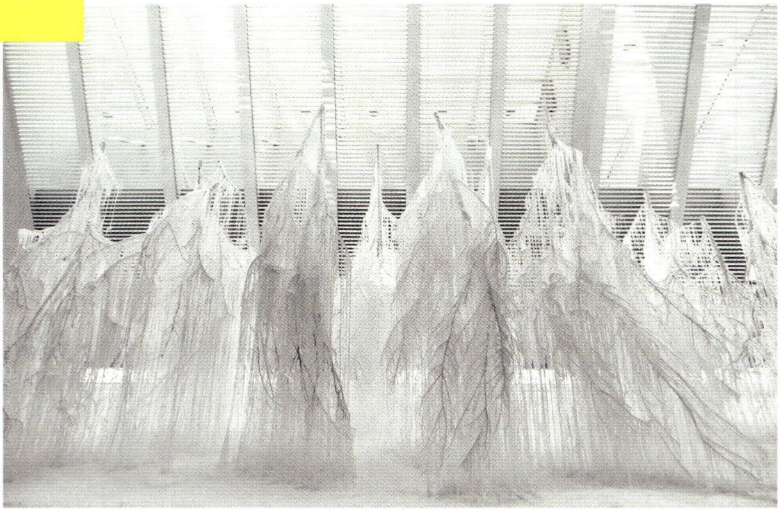

Vertical Emptiness
垂直的空
Onishi Yasuaki
大西康明
CHAO Sanlitun, Beijing
北京 朝阳 三里屯

Lost in Play
戏游
Marie Dalgar
玛丽黛佳
8th Crossover Art Project
第 8 届时尚跨界艺术展

哲学家齐泽克讲过一句话，“在今天所有人都必须成为哲学家才能够理解周围发生的事情”。在以往的年代里，只有少数人去思考哲学。而今天，人工智能等技术开始逼着人们去发问。你作为一个普通人，也会去思考我是谁、我将来会成为什么等一系列问题，我们没办法解释周围发生的很多事情。我想这句话的意义是，科技发展到今天，开始触及人最根本的问题，我称之为生命本体的问题，这也是技术伦理在今天如此重要的原因。

M：你曾经在摩登的北京设计周中说到“艺术不该自娱自乐”，可否解释一下这个观点？ F：我想说的是，艺术这个东西通常意义上是创造美的一个学问。今天艺术不一定是美的，它有可能是真的。真的不一定是美的。我见到的很多艺术作品甚至会让人产生心理和生理上的反感。所以我觉得好的当代艺术作品是以引起思考为目标的。在今天的这个时代，如果艺术不去关注社会的变革、文化的变革等这些要素，我觉得它就不是属于这个时代的艺术。

互联网在其中是一个重要驱动力，它使这个世界变得更平了。可能在 50 年前你很难知道叙利亚发生的事情，而今天你都能知道世界上在发生着什么。时代在变，艺术永远都和时代有强烈的相关性。

M：你觉得艺术家是否应该具有社会责任感？ F：我觉得这是必须有的。艺术家是提出问题的人，不一定是解决问题的人。我觉得在这个时代，其实提出问题和解决问题同样重要。

M：你在多媒体艺术领域的教育理念是什么？ F：第一点我想说的是跨媒体。所谓的跨媒体，其实就是我们不在乎这是多媒体、新媒体还是老媒体，我们使用的媒体手段是自由的、没有限制的。我们有时候过于时髦化了多媒体的价值，反而会忽略作品本身该传达的观念，因为我在这个领域里，所以我有这方面的自觉。我们现在会看到很多新媒体声光电的作品和展览，一方面它越来越受公众关注，人们现在非常乐意去体验和消费这样的作品；另一方面，在我看来大量的作品其实都是感官透支型的作品，它其实是空洞的。举个不恰当的例子，就像吸毒的人会很嗨，但是吸完会感觉身体被掏空。在新媒体艺术的领域里，容易有一种技术阻挠型的倾向，会过分关注我们用了什么样的新技术，用了什么样的新媒介。其实到最后人们会发现，重要的还是叙事。第二点，就是探讨艺术和科技之间的交叉实验。科技的发展，是无论是专业人士还是普通人都不可忽视的社会变化。关注新科技和新艺术之间的可能性在艺术界也是一个新领域。第三个方向我称之为社会推动的社会创新，探讨我们利用艺术和设计的能量来和社会现场进行对话。从一个观察者、一个发问者成为一个参与者。

M：你怎么看待技术奇点问题，你觉得如今人类技术发展速度还是在逐渐加快吗？ F：我觉得是的。今天的技术已经不是由少数人掌握，而是任何人都有可能参与到技术推进的进程中。

M：如果人工智能将拥有自由意志，你会持反对态度吗？ F：我不会持反对态度，因为人本来就是一直以自我为中心的，我们甚至不认为动物有智能，我觉得人工智能会打破“什么是智能”这个问题的基本概念。比较可笑的是，我们始终在用拟人化的方式来判断人工智能，说它像不像人、有没有人的知觉和智力等，这些逻辑其实都是人类中心主义的观点。

M：介绍一下最近在做的项目吧。 F：“戏游”是刚刚做完的一个项目。我觉得它有意思的地方在于它的工作方式和最后呈现出来的结果。尽管我们用了大量的新媒体技术在里面，但其实我们希望的是让大家忽略它的形态，能够沉浸在叙事环境里。在这个事件里有的地方是非常物理、非常传统的，我们也使用了大量身体叙事的方法，物理的、不插电的，没有任何炫酷的元素。所有的形式被有机地编制成一个叙事的线索，让人在不同场景中触发内心感受，这是这个项目最有价值的地方。

M：未来的计划是什么？有什么新项目在筹备吗？

F：未来我非常想在混合体验叙事领域多做一些事。我觉得，恰恰是在今天这个信息超载的虚拟时代里，现场体验变得特别有价值，弥足珍贵。

ピンク・マネー
PINK MONEY

PINK MONEY

THE FUTURE SOUND HAS ALREADY EMERGED

尤龙 & 沈琪：未来的音乐已经出现了

撰文_幺蛾

由尤龙和沈琪创立的新锐 VJ 和新媒体艺术团队 Pink Money 活跃于香港和内地，参与过多次声像艺术演出，他们的作品表达了新生力量对混乱与秩序的理解。尤龙是一位新媒体艺术家、程序员，涉足生成设计、人机交互、声像艺术、互动装置以及参数化设计等领域，喜欢混乱与破坏，喜欢粉色。视觉设计师沈琪同时也是一名实验电影导演，致力视觉设计、动态影像设计、声音与影像互动媒体装置设计、实验噪音艺术等领域。

摩登天空（以下简称 M）：描述一下你现在的状态。然后设想 20 年后你会是什么样的状态。尤龙（以下简称 Y）：我们现在就是临近毕业，处在一个交界点，从学校生活走向比较独立的生活、走向社会。20 年后，真的说起来，觉得 20 年好像并不是很长。但是仔细一想，真的蛮久的，因为现在才二十二三岁。天知道 20 年后这个社会、这个世界会变成什么样子。但不管世界怎么变，有些东西肯定是不会变的。我觉得还是会以一个朋克的心态继续活在这个世界上，继续做着在当下的时代显得很朋克的东西。

M：20 年后，你觉得怀旧会是怀念什么？沈琪（以下简称 S）：我觉得我俩不太是那种会怀旧的人。

Y：我觉得主要是受文化的影响，比如说 2017 年，我们所说的怀旧，其实怀念的是二三十年前那些主流的文化，就像迪斯科音乐那些东西。我在想会不会二三十年后，我们开始回忆现在的 TFboys（加油男孩组合）。因为小众的东西随着时间的推移会变得越来越小众，越来越不主流，到时候真的不知道会回忆起什么。

S：我觉得现在这个年代处在一个交界点上，慢慢地，科技发展起来了，艺术的形式也在改变，生活比从前没有微信、没有手机的时候有了很大的变化，所以我觉得 20 年以后，我们可能会怀念刚刚有这些东西时我们的状态。

M：在你的记忆中，最让你震惊的技术革新或者发明是什么呢？

S：手机，APP（应用程序）。

Y：我觉得还是网络最震撼。网络这个东西真的很酷，它带来的一种概念也是特别酷的。发明网络的这个人，他没有把它申请专利，而是分享给全世界，本身跟互联网的精神就是不谋而合的。它把那种端着的艺术、端着的文化放下，把所有人的思想连接起来。我觉得这是一个时代的开端，包括像我们这样的人，可能就是从传统朋克变成了赛博朋克，虽然赛博朋克现在被曲解了。网络这个东西，它不像是一个工具，而像是一个时代。

M：你现在生活中依靠机器或者人工智能的比重有多大呢？Y：比重挺大的，我们做的所有作品都跟电脑、手机、电路密不可分，而且人工智能这个概念对我们来说其实也很近，我们一直在贴着这些东西走，无论是从工具上还是延伸到一些概念上。

M：往后 20 年的时间跨度内，你觉得我们会被怎样的技术改变呢？

Y：我要不夸张地说，很可能 20 年后，我们就变成《黑客帝国》里面那样了。因为就目前来看，我理解的正在大力发展的两项技术，一个是 VR，另一个是人工智能（AI）。VR 其实就是给我们提供一个虚拟的平台，就像《黑客帝国》里面，你完全身处在另一个环境里。然后人工智能又让机器完成一些本来由人承担的工作，就有点像《黑客帝国》里面的主脑那样。

S：红药丸、蓝药丸。

Y：对，不过另一种可能就是变成像《疯狂麦克斯》里面那样的废土时代，可能某一次，哪个国家不小心把核弹引爆了，接着全世界各地都爆炸了，人类在一瞬间崩溃了。其实这两个方向的想象，也正是现在很多文化艺术作品所描写的。一方面是悲观的态度，另一方面是乐观的态度。

M：你们是悲观的还是乐观的呢？

S：我是比较乐观的。我觉得人会更多地被开发，各方面感官会扩大，人的价值可能会被放大。尤龙就想得悲观一些。

Y：我一直对科技保持一种恐惧的态度。我觉得它是种无法预料会往哪方面发展的东西。我希望这个东西将来有一天戛然而止，然后在人类的恐惧里消失，而人类再回到原始的废土时代。就像一位大侠曾经拥有过武功，现在自废双手、归隐江湖的感觉，是一种看淡了之后的超脱。

M：你们平常听什么音乐？ Y：我最早听各种金属，包括死亡金属、鞭挞金属那种东西。但是后来慢慢地，听得越来越轻，开始听后摇、电子核这种东西，然后又开始听电子音乐。但现在开始喜欢听一些特别口水的歌，像最近流行的GAI（中国内地嘻哈饶舌男歌手，本名周延）的歌。

S：我平常听的歌是电子和后摇，因为很轻、很氛围，能让我静下来，我觉得跟以前的一些音乐相比，这种挺不一样的。现在的电子音乐有两个层面，靠前的是音符和节奏，但后面还有一个氛围性的旋律或者一些环境音，能感觉到音乐的多个维度。

M：你们觉得未来的音乐会是怎么样的？假如说20年之后。

Y：我觉得未来的音乐其实一直在，不过它还处在比较小众的阶段。现在我们看起来超级实验的东西，可能在20年后就是主流音乐了。

S：说不定噪音就变主流了。

尤龙：对，我认为噪音未来是主流。现在的说唱，在20年前唱"最美不过夕阳红"那个年代，很多人也觉得是噪音，也觉得是非常非常小众的音乐。但是可能20年后就不一样了。

M：假如请你设计音乐节演出现场，你会怎样做？ Y：我特别喜欢的一个感觉是多交互通道，除了你有视觉、听觉的享受，还可以在味觉上、触觉上做文章，甚至模拟一些特别牛的东西，全给你带到现场。现在搞音乐的人，有音乐家，有乐手，有DJ（音乐会等场所负责打碟的人）；做视频的有VJ（负责提供、播放和制作影像的人），还有拍电影的，将来可能又研发出一个新的艺术流派。可能到时候做音乐项目的不只是音乐人、视觉设计师或者VJ，还会有一批触觉艺术家、嗅觉艺术家补充到团队。

M：在你看来，AI也能创造艺术吗？

Y：我觉得这首先提到一个问题，就是人和AI的区别。我一直认为人和AI的区别在于，人会因为有需求而去创造一个AI，但是AI的根基在于学习样本，它没有一个很自主的动机，所以它的逻辑是非常强烈的。但人之所以为人，是因为人脑并不以精确为前提，有些时候存在一些错误。错误会带来使人有趣的一些特性。因为人不完美，所以才足够有趣，人和AI的主要区别就在于此。讲到艺术，艺术没有特别明确的定义。你把电视扔到80年前，绝对是艺术；你把电视扔到100年后，它也是艺术，但今天它就不是艺术。所以说，如果AI发展到以后，它创造的东西肯定立刻被人判定为不是艺术，而是工业产品。

M：你们觉得写代码这个事，会不会对艺术家越来越重要呢？ Y：我觉得肯定是。这是一种更高级的表达语言。

M：你认为人会被机器所取代吗？ Y：我觉得机器会成为人。现在人类创造机器，其实也是一种生育的形式，很可能将来有一天，机器完全跟人一模一样了，它变成了人。机器现在是在模拟一些东西，对吧？如果百分之百地模拟到，它就变成了一个人。那个时候，已经不能算机器取代了人，而是成为人了。

M：假如说我们今天还在艺术创作中扮演某种角色，那么未来人的参与是否会变得不那么重要？ Y：前两天我们跟一个音乐人团体合作，他们有一首歌。他们因为Facebook（脸谱网）上两个机器人对话的事产生了灵感，创作了一首歌，叫《人工智障》。整首歌里也采样了一段两个人工智能机器人对话的声音。可能机器发展之后，人类相对于机器就变成智障了，机器就开始代替人做决定了。*M*

REN YUA

YOU MAY FORESEE MANY THINGS ONLY THAT THEY HAVEN'T HAPPENED YET

任远：你能预见很多东西，只是它还没有发生

撰文_幺蛾

任远，艺术家、设计师、程序员，热衷于生成艺术、视听艺术、数据可视化、机器学习、复杂性科学等领域的探索和研究，对世间万物背后隐含的运行规律有着强烈的兴趣。曾任 VINCI 智能头机艺术顾问、财新传媒数据可视化实验室执行总监、中央美术学院数码媒体工作室讲师，现为任远实验室创始人、创意编程（creativecoding.cn）创始人，未来可能会成为一位代码机器人。

M: 描述一下你现在的状态，再设想一下 20 年之后自己会是怎样的一个状态？ R: 不明身份的一个生物吧。好多人在问我你是艺术家、设计师还是程序员什么的，很多这样的头衔。我自己也在思考我到底想要做什么，实在想不出来，我就觉得要不然直接标示为不明身份，你觉得我是什么我就是什么。

M:20 年之后你觉得自己还会像现在一样吗？ R: 我一直在研究人工智能方面的东西，包括机器学习、深度学习。我也一直在跟计算机打交道，想去探索更多的智能技术。所以我设想未来自己可能跟计算机融合，或者直接变成一个虚拟的、存在于网络中一种形式。

VINCI
扫描二维码观看
《VINCI》
任远

M: 你现在会怀旧吗? R: 随着通信技术包括信息技术的发展，人与人之间的距离越来越近，它其实有一些潜在的问题，比如说信息绑架，杂乱的信息堆积起来，人们每天都要去筛选处理。我想如果有一天整个世界还原到之前信息量没有这么大的时候，它会是一个什么样子。我觉得这种还原有可能像电脑系统一样，运转到一定程度以后系统出现 bug（错误），你重装系统，吸取了之前的经验，然后去构建一个新的世界。它就像一个迭代一样。

M: 在你的记忆当中最让你感觉到震惊的技术革新或者科技发明是什么 ? R: 深度学习。

M: 你觉得未来感是怎么回事? R: 其实我觉得当下就是未来。你能预见很多东西，只是它还没有发生。

M: 你的个人项目 HUMAN=SCIENCE（人类 = 科学）是怎样的一种思考 R: 我在 2013 年到 2014 年的时间读了一些哲学、复杂性科学等相关的一些东西。这个项目记录下了一些我的探索。我用代码去编写了一部影像。整部大概有 5 个章节，每个章节都是我探索的阶段，包括去探索世界的构成，从一元论、二元论，到经典力学、时间与时空相对论，到经典物理受到了复杂性科学冲击以后的一些发展、探索生命的本质，再到后来对于人工智能的一些思考。
有人给我的这个概念起了个名字叫细胞理论。人类借助仪器能看到每一个细胞的存在，包括生死的过程和新陈代谢，但是我们没有办法感受到它们的意识存在与否。会不会细胞与细胞之间就像人一样可以感受到互相的存在? 人与人之间的交互会不会像细胞一样，也产生了一个更大的物种? 这个物种，它也许可以看到我们每一个人，但是它感受不到我们的存在，同样，我们也感受不到它的存在。会不会存在一个更大的自我意识——在最后其实我是想表达这样一个概念。

M: 你觉得会编程这个事对艺术家来说会不会越来越重要? R: 我觉得会，整个世界都在信息化、数据化、逻辑结构化。对于我来说编程不是一门技术，它更像是语言。你可以用计算机语言去描述很多东西，去构建虚拟世界，甚至跟物理世界接轨。

M: 你觉得 AI 能够创造艺术吗? R: 艺术本身还是跟人有关的，如果计算机能达到人的认知水平，我觉得它所做的一些东西可以称得上是艺术。

M: 假如说我们今天仍在艺术创作中扮演着一个作者的角色，你觉得在未来人的参与感会不会变得越来越弱？创作这件事会不会不太需要人的参与了？ R: 其实现在有很多艺术创作也不一定非得有人去参与，人可能去定义一个规则，基于这个规则让它去自动演化。计算机也可以进行自我表达式的创作，我觉得这个不冲突。

M: 如果机器能够创作出一种艺术风格，它能否算是对现有的科学技术的一种突破？ R: 其实机器是能够具有人的感知能力的。假如它能听得懂、能看得懂，又触摸得到，所有的感知数据加载到一块儿，共同去产生一个反馈结果，这成为它的一部分，另一部分是有自身的生存需求。就像人一样，能看得到、能听得到，还能跟外界去交互。人会饿、会渴，有生理需求、生殖需求等，如果给机器也去增加一些这样的需求，我认为有可能会涌现出自我意识。

M: 你平常都听什么音乐？ R: 都听。比如说最近会听偏电子的，人声少一些的。

M: 说到电子乐，它的出现其实改变了音乐行业的一个规则。如今一个人能完成一个乐队的工作。你觉得将来乐

队这种形式会不会越来越小众？ R: 这跟艺术的发展是一样的。其实它就是把世界上的很多东西数字化了，以前都是在纸上它移到屏幕上，进行数字化呈现。音乐也是，一开始有很多人去理性地分析，和声、频率什么的。现在合成器、编曲软件的是把声音当作信号去处理，然后你可以去编辑这些声波等。所有的东西都在数字化。我想过一些表演形式，其中一种就是

器一起去
这个机器
的或者虚
比如有可
一台电脑
上是虚拟
用神经网
去现场编
也有可能
去做一些
化的事情。

M: 你怎么
音艺术、
术和音乐的
R: 音乐的
更像是设计
艺术其实是
一种新的声
方式，就是
种各样的实

M: 如果让
草莓音乐
场表演形
会做怎样的
R: 我会融
的人工智
西在里面
的东西会
如现场创
兴现场表
外就是整
的互动。

WU JUEHUI ISN'T LIFE A GAME?

吴珏辉：人这一辈子不就是场游戏吗？

撰文 _ 幺蛾

摩登天空(以下简称M)：描述一下你现在的状态，再想一下20年后的状态是什么样的。吴珏辉（以下简称W）：现在感觉还行，20年后就不知道了。洪启乐有一顶帽子我觉得特别牛。他之前头发跟我差不多长，这次据说为了跟我区别一下，他把头发给剪了。剪了之后，别人说他这个头发剪得很失败，他就用一顶帽子遮着，前面写着“及时行乐”，转过来一看，写着“无恶不作”。这个“无恶不作”并不是说你要去害别人，至少你别害自己。我觉得挺牛，我觉得我的状态就应该是这样的。

吴珏辉，UFO媒体实验室艺术总监，任教于中国美术学院跨媒体艺术学院具体媒介工作室。着力于探寻实验科学与媒体艺术之间的“接口”，关注“生成关联”的跨媒介创作理念与通过“感官游戏”来架设作品的互动机制，专注于在外在世界和内在感知之间建立“感官接口”。其带领的UFO媒体实验室与国内、国际上的神经工程、控制论、计算机视觉等领域的研究机构密切合作，创作主要涉及数字感官、生命科学、非物质剧场等。

M：在你的记忆中，最让你震惊的技术革新或者科技发明是什么？W：其实我觉得现实的技术没让我多么震惊。有些看得很远的东西，都不是直接跟现实有关系的，比如说当年《黑客帝国》这部电影，我觉得对于我们的影响是巨大的。那些技术现在并不是真的实现了，未来也不一定是那个样子。但是这种彻底毁三观的方式，就跟刷新你的系统是一样的，突然之间你对很多事情的认识都不再那么确定，你会重新考虑一下，觉得真实也未必那么真实，所谓虚拟也不见得是那种虚

STAR ZOO
扫描二维码观看
《星际动物园》
吴珏辉

拟。我们现在想象的所谓虚拟世界，都是基于我们真实的经验来想象的。但是完全去到虚拟世界里的人，他对虚拟世界的理解你是无法体验的，只有到了那一步你才能知道。所以那个我觉得影响是巨大的。
手机的出现，从电脑到手机，感觉以后这些“电子器官”都要长在人身上了。之前我做的那些作品，当时是很模糊的一个概念，但现在想想确实是这么一回事。好像人的身体已经开始被不停地侵蚀一样。

M：你现在会怀旧吗？ W：其实说实话，最近这些年基本上没有时间和心思去怀旧，因为处理前面的一些问题都忙得像狗一样了。我觉得怀旧需要心情，当你真的没有时间的时候，你就没有这种想法。
要说怀念什么，我倒是对一些小时候接触到的东西印象挺深刻，有时突然会想起。我爸小时候做了几年校长，后来去做青少年宫的筹建工作，再后来一直做办公室主任，直到退休。我觉得我还挺幸运的，从小就各种玩。那时候我还没有读小学。溜冰、武术、书法班、绘画班全部学了一遍，除了唱歌和跳舞没有学。那时候电子游戏对我影响挺大的，包括后来的计算机课，那时候还是 386、486（英特尔公司 X86 系列 CPU），全是文字界面，还没有图形界面，学 Basic 语言（直译式程序设计语言）。我当时去混了一年半，后来什么也没有学好，我看别人写了一个程序，然后一运行生成一段 Midi，那时候我们还不知道 Midi 是什么东西，就是计算机的音乐，像编一首曲子一样。我当时觉得这个还挺牛。

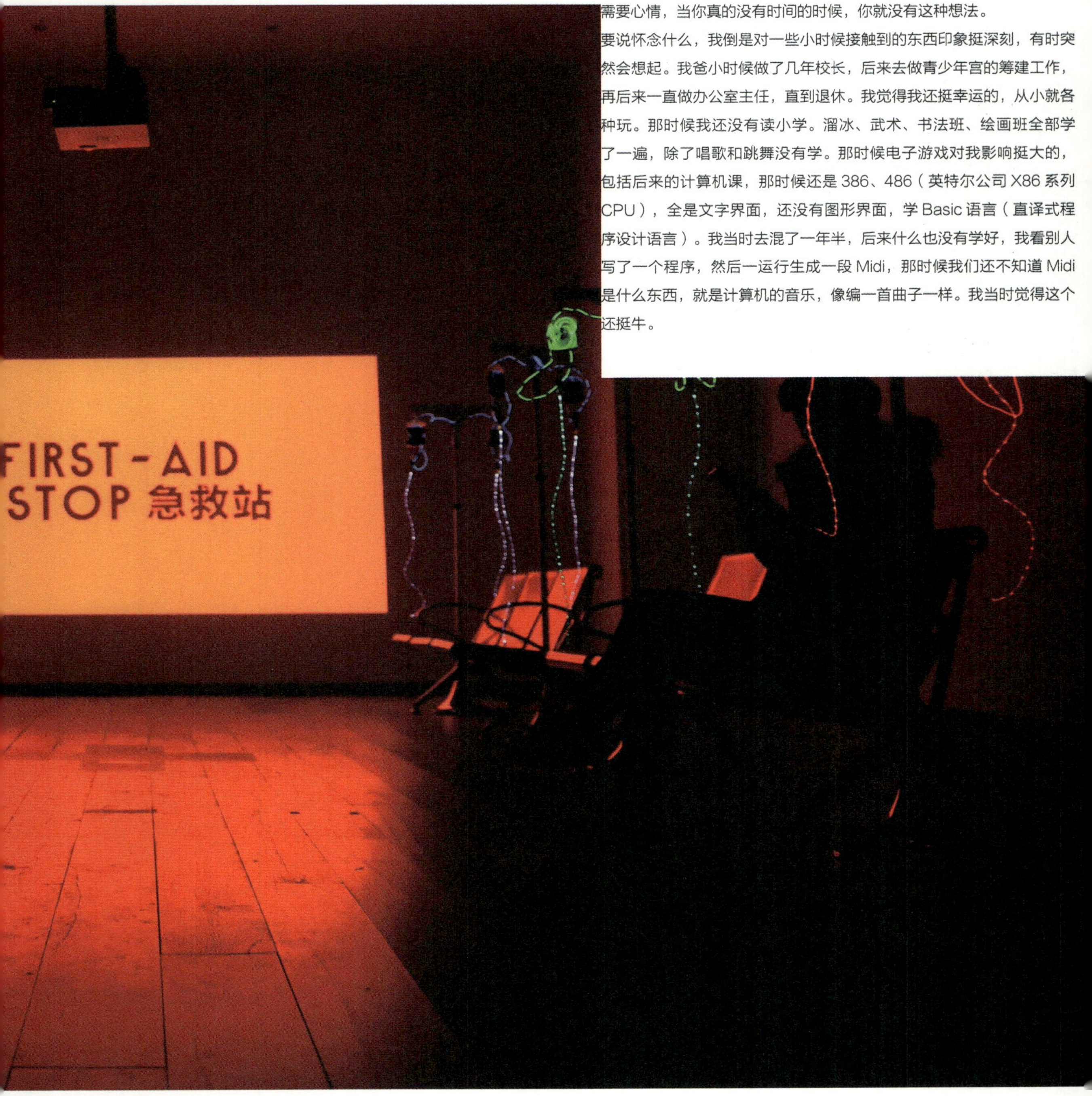

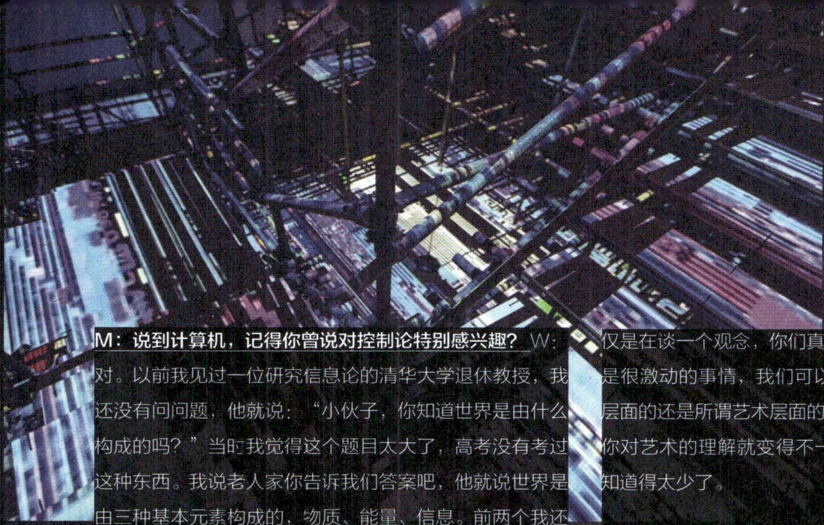

M：说到计算机，记得你曾说对控制论特别感兴趣？W：对。以前我见过一位研究信息论的清华大学退休教授，我还没有问问题，他就说："小伙子，你知道世界是由什么构成的吗？"当时我觉得这个题目太大了，高考没有考过这种东西。我说老人家你告诉我们答案吧，他就说世界是由三种基本元素构成的，物质、能量、信息。前两个我还可以想象。我说信息这个太抽象了，问他是否可以解释一下，他给我们讲信息是怎么样，说得还挺有道理。

再后来去北航拍一个院士，他的研究领域是人体遥感、生理体征捕捉。他们是基于控制论这套理论来做研究的，然后就给我们开始说各种黑匣子。2004 年做了一个跟院士有关的项目，对我影响是巨大的。项目中有研究生物的，有研究化学的，有专门做药物开发的，还有研究信息编码的，就是一个专门搞情报破译，一个专门搞情报加密。那一次我觉得特别好玩。

M：你和清华的神经工程实验室的合作是怎样的？W：他们研究这种神经工程，BCI（脑机接口）什么的，我觉得都挺有意思。国际上这个领域也都有很多年的研究历史。这几年认识了另外一个朋友，他们在做 3D 细胞打印，就是活的人造器官。它那种打印机有两个头，有不同的打法，同步打印，一个头出细胞，另外一个出支撑材料，类似于凝胶之类的。它把结构打出来，然后细胞全部嵌在里面。肝脏、肾脏、皮肤和骨骼都可以用这种方式打印。他们也挺有野心的，之前跟他聊的时候问他们准备干吗？他问我，《西部世界》看过吗？我说看过，他说我们现在就想干这样的事情。他们如果再发展下去，真的可以往《西部世界》那种方向走了。

想想看，觉得也很激动。他们正在计划租几十亩的地来做一个组织工厂，然后开始生产这种器官。你在电影里面看到的这种场景，感觉真的离现实不远了。所以这方面对我冲击挺大的。

我们现在搞这种所谓的艺术，以后还有意义吗？艺术再这样玩下去，你觉得还有意思吗？他们跟你聊这些事。当然他们觉得你是艺术家，对不对？他们说请你来做我们的艺术总监或者艺术顾问，帮我们看看从概念上怎么玩这个东西。我说这个倒没有问题，但是我说，首先我觉得你们不仅是在谈一个观念，你们真的是在生产一个世界。这个对我来说是很激动的事情，我们可以预见一些事情的发生，不管是其他层面的还是所谓艺术层面的。我觉得经历过很多这种事情之后，你对艺术的理解就变得不一样了。你会觉得圈子太小了，人们知道得太少了。

M：现在想想，未来 20 年之后，你再返回来看这段时间，你觉得有没有当下正在发生的一些事情，它也会改变你的思维方式，以至于影响到未来 20 年的创作和生活。W：我觉得那些东西在我小的时候给我植入了一些比特基因，让我有了所谓的程序的概念。你有比特基因的话，你对世界的理解会不大一样。

现在这个年代太复杂了，真的很难说什么东西具有这种决定性的因素，会改变你对一些东西的认识。比如说刚才提到的生物技术的发展，我觉得我还会再聊起这个话题。当年看到朋友的公司做细胞打印、人造器官，虽然还不是特别成熟，但可能在 20 年以后，我们身上好多东西都是换过的了，就跟你换 USB（通串线）是一样的，哪里不好直接换一个。那时候你可能会很有感触，当年他们已经在做这个事情了。

M: 你觉得未来感是怎么一回事？ W: 我觉得与其谈影视作品中设计的“未来感”，不如谈架空宇宙，更合适一点。架空宇宙说白了就是你不知道它是哪个年代来的，但是它似乎有很多年代的影子在里面，比如说那个《疯狂的迈克斯》，属于典型的架空宇宙的偏科幻作品。而且它不像有些好莱坞的电影，或者说我们设想的，未来是一个“性冷淡”的时代，超级扁平，超级光滑，什么东西都是一尘不染的，特别冷的那种感觉。包括《黑客帝国》，包括《第五元素》，当时的设定也挺牛的，它就是让你看看未来其实是一个很乱的东西。以前他们有个阶段喜欢标榜“冷”的感觉，全白的空间或者透明的空间，什么都没有。但我觉得那个东西缺少温度。
像《疯狂的迈克斯》，里面充满了血腥暴力，像是一种所谓的后文明时代。就好像人类已经经历过极度发达的年代以后，突然之间因为某些问题，比如说战争，各种自然问题，秩序一下就崩塌了，整个世界崩塌了。高级的科技产物在那个瞬间会有痕迹留下来。这挺让人着迷的。就像你经历了世界末日，有劫后余生的感觉，到处都是科技的垃圾。这时你会重新考虑一下你该怎么办，是不是又拿着遗留的东西回到原始的杀戮年代，弱肉强食、丛林法则的年代。我对这种关于未来的构想特别着迷，它既悲观，又充满欲望和血腥味。

M: 你常用的软硬件是什么？ W: 现在用得最多的是 PPT（演示文稿）。以前用 PS，到后来用 CorelDRAW（平面设计软件），苹果系统之后开始用 Illustrator（图形处理软件），然后就抛弃 CorelDRAW 了，再往后跟视频有关的 Premiere、Flash（动画创作软件）也用过。那时候还有个软件叫作 Macromedia Director（多媒体制作工具），就是那个所谓 CD-ROM（光盘驱动器）年代做交互的一个软件，里面用的是 Lingo 语言。后来因为要做一些机械装置，我又去学了一些汇编语言。你知道汇编语言吗？汇编语言是非常老的一种语言，比 C 语言更底层。它直接面对硬件和机器，只比 0 和 1 高了一级而已，因为它下面直接还原到 0 和 1 了，你直接去控制那些机器的转动。
那时候为了做机械手，我就去学了一下，有更专业的人来帮我打头写，但具体控制的动作指令我得自己写。后来也接触了 Java（计算机编程语言）。反正七七八八的，都属于“三脚猫”。我不想花那么多时间去学专业的语言，想法太多了，你自己不可能学到所有的东西。我只是大概对这些东西有感觉，然后找更专业的人去聊，大家一起慢慢地把这个东西玩出来。包括硬件，以前各种感应器，光感的、温感的，很多东西都玩过。但是到现在基本就是以做 PPT 为主。PPT 是一个非常有趣的形式，每个人的劳动成果都能通过一个 PPT 告诉别人，最多给一个 PDF。PPT 是一个很多人会问你要的东西，因为里面包含视频、文字、图片，能让别人明白你想干什么或者你干了什么。

M: 我看你身上的文身有各种电子设备接口，你有没有想过有一天软件会和你本人合体？ W: 肯定会，这都不用想。这样多轻松？你直接更新你的数据库就可以了。现在有人开发生物芯片，就是所谓的碳基和硅基的东西共处在一个系统下面，我觉得很有意思。

M: 在你看来 AI 能够创造艺术吗？ W: 鬼才知道。

M：你认为人会被机器取代吗？ W：我觉得不会简单地取代，不一定这么纯粹，就像很多人老想替代一个事物，但是其实你很难做得这么干净，就是这个道理，人总是想法子找点别的东西玩玩。人这一辈子不就是一场游戏吗？除非这个游戏玩不下去了，就换一个玩法。

M：你觉得未来在艺术创造中，人的因素会不会越来越不重要？ W：不一定。我觉得在机器能够帮你干很多事情之后，人的因素无非是会转移，比如说原先我们花很多力气考虑一个问题，这个问题解决之后，我们又去考虑另外一个问题，科学越来越发达的时候，我们会干一些即将被机器替代的事情，当机器真能这么干了以后，我们就又会想到玩别的东西。

M：你觉得声音艺术、噪音艺术和音乐这三者之间的概念是怎么区分的呢？它们的共同之处是什么？ W：传统音乐有很多明确旋律的东西。而噪音或者实验音乐，有一部分是在打破这个规则，拿各种东西来玩，包括直接用正弦波来做声音的发声，这和传统器乐发声的方式确实不一样。我不在乎所谓的一个玩噪声的或者玩实验的人会不会使用旋律的问题。如果他有能力去驾驭这个东西，不停地拿旋律打破采样，再重组，我觉得也是一件很牛的事。我觉得没有必要去刻意标榜说我是玩噪音的，跟旋律没有关系。就像朋克当年说，我们三个和弦全部搞定了，不需要这么多复杂的乐理。这个东西在那时候确实是有颠覆性意义的。但是之后，你会觉得没必要分那么清楚。他们有好的东西你为什么不拿来继续玩呢？

M：未来人们听音乐的方式会发生变化吗？ W：我觉得以后音乐的播放和体验会有不同。现在我们还是戴着耳机或者放几个音响，以后如果我们内置了各种芯片等硬件的东西，可能就是内部播放了。它可能会产生一种频率，引起你身体的所有细胞共振，就是所谓的内部能量感觉，就不是我们现在听音乐能够感受得到的了。你可以想象一下，如果那种声音的能量形态能够让人体处于一种即将解体的临界点的时候，是不是挺 High 的。

M：你觉得现在的音乐节如何？以后向怎样的方向改变会更有意思？ W：我觉得音乐节应该玩得更酷一点，考虑一些音乐以外元素的关系问题。比如说考虑到声音、视觉、空间、材质，包括空气的味道，让它们结合起来，整体成为一个大的作品体系，而不是简单地你就唱这首歌，我给你一个台子。

M：如果摩登你说了算，你会把它变成一个什么样的公司？ W：我觉得如果我说了算的话，咱们先把那些概念都抹掉，没有传统意义上的音乐、设计，所谓的视觉制作等这些东西就没有了，首先把标签全部去掉。把身份剥离之后，再看看这个事情能玩到什么程度。

ROBOT CREATIVITY VS TIAN XIAOLEI：

田晓磊：我觉得未来想象力都可以被替代

撰文 _ 幺蛾

田晓磊，1982 年出生于北京，2007 年毕业于中央美术学院数码媒体专业。他对这个时代快速迭代的不确定性、科技与生命之间的关系非常感兴趣，并在作品中创造出未来的世界标本，聚焦与身体有关的社会文化议题。他的创作结合了 3D 技术、多媒体技术，以动画为载体，对世界抛出了自己的思索与疑问。

HUMAN IMAGINATION

摩登天空（以下简称 M）：描述一下你现在的状态，再设想一下 20 年后的状态。 田晓磊（以下简称 T）：我大概可以算作一个工作狂，现在基本分不清到底是周六还是周日，白天起来之后就会来这个工作室度过绝大部分时间。主要做的有创作和跨界合作项目什么的。20 年后，希望还是一个自由人吧，比现在自由的同时，有更大的能量去创造更多东西，这是理想状态。但是也许 20 年后我就开小卖部了，这个都是不知道的事。

M：说一说在你的记忆当中，最让你震惊的技术革新或者发明。 T：我觉得肯定还是互联网带来的这种便利性，其他的基础科学没怎么太发展，还是属于量子力学的那种体系，只不过在榨干它的能量。所以科技发展也没有想象中这么快。

M：你现在在生活中依靠机器人或者人工智能的比重有多大？ T：现在都是弱人工智能，还是比较像一个工具。我特别希望有一个人工智能助手，你可以跟它描述你想要的东西，然后他大概给你几个方案，你可以设定上下 10% 的浮动，随机地去产生一点变化什么的，当然也可以设置成不可控的，可以乱做。你可以一天不管他，然后你就给他关到一个黑屋里，让他自己去干活就行了，就费点电，还不用太多的交流。

M：你会怀旧吗？你觉得 20 年之后怀旧，怀念的会是什么？ T：会怀旧啊。这可能是触景生情，我看那些照片什么的会想一想，但是感觉还是有点恍如隔世。从用的东西来说，比如倒退 20 年，是没有手机的，那时候手机是特别古老的东西，用起来也不是这么好用，我记得初中的时候，好像还有 BP 机（寻呼机），还有大哥大，都是大老板用的。我们有个小 BP 机就觉得特别牛。

按这种科技加速度的方式来设想，未来怀念的东西可能是手机吧，还是一个物质载体放在面前，甭管是现在刚出的 iPhone8 还是什么，还是这么一个笨重的东西。也许未来手机根本不叫手机了，或者结合在身体上，或者结合在眼睛上，或者变成另外一种东西来替代，就不是拿在手里的这么一个沉沉的东西了。

M：你觉得 20 年之后我们的生活会发生怎样的变化？ T：我觉得可能到时候人的很多工作都被取代了，人就可以在虚拟世界里面工作、游戏、生活。虚拟世界是你的生活主体。你要跳出来，就跟睡觉似的。你要在现实中吃饭、睡觉，然后再进入虚拟世界，也许虚拟世界更有意思，有更开阔的空间。以后你赚钱也可能在虚拟世界里赚。我的设想是这样。感觉现在人还是很生动的。技术还没这么发达，人跟人的交流很亲切，也许未来只能在虚拟世界里面交流。

M：你觉得未来感是什么？ T：未来感和历史感是相对的，跟艺术史是相关的，比如从具象慢慢变抽象，从包豪斯开始变得简约了，到极简。但后现代又开始往回掰了，审美又疲劳了。我觉得艺术设计都是一个轮回、再更新迭代的过程。我们这个时代，也是会被未来再利用的时代。我觉得就是股票的那种感觉。

M：觉得你的很多作品会呈现一种“未来感”。 T：我的作品主要也是在讨论人造的物体，它和人到底是一种什么关系。现在来看，其趋势是一

THE CREATION
扫描二维码观看
《创造》
田晓磊

种很暧昧的、很融合的关系。它以前是被人当成一种工具来用，人以为是创造了一种提升自己的工具，但是慢慢发现，人其实被驯化了，你也离不开它了。你离不开它，它是不是也在塑造人？所以这其实是一种挺复杂的关系，因为人对它的依赖只能越来越强，而不是越来越弱。人需要更多的功能。人本身是求存的，并不是求知的，他并不知道很多真理，而是尽量去存在于这个世界上，所以一旦有科技能扩展人体的话，人就可能从一个物种突然迭代到另一个物种。科技也可能是一种生命体，二者结合变成一种新的生命体。

这有点像人体开始用插件。比如现在这个手机有点像一个插件，恨不得结合在人身上。如果变成你身体的一部分的话，你能感觉自己收到了一条信息，然后你可以通过意念回过去，或者通过在身体上简单操作回过去，其实人是希望它变成身体的一部分的，只不过这个科技还没到来，但大趋势是想把自己变成那种增强的状态，比如，调整视网膜你就可以变得比别人更加敏锐。我觉得从人类想增强自己、扩展自己的好奇心来看，这个是不可逆的。而且一旦插上之后，你很难拔下来，你只能用新的东西来弥补它的缺点。

M：你觉得 AI 能够创造艺术吗？ T：其实我觉得未来想象力都可以被替代。我创作也是有方法的，灵感并不是说随便就会来，灵感有点像思维导图，就是互相搭，它搭它，它搭它，可能就成了。我觉得人工智能也可以做到，比如说我让你创造一个茶壶。这个茶壶，你可以从大数据上下载，它有未来的元素，再加入点古典元素，用算法结合一千种，然后我又说，要淘汰掉一些，得下更多定义，比如说几种图式，或者几种曲线，它其实会慢慢筛选，直到接近你的答案。强的人工智能的话，我觉得它会有审美的，因为人的审美也是被培养出来的，也是由于受到好多的教育，看了很多绘画。包括一些气质以及你喜欢的东西，其实都是算法，如果它能掌握的话，它完全可以创造，可能比你的创造力强很多，设计师其实都有可能被淘汰。互联网掌握的信息量比人要大很多，人要设计的时候，其实也是上网查资料，也是找各种相似的图，各种拼、各种改。

M：如今，人人都可以自己做音乐，你觉得乐队这种形式会不会消亡？人们听音乐的方式是否也会发生变化？ T：我认识一些做音乐的，就是自己一个人在做，一个人做一张专辑什么的，人把自己变成了艺术家的角色。我觉得是个趋势。至于乐队这种形式，我觉得肯定不会消亡，现在这个时代做鼻烟壶的还有。什么东西我觉得都不会消亡，它也许会变成一种很高级、很奢侈的东西。大家都不玩

的时候，你去玩这个，其实更珍贵。但是可能会变得不这么主流。

再比如说听音乐这个事情，可能在安装什么设备之后，你能多分辨几个音，这一下就变成一个特别有格调的事了，像听音乐会的话，每个人先发一个那种插件，能带来多听几个音的体验，可能收巨贵的门票。多听一点整个体验都会不一样，就像吉他，多一根弦，它的玩法就多很多。比如人工智能，你一只手有 8 个手指头，想想你的技巧会丰富多少。变一点点就会变很多。

M：你觉得在未来，音乐节这种形式还会存在吗？如果存在的话，可能会是什么样的？ T：我觉得肯定会存在。但是它的形式不一定非得是在现场，也有可能在家里，如果触觉、嗅觉等能够解决的话，其实你也可以在家里去感受。现在音乐节有点枯燥，我参加过音乐节，还是感觉自己有点绷着，除非喝点酒。在虚拟音乐节的话，你完全可以放松，还可以集合好多游戏，比如拿两把手枪，给喜欢的人发好多桃心，给他发画，给他穿衣服，做游戏什么的。你也可以跟好多认识的人约个时间一块儿进去，他跟你在里面也是一个小社群，只不过是变成虚拟游戏关系了。

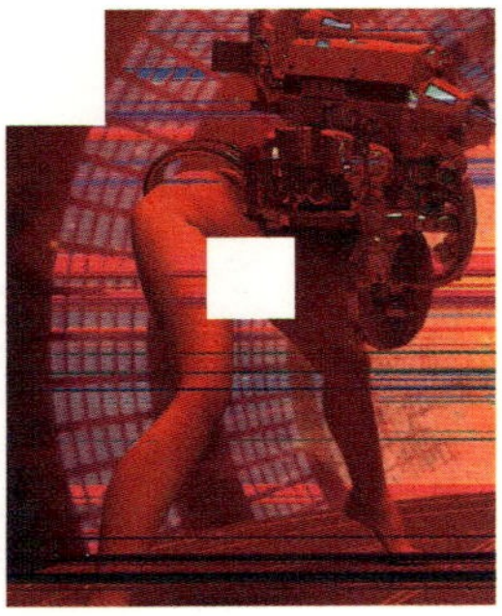

现在VR有点到了瓶颈期，VR头盔又没有普及，受硬件的限制还是挺大的。假如说现在微信都在VR里实现了，每个人戴一个头盔进到微信里，同时在线的有几个人，大家在一块儿干点什么，可以在里面打个招呼，说说话，把文字扔在天空里就飘起来什么的，然后在里面做个游戏就走。平台搭建出来之后，每个人都在用的话就好了。但是VR可能还没聚集起来这么高的人气。这种体验性得互动才行。

我觉得未来最有可能先发展起来的是AR，你拿手机去音乐节现场的话，可以通过手机来控制音乐或者视频、背景画面，你可以参与控制，我觉得这个很有意思。现在都是被动接受，你在这儿听，他在那儿表演，你们的交流其实就是他传递给你的东西。

M：你平常使用的软硬件是什么。

T：我使用的主要是三维软件，3DMAX、Cinema 4D，还有PS、Premiere、AE后期合成的这种，主要就是这些常用的。硬件的话，比如说3D打印机，还有做游戏交互的HTC VIVE虚拟现实头盔这种。

市面上软件每年都在更新，好多小软件、插件做得特别有意思，当然这就是人的局限性了，人的学习能力有限，每个艺术家其实都被这种好奇心和自己的精力所困扰，只能选择几个你感兴趣的来做。

M：你觉得会编程这件事对于艺术家来说会不会越来越重要？ T：这其实就是跨界嘛。因为现在艺术的门槛不是那么高。像以前，艺术是有严重鄙视链的，你得会画画儿，你得画得很好。现在艺术的范围、定义已经被扩展得很大了，所以，比如说搞音乐的，甚至是厨师、计算机硬件专家、科研人员，只要有一个概念，都可以转化成艺术形式。这是后现代艺术的一个方向。其实也是科技与人的杂交，大家开始有这么一个小集合点，你干什么，我可以干什么，然后这个东西慢慢就结合成新东西、新物种。

M：您觉得未来在艺术领域，什么东西会变得流行？ T：可能是一种杂交的东西吧，因为出现全新的东西其实挺难的了。在艺术领域，各种极端的道路基本都被探索遍了，现在就是在找以前的文化，去杂交出一种新的结果。其实，如果科技没有一个巨大突破的话，艺术也很难有巨大突破。你看艺术从具像到抽象的变化，就是伴随着科技发展史，伴随着巨大的声光电，伴随着这些突破了绘画。如果科技有了巨大的变化，美术史马上就会朝着另一个方向去。很多人都在探索另外一个方向。比如说，突然人的大脑可以被解构了，或者机器突然可以做艺术了，然后人就开始致力于创造艺术家，自己不当艺术家了，让机器去创作，艺术史马上就走向了后人类艺术阶段，人已经不是艺术的主体了。但是现在还没到那个点。

M：假如到那个阶段了，人还会在艺术品上消费吗？ T：会，肯定会。因为只要人存在，他就要消费。其实我觉得购买艺术品就是占有欲的体现，我要得到它、炫耀它，这是一个基本的驱动。新媒体主要的问题不就是收藏嘛，因为可以复制很多个版本，互联网上所有的你都可以看到的话，那它的稀缺性就变成别的稀缺性了，你就得采用别的方法收藏。

传统的制造稀缺性的方式，就是签名、写版本号，就是用一种看似强制的规则去限量。这个也挺矛盾的，既想大量传播，想让大家都知道，但这个东西又不想让每个人都拥有。未来的入口也许像共享单车一样，可以复制很多，每一个都很便宜，比如5块钱你可以买到一个，下载下来。但是那样的话，就跟艺术不一样了，因为艺术本身就是想区别大众流行文化，你要变成大众流行文化，就又不对了，就矛盾了。一直也没太解决这个事——稀缺性和电子复制性。

M：如果是在虚拟世界呢？ T：在虚拟世界一样是有稀缺性的，你在虚拟世界里头，一样会有鄙视链的，你看《魔兽世界》，或者你玩任何游戏，你就会发现买得起装备就比买不起装备感觉好，你就比别人要强一点。这是不可能平等的，就算本来没有，也一定会制造出一些稀缺性的。M

左图
《Poetry》
《诗歌》
Digital Video
数字视频

右图
大仪式之一
光栅立体画
120x80cm，2016

LU SISI
"FUTURISTIC" IS CURIOSITY AND UNCERTAINTY

吕思斯：“未来感”就是好奇与未知

撰文_幺蛾

吕思斯，来自内蒙古的新生代艺术家，候鸟空间画廊签约艺术家，现旅居伦敦。他的作品通常是以现场表演、动态影像、电影、作曲、设计和装置相结合的形式呈现。在获得了英国第二届艺术创作基金后，吕思斯于2014年被英国王储查尔斯王子以及康沃尔夫人卡蜜拉接见。此外，他多次受邀为捷豹路虎汽车品牌、英国广播公司、天空艺术（Sky Arts）创作，同时担任王海震品牌的伦敦和上海时装秀的创意总监和音乐制作人，也是乐队“Forest Rising”的创意总监和重要成员之一。

摩登天空（以下简称M）：描述一下你现在的状态，再设想下20年后的自己是怎样的状态。 吕思斯（以下简称L）：现在是一名多媒体艺术家，正在积累和推广自己作品的阶段。20年后有可能会成为一个那个时代的赛博朋克综合体。

M：你生活中依靠机器／人工智能的比重有多大？ L：创作基本占据了我大部分的生活，无论是视觉还是音乐的创作我都相当依赖各种不同的机器，她们来自于不同的时代，生活里没有她们我会感觉很不适应。人工智能已经渗透在我的各种生活的小细节里了，从基本的饮食起居到艺术作品的辅助创作。

M：在你记忆中，最让你震惊的技术革新／科技发明是什么 L：电。

M：你觉得“未来感”是怎么回事？ L：对我来说很简单，好奇以及未知。

模拟 / 数字化时代
摄影 — 田力
Live

M：对你来说，“文化转译”最困难的部分是什么？ L：对我来说，把自己放在完全中立的位置是最难把控的部分，而我认为最好的表达方式是去分享最自我的思考。

M：其实觉得你的作品在某种程度上来说也是在做着视觉与听觉、自然与机械、有机与无机之间的转译。你为什么对“转译”有这样浓厚的兴趣？ L：因为我的成长背景，一直在不同的领域、地域变换，所以每一次线与线的交会都会让我感觉是一次新的化学反应。

M：你觉得会编程这个事儿对艺术家来说是不是越来越重要？ L：是的，举个例子，近几年在西方的大学里就连平面设计系也将基础编程纳入非常必要的教程里了，所以我认为编程不仅对艺术家越来越重要，而且对于创意产业的工作者也越来越重要，因为人们已经无法满足于基本软件所提供的需求，对于一个独一无二的想法或是创意结果有属于自己独一无二的“工具”是极其重要的。

M：在你看来，AI 也能够创造艺术吗？ L：AI 本身就是人类创造出来的“艺术”了，所以……

M：假如未来 AI 能够拥有自由意志，你会发出反对的声音吗？为什么？ L：不会，任何事情的出现都有原因，况且人类还一直在享受发明给人类带来的益处，我相信 AI 的自由意志也会是那个时代的代表产物。

M：假如说，今天我们还在艺术创作中扮演某种角色，那么在未来，“人”的参与是否会变得不那么重要？ L：我认为不会，没有人参与的创作与作品的关系就是断开的了。

M：你觉得今后在你从事的领域里，什么事物会变得流行？ L：流行的东西历久弥新，完全是基于人类感官收集、输送至大脑产生的情感联结，听觉与视觉的流行是一直存在的，未来的形式可能会改变，但人对音乐与视觉的需求是永恒不变的。

M：你觉得乐队这种形式会不会越来越小众？那么音乐节呢？如果仍存在的话，你认为是怎样的形态？ L：我认为乐队是最有机的一种形式，不同人物的个性的交织，产生出的化学反应也是无穷无尽的，无数的经典乐队已经证明这点无数次了。

M：你怎么看待声音艺术、噪音艺术，它们的异同点是什么 L：它们都是对耳膜的物理冲击，我认为声音是传达情感最直接、最不可抑制的方式。

M：如果摩登天空你说了算，你会把它变成什么样？ L：将摩登二字贯彻到底。

M：假如请你设计 20 年后的草莓音乐节现场演出的形式，你会做怎样的尝试？ L：开到宇宙。

YAN LEI

颜磊： 其实艺术就是想一想的事情

撰文 _ 幺蛾

颜磊，职业艺术家，1965 生于河北，
1999 毕业于中国美术学院，现居北京、香港

ART IS JUST GIVING A THOU-GHT

- 1997 年著名的“邀请信”事件，颜磊与洪浩一起伪造了多封卡塞尔文献展的邀请信，寄给他们知道的中国艺术家们。

- 2012 年在卡塞尔文献展的“有限艺术项目”中，颜磊用 360 幅图像挂满了天花板、墙壁等，这些图像是艺术家上网时随意挑选的，并用梦幻般的色调印在帆布上。

- 在文献展举行的 100 天内，颜磊及其团队陆续带一些作品到汽车工厂进行喷漆，喷成单一色块后再带回展览现场，只有背后的签名记录着画作被喷漆之前的名称和制作时间。

- 颜磊说：“挑战美术馆和专家接受的极限是件好玩的事情。”

LIMITED ART PROJECT
扫描二维码观看
《有限艺术项目》
纪录片 1
颜磊

LIMITED ART PROJECT
扫描二维码观看
《有限艺术项目》
纪录片 2
颜磊

摩登天空（以下简称 M）：描述一下你现在的状态，再设想下 20 年后的自己是怎样的状态。颜磊（以下简称 Y）：吃喝拉撒。继续吃喝拉撒。

M: 在你的记忆中，最让人震惊的技术革新或科技发明是什么？ Y：原子弹。

M: 你生活中依靠机器或人工智能的比重有多大？ Y: 除了吃喝拉撒。

M: 往后 20 年的时间跨度内，你觉得我们的生活会被怎样的技术改变？ Y：不知道电动汽车会不会普及。

M: 在你看来，AI 是否能够创造艺术？ Y：连人都可以做艺术，就更不用说 AI 了。虽然我不知道什么是 AI。

M: 自由意志是艺术创作的基础吗？ Y：不是，现实中的话语权才是。

M: 假如未来 AI 能够拥有自由意志，你会发出反对的声音吗？为什么？ Y：如果能彻底消灭人的自由意志，我会支持。

M: 你觉得今后在你从事的领域里，什么事物会变得流行？ Y：我所做的事情会逐渐消失，高姿态的艺术可能会引起众怒。

M: 在未来，你给自己的身份定位是什么？ Y：我不需要社会身份。

M: 你平常听什么音乐？ Y：我喜欢比较重的，大音量的。

M: 你觉得未来的音乐是什么样子的？ Y：真不知道啊。

M: 你怎么看待声音艺术、噪音艺术？ Y：什么都可以成为艺术。其实艺术就是想一想的事情。

M: 你如何看待现在的音乐节？你认为做出怎样的改变，才能让音乐节变得更有趣？ Y：是音乐带领大众走还是大众带领音乐走？

M: 如果摩登天空你说了算，你会把它变成什么样？ Y：我会在花钱时怎么痛快怎么来。

FASHION
时尚

ROLLING BOWLING

旋转保龄

ALBUM
ROLLING BOWLING
扫描二维码收听
《爱，不用明天》专辑
旋转保龄

关于旋转保龄

旋转保龄（Rolling Bowling）是中国首席 Rockabilly（山区乡村摇滚）乐队。以 50 年代的经典猫王造型，Double Bass（低音提琴）与吉他、鼓的经典演绎，以及从不缺乏激情与身体摇摆的现场著称。多次被外刊评为“最佳现场乐队”、“最佳派对乐队”。旋转保龄在传统的“Rockabilly”、“Psycobilly”（疯狂摇滚）音乐的基础上加以改良，融入更多元素，并且坚持用中文演唱，逐渐形成了独具风格的“中式 Rockabilly 音乐”。

飞机头、保龄衫、厚底皮鞋、Double Bass、复古吉他、摇摆舞、机车、猫王——这些 Rockabilly 音乐的元素都在一支纯正的内地乐队身上惊现！旋转保龄并不是一支复制经典的乐队，他们热衷于演唱身边的生活，反思和嘲弄着自己的理想、爱情、年轻人的价值观，以至你不会觉得他们只是穿越自美国 50 年代乡村俱乐部的组合。虽然在一个亚文化远未成熟的国度，谈复兴尚早，但旋转保龄的开拓者身份无疑带来了更多的可能性。

《爱，不用明天》——专辑名字已经开明宗义。“爱”是贯穿全篇的情感线索，一个抽象的概念、一个宽泛的主题，被旋转保龄用 10 首歌渐次填充丰满。

在对 Rockabilly 经典底料的继承之外，他们又吸纳了乡村、硬摇滚的独特味道，女和声（《周末狂欢夜》）与小提琴（《森林之王》）的引入，又是醒神的小料——特别是后者蓝草音乐味道渐浓的演奏——听完全碟，竟有种毛孔炸开的酣畅淋漓之感。

SHUSHU / TONG WE LIKE THINGS OF THE PAST BUT ARE NOT OBSESSED WITH THEM

SHUSHU / TONG 喜欢过去的东西，但是不缅怀过去

采访 _ 兀浅

关于 SHUSHU / TONG

雷留树和蒋雨彤，伦敦时装学院女装设计研究生，2015 年共同创立品牌 SHUSHU / TONG。品牌设计理念充斥着关于有趣的讨论，蝴蝶结、褶边等少女元素被重新解构再创作，是一种态度上的魅力和对风格的大胆痴迷。品牌试图打破女性气质的传统观念，通过对面料形式的探索，对少女元素的解构和重塑，建立时髦又带有少女气质的摩登多元女性风格，为寻找独特个性的时装爱好者带来一些新的选择。

M: 为什么会选择学设计？ S/T: 因为很喜欢看杂志里的衣服，多过人。

M: 最喜欢的设计师是谁？ S/T: 川久保玲、缪西娅 · 普拉达、J.W.Anderson（J.W. 安德森）。

M: 最喜欢什么样的设计风格？ S/T: 很难简单地归纳自己喜欢的风格，大概是所有让我有启发的设计吧。

M: 除了设计你还喜欢干什么？ S/T: 做饭、玩游戏。

M: 简单形容一下自己的设计风格。 S/T: 甜美、古怪、酷之间的一种平衡。

M: 最近都在忙什么？ S/T: 安排生产和新系列。

M: 在你们眼里，女孩和女人有什么不一样的地方？ S/T: 对我来说，女孩这个概念指的是对世界充满好奇心，对固有的社会规则有自己的态度，是这样一种始终处于成长的状态吧。女人则是成熟之后，更稳重、优雅的样子。

M: 你们的设计灵感通常都来自什么地方？ S/T: 生活的各种片段和细节。比如网上看到的一张图、展览、路上看到的人。

SHUSHU / TONG
2018 春夏系列

1

M: 你们现在怎么理解“少女心”这个词？你们希望 20 年后的“少女心”会被怎样理解？ S/T: 少女心就是我之前提到的那个样子，所以它不是用时间来衡量的。希望 20 年后自己还没有停止成长，保持一样的少女心（或者少男心）。

M: 可爱和酷是矛盾的吗？你们怎么理解这两个词语？ S/T: 可爱和酷是两个方向，但不是相互敌对的。古代的士兵应该都是拿着矛和盾一起上场的吧？

M: 你们 2018 年的新系列也在探讨顺应与反抗、禁锢与自由这种矛盾对立的关系，你们是不是很喜欢这种冲突感？ S/T: 对的。人都是多面的。如果一个人完完全全地表里如一，过着只有单面的生活，那该多无聊啊。

M: 在你们的设计里，你们是如何处理这些矛盾冲突关系的？ S/T: 我不会去处理它们，我喜欢把这些矛盾冲突的东西放在一起，看它们会产生怎样有趣的反应。

M: 你们理想中的“SHUSHU/TONG”女孩是什么样的？20 年后的“SHUSHU/TONG”女孩又会是什么样的？ S/T: 我理想中的女孩，是那种对很多事都保持好奇心，不害怕受伤害，也不害怕表达自己的人。

M: 除了蝴蝶结和小花边，未来你们还希望引入一些能够代表你们品牌的设计元素吗？ S/T: 我们每一季都做过一些新的东西，在这两季中，我们非常痴迷花瓣这个元素。

M: 你们之前也参与过独立时装短片《Represent a Poem – You’re Beautiful》（代表一首诗 – 你是美丽的），其中似乎很关注当代女孩的样子，如果用几个词语来形容这个时代，你们会选什么？20 年后呢，你们觉得时代又会是什么样的？ S/T: 混乱，有趣，充满机会和陷阱。我没有想过 20 年后时代会怎样，就希望自己还是非常的自己。

M: 20 年后，你们依然会关注年轻的女孩子吗？试想一下，20 年后，如果要转变方向，你们的关注点会在哪里？ S/T: 20 年太久远了。我不会为了关注年轻女孩而关注年轻女孩。毕竟这个品牌是 TONG 和我非常个人的一个东西。20 年后的我们也肯定不一样了。顺其自然吧。说不定我们不做这一行了。

M: 你常怀旧吗？20 年后，你觉得怀旧会是怀念什么？20 年后你有可能最怀念现在的什么东西？ S/T: 我喜欢过去的东西，但是我不缅怀过去。20 年后，我怀念的应该是现在的东西吧？但是现在真的是一个非常混乱的时代，太多信息和潮流同时出现。我很期待，20 年后科技会把我们带往什么样的社会。20 年后我应该会很怀念现在 26 岁的自己。

M: 你最希望 20 年后会有什么东西？ S/T: 任意门。因为我完全不喜欢坐飞机。

M: 说说你接下来的打算吧。 S/T: 接下来的半年我们有好几个项目同时进行，笼统地说，就是做好自己的品牌，努力去生活。

M: 你有没有想过 20 年后你会做什么？或者说，是怎么样的一个状态？ S: 我喜欢顺其自然地过下去。T: 20 年后，如果还能保持现在的状态当然再好不过了。

M: 在未来，你给自己的身份定位是什么？希望别人把你称作什么？ S: 希望未来自己可以成为财务自由的人。T: 别人怎么称呼我无所谓啦。

1&2 SHUSHU / TONG
2018 春夏系列

2

关于钟嘉琦

钟嘉琦（Tommy Zhong），先后获得格拉斯哥艺术学院（The Glasgow School of Art）服装与纺织学士和硕士。出国前他曾在中央美术学院短暂学习。珍妮弗·尼尔森（Jennifer Nelson）毕业于创意艺术大学（University of the Creative Art）服装设计专业。服装品牌 TOMMY ZHONG，由钟嘉琦和珍妮弗·尼尔森共同创立于 2015 年 10 月。创立至今，TOMMY ZHONG 已正式推出 3 个时装系列，受到国际媒体与买手的关注。其每一个系列的出发点都来自对东伦敦二手衣商店中寻觅到的罕见而有趣的单品的革新与改造。通过立体剪裁，而非草图绘制，直接确定每一季的轮廓和细节。此后再与不同领域的艺术家或者设计师合作，以他们的作品为灵感，独立研发新面料。

摩登天空（以下简称 M）：你自己从小就很喜欢艺术吗？ 钟嘉琦（以下简称 Z）：我从小到大一直对画画儿比较感兴趣，还喜欢收集一些植物、贝壳之类的，把它们收藏起来，亲手种一些小东西。那时候我还参加了一个画画儿班，我一直在学习这些东西。

M：你最早接触到的艺术家或者艺术作品是什么？ Z：我最早接触到的其实不是谁的艺术作品，而是我看到的那些东西。因为小时候我们家人都会去野餐，有机会看到很多草、树、森林。尤其是有很多荔枝树，我看到它就很喜欢以自己的方式去画出来，然后积累在一起。所以我不会去模仿哪一个画家画一个东西，因为这样没有意思。我会用不同的材料去画它，然后画出来的是我自己眼中看到的东西。

M：你现在有没有特别喜欢的艺术家或者是哪一件艺术作品？ Z：有。我目前很喜欢杰克逊·波洛克（Jackson Pollock）。我目前收集了很多材料艺术家的素材，他们做纹理之类的东西比较多，他们会把纹理类的东西堆集在一起产生新的质感。因为我们每一季都会做自己的梭织，很多艺术家的东西跟梭织的那个纹路是相通的。所以我通过他们的一些东西，去开发自己的面料，然后创造出一个新的面料。

TOMMY ZHONG 20 YEARS LATER I WILL MISS TODAY

TOMMY ZHONG 20年后我会怀念现在

撰文 _ 兀浅

身体被包裹于新奇的布料之下，裸露的肌肤和**少女般纯洁的心灵**交织于一体，一个全新的女性形象**由内而外地准备就绪**。

TOMMY ZHONG
2018 春夏系列

M：你平时会听摇滚吗？ Z：我平时会听平缓一点的音乐。古典、爵士我都听，还有电子、重金属的。但主要是纯音乐。不过我对自己的形象设定是做一个摇滚女孩。但是我并不是说产品做出来会非常摇滚。因为我觉得真正的摇滚是女性骨子里有一股狠劲，然后非常自信不羁。所以摇滚女孩就很适合穿大连衣裙。

M：你如何决定自己秀场要使用什么样的音乐？ Z：我会找一些做音乐的朋友，给他们一些参考，跟他们说我大概要的感觉，他们也比较了解我。然后他们就帮我找出来，再根据音乐的感觉去判断跟我表达的那个场景搭不搭。

M：刚刚你也说到了，你们每一季都会跟一些艺术家有跨界合作。你觉得这种跨界合作对你们来说最大的意义是什么？ Z：我身边有很多跨界的朋友，他们有的知识可能是我所没有的，我就可以一直聆听，一直学习，了解更多的东西，更多的我之前平时不会接触到的东西。往往这些东西能让我产生一些新的想法。

M：你做过的所有这些跨界合作当中，哪一次让你觉得印象最深？ Z：我觉得是最新的这一季。这一季做材料的艺术设计师收集了很多塑料的东西和一些生活中常用到的东西，然后把它们捆绑在一起，通过扫描仪把它扫描出来，产生一个新的图像，因为扫描仪扫描之后会有很多横线，我才发现原来通过扫描仪扫描出来的图案是更有力量一些的。就是打破的感觉。比如说给你一个塑料袋，你以为塑料袋就是这样的，但是他能把不同的塑料袋弄出有意思的纹理，你就会发现，原来塑料袋是可以变成这个样子的。所以，我就想把这些东西组合在一起，通过自己的方式呈现出来。

M：未来你们会考虑结合什么样的技术？比如下一季或者下下一季？ Z：我觉得下一季只是想一想而已。衣服本身还是衣服，我不会用一些发光布料之类的东西。但是如果是走秀，在资金允许并且技术允许的情况下，我就很想用一些 3D 立体影像去呈现我的秀。比如当模特穿上衣服走过去的时候，就会穿过那个影像，你远看是会有一个画面出现的。

M：以你现在对技术的关注，20 年后你觉得技术会发展到什么样的一个状态？ Z：我觉得是更加简化，也更加方便于人类的。比如键盘越来越少，一个大屏幕直接用手按就好。或者一些 3D 影像，你可以用手去操控一个空气中的遥控器。20 年后可能会有很多这样的东西。其实我觉得，虽然之所以越来越多人用苹果手机，抛弃早期的诺基亚或者黑莓手机，是因为很多人就觉得换了苹果手机很方便，用惯了以后得到的资讯越来越多。里面也有很多个 APP，你可以玩游戏，可以查这个、查那个。但是你用着用着也许就会觉得信息量太大了。这其实也是一种困扰，也许人又会突然觉得，手机还是只能打电话和发邮件最好，然后回归到了键盘式的操作，这样更加舒心一些，更加安静一些。

M：所以技术是个循环？人的追求是一个循环？ Z：对。就是一个循环，现在的小孩越来越喜欢用 iPad（平板电脑）去玩游戏，但是玩游戏的同时会产生一些问题。比如，他不会理你了，他就是喜欢自己在 iPad 上玩游戏，而忽略了交友或者动手能力。所以我以后不会让孩子一直去玩 iPad，我更希望他自己动手去玩一些积木，自己用手做一些东西。用手去制作的东西更能走进人心。就像我的面料，每一季都有不一样的触感，看上去很重，但是拎起来很轻，摸上去是很有意思的。

M：你对技术有一点抵制或者批判，但是你其实还是在蛮积极地使用它的，这有一点矛盾。 Z：对。在某种情况下我会用它，在另一种情况下我会尽量不用它。就像现在有衣服打板，一家大公司为了简单方便，直接用电脑平面打版。输入数据，衣服的板型就出来了。这样可以减少人工，而且方便、快捷。但是还有一批人是不喜欢用平面打板这个东西的，他们直接手动去做立裁。这两者之间的区别是，用手做立裁出来的衣服更符合人体工学，而且你能看到哪种布、哪种形状在人身上更好看。平面电子打版会忽略一些细节。穿在身上是一件衣服，但不会是一个精致的东西。

M：好像你平时也不会用那种绘图的方式，你也是采用立裁、拍照等方式。你有没有想过 20 年之后或者是更久之后会有其他很疯狂的创作方式？ Z：有啊，比如我自己拍一张照片，然后输入一台机器，扫描之后，它就可以把那件衣服直接 3D 打印出来了。

M：在你的记忆中有没有技术革新或者科技发明让你觉得特别震惊？ Z：从普通的 MP3 到苹果手机那时候吧，因为当时 MP3 是一个很大的东西，但只能听歌。突然苹果手机出来了，我们才发现原来手机也能听歌，也能查阅资料，更功能化了，而且屏幕更好看、更薄。总的来说，就是更加多元，功能性更强。

M：你刚刚也讲到，有一些衣服可能视觉特别好看，但是穿在人身上可能不是那么舒服。在你的设计里，服装的实用性和创造性之间是怎样的关系？ Z：在市场上是不能说我只要舒服没有创作或者我要创作不要舒服的，一个成熟、有经验的设计师是有能力而且有责任把这两者给兼顾起来的。因为你的衣服还是要销售的，要销售就一定要舒服，但是你舒服又不能无聊。你在走秀的时候，是以一个更加艺术的形式去呈现的。因为走秀是给媒体、买手们看的。这时候，你可以把它夸张化。秀上的衣服更加接近你最极端的想法，但是陈列室是更加符合市场需求的东西。

M：你有没有想过未来衣服对人的作用会不会有什么变化？ Z：我觉得未来的衣服就是很多不同的图片，存在你的手表里，你喜欢哪一套就选哪张图，然后就能变成衣服了。就好像我小时候看的那个电影，你放一张汉堡包的卡片进微波炉，加热一下就变成一个汉堡包。这样一来，只要你能想象出来，然后 3D 打印出来就行。你穿过这个衣服之后，还可以把它放进一个机器里面处理掉，然后再循环，就不会污染环境。

M：你觉得你是一个常常怀旧的人吗？ Z：我会的。因为有些衣服你穿着它，就会回忆起之前发生的一些事情，就好像一种味道，闻了之后就会有一个相关的记忆。

M：所以衣服对你来讲也是一个怀旧的桥梁？ Z：对。

M：你觉得 20 年后怀旧会是怀念什么东西？ Z：会怀念现在的东西吧。我们现在做衣服，就会去翻五六十年代的档案，我觉得人的审美一直都是循环的。M

GONG LI THE FUTURE IS THE COMING PRESENT

龚力 未来是即将到来的当下

采访 _ 兀浅

关于龚力

龚力，中央圣马丁男装硕士，伦敦中央圣马丁学院首位获 LV 集团赞助的华人毕业生。

龚力专注于将传统工艺以更现代的方式传承，主要推崇将传统男装订制工艺与日常街头和户外服饰相碰撞。深入挖掘传统西服的功能性和现代感。其自创品牌 8ON8 以独创的弹力面料在保持西装的结构感时，也进一步缓解了传统西服面料对人体的阻碍。亦与利落的剪裁和敏锐的色感相融合，向新一代主流群体传达一种年轻并富有戏剧性的未来绅士感。同时，该品牌也追求干净利落的视觉，坚持通过对细节的探究塑造低调但深刻的品牌形象。

摩登天空（以下简称 M）：为什么会选择学设计？龚力（以下简称 G）：从小对艺术方面有悟性，而且我爱美。

M：最喜欢的设计师是谁？G：只能说每个设计师都有值得学习的点，对我来说，在设计中把控平衡是一件非常重要的事情。如 90 年代的海尔姆特 · 朗（Helmut Lang）对于比例的平衡或是普拉达（Prada）女士对于色彩和细节的把控都值得学习。

M：最喜欢什么样的设计风格？G：形式服从功能。

M：除了设计你还喜欢干什么？G：非常认真地烹饪，以此表达对生活的热爱。

M：用一句话形容一下自己的设计风格？G：我想穿什么就做什么。

M：毕业秀之后都在忙什么？G：忙着休息，然后重新投入工作。

M：你之前毕业大秀推出来 9 套男装，在你看来，大家一直以来普遍对男装的看法是什么样的？G：国内外的人对于男装的看法会比较不同。在国外，多元化的男装使大家对于男装的接受程度更高。而在国内，男装还仅仅是一个开始，不管是从消费者或是行业内部出发，对于男装的关注度和包容性还有待提升，对于男装的风格多样性和对工艺的把控也需要时间的沉淀，但未来一定会更好。

M：你觉得未来的男装会有什么样的变化？G：未来随着大家对男装的关注度不断提升，消费者升级换代，男士们对于自身的要求也会不断改变，这也促使未来男装会呈现多样性，无论是从品类、色彩和工艺上，都会有一个飞跃。

M：你希望自己在未来如何给男装带去变化？你将带去怎样的变化？G：选择做男装的初衷其实很简单，就是做自己想穿的衣服。我只是个普通人，做着自己爱的事业，我只在乎自己在未来会为我的产品带去怎样的变化。而我也坚信，只要我坚持最初的信念，一定会有人感同身受。对我来说“做小我”才是经营有针对性的品牌之道。

M：在你 2 月的毕业大秀里，你谈到你的设计是在探究传统西装剪裁和户外运动的平衡，你是怎样去实现这个平衡的？G：我崇拜的并不是西装本身，而是那些流传多年的传统男装工艺，那是一种文化，可以让一件衣服，甚至一个人更精致浪漫。而我要做的就是将这一种文化以更新的方式表达出来，让它更好地融入现代社会当中而不被抹去。所以无论我做什么样的款式、我的主题是什么、用什么样的面料，我都会不断地告诉自己一句话：“Keep the sense of tailoring”（保持对剪裁的敏感）。

8ON8
2018 春夏系列
摄影 _ 陈二仁

1

1&2. 8ON8
2018 春夏系列
摄影 _ 陈二仁

M：未来你觉得还有什么其他结合的可能性吗？ G：目前已经和国内的艺术同行进行了一些跨界的沟通和碰撞，希望有一个平台在自己的领域创造更多的可能性，不只是服装。

M：你怎么理解“未来绅士感”这件事儿？ G：绅士从来都不是一个形容外表的词汇。绅士是一种品格，对生活充满热情，了解自我的价值所在，对未来拥有方向并不懈努力，有时甚至无所不能，出人意料，然后深藏功与名。对我来说， 不管是从前还是未来，他们都是最有魅力的人。而我所谓的未来绅士指的是那些即将主宰这个世界的年轻人们。

M：从过去到现在，你觉得在中国，大家对“西服”的理解是什么样的？或者说，你觉得在中国“西服文化”是什么样的？ G：中国不缺匠人，也不缺工艺，从红邦裁缝到如今的一些大牌制衣厂，一直有那么一批人自始至终在传承着文化。但传统的东西也需要跟上时代的脚步，才能更好地保留它的精髓。或许是历史动荡、时代倒退，也许是他们还没有与时俱进的概念，导致大家对于西服的理解有所出入，认为它只是正装，或是一种显示身份的道具，根本没有文化可言。未来，中国的品牌之路是大势所趋，是时候将那些曾经最精致、现已淡出人们视野的东西搬上台面了，让世人对他们产生新的理解。

M：你希望未来大家，尤其是年轻人，怎么去理解“西服”？ G：我认为西装在不同的国度对于不同的人群有着不同的意义，我没有权利也不希望去统一人们对于西装的理解，每个人怀着不同的心情穿上它，这才是真正有趣之处。而对我个人而言，我只想做好属于我的那一套西服，表达只属于我们的生活态度。

M：你如何理解传统、当下和未来的关系？在你的作品里，你都怎样处理三者的关系？ G：传统是文化，需要保留，更需要更迭；当下是从历史的长河中吸取传统的养分，并转化为现实产物的过程；而未来则是即将到来的当下。尊重传统，活在当下，奠定未来，这是我做任何事情的准则。

M：你常怀旧吗？20 年后，你觉得怀旧会是怀念什么？20 年后你最怀念现在的什么东西？ G：我常怀旧。每个人怀旧的点不同。我想 20 年后的我应该会怀念最初入行时的我吧，一个学商业和会计的学生抱着一腔热血，拿着会笑死人的作品集冲去面试。

M：你有没有想过 20 年后你会做什么？或者说，你会是什么样的一个状态？ G：找块肥沃的土地认真地种菜，然后用我的菜认真地做饭，但愿没有现在那么忙。

2

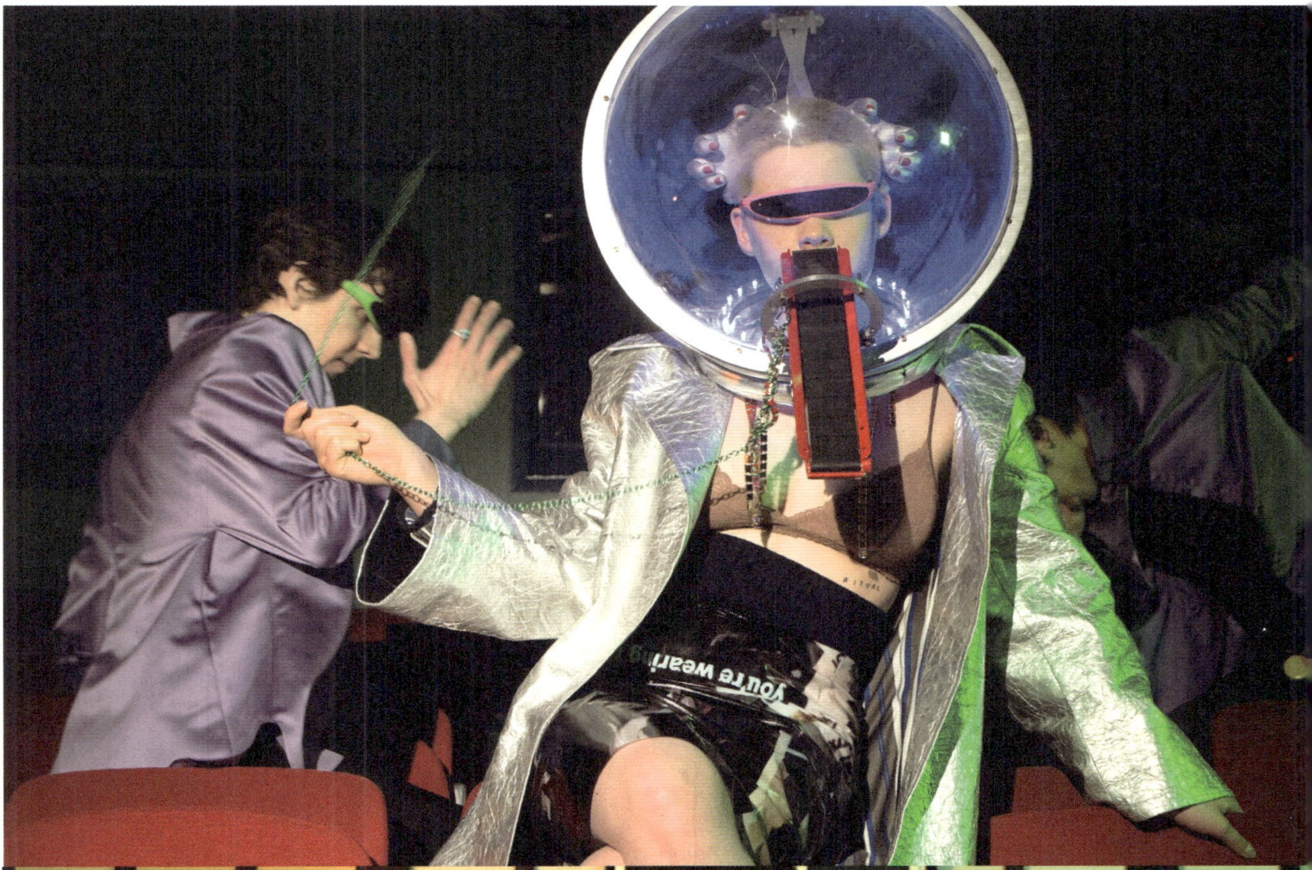

Studio AUBRUINO
喂食头盔
2018

王馨曈
怀念人类刚拥有科技时候的创造力

采访 _ 兀浅

AUBREY WANG I MISS THE CREATIVITY WHEN PEOPLE JUST GOT THE POWER OF HI-TECH

关于王馨曈

王馨曈（Aubrey Wang）是现居伦敦的服装设计师和装置艺术家，毕业于英国皇家艺术学院女装设计专业。邱驰（Chih Chiu）生于台北，现居伦敦，取得英国皇家艺术学院与帝国理工学院的创新工程设计双硕士学位。两人于 2017 年成立创意工作室 Studio Aubruino。在新一季设计中，他们试图探索和思考“过度沉迷手机”的一代人。设计的造型上也受到 20 世纪六七十年代赛博朋克的影响。比起现在苹果手机带来的那种精准、极简、严肃的科技感，设计师更欣赏人类在初掌握科技时那种自由，甚至搞怪的创造力。他们在创作过程中，设计出剪裁带有扩胸效果的成衣并研发“喂食头盔”，试图打造一个荒诞而讽刺的未来人就餐形象。

摩登天空（以下简称 M）：你们最喜欢的未来主义电影是什么？里面最吸引你们的情节和技术是什么？这些电影给你们带来了怎样的影响？王馨曈（以下简称 W）：喜欢《回到未来》，这是我看的第一部未来主义电影。在这部电影里，我最喜欢那双可以自动绑带的 NIKE MAG 鞋，还有能穿梭时光的汽车。和其他同题材的电影比起来，它不是一部很深刻的电影，这或许是我很喜欢它的原因，里面的情节不会让你觉得未来是很恐怖的。它让我意识到现在大家的设计有时候从外观看来真的很无聊，也可能是因为市场需要吧，总觉得科技风的大趋势已被苹果占据了，非常怀念人类刚拥有科技时候的创造力。你敢相信吗？当时人们设想的时光机器的外形像冰箱，并且需要原子能才能驱动。

M：你们说时尚本身就是技术，你们如何理解时尚和技术之间的联系呢？20 年后，或者更远的未来，二者之间的关系会有什么变化吗？W：时尚与科技的联系非常紧密，相辅相成。我觉得没有科技就没有时尚，但是现在已经形成的时尚趋势、消费者的需求又会推动技术的发展，这些技术可能是一些生产机器上的革新，也有可能是服装本身面料或者剪裁上的改变。

20 年之后，科技和时尚需要更多回归服装本质的合作。举个例子吧，3D 打印技术刚兴起的时候，荷兰的设计师艾里斯·范·荷本（Iris Van Herpen）就设计了 3D 打印材料做成的服装，我觉得很好看，在艺术上或者时装历史上来说非常有价值，但是商业上或许就没有那么多价值了，因为 3D 打印机并不是为服装行业制造的，所以对于这种技术的运用只能算一种借鉴。虽然现在刚兴起了 3D 打印的面料，到底是否能真正被市场使用，能否替代市场上的面料，这是这个面料或者生产这块面料的机器来决定的。但是三宅一生就很不一样了，所有的革新都是在机器上，所以他的成品一定能直接转化成商业的东西。

M：你们觉得技术会如何改变人类的生活？你们是否会关注当下的一些技术，并使用到自己的设计当中？W：回国之后最大的感受就是——“还有人用现金吗？”。很多人觉得科技使我们的生活更加方便了，但是如果我们放眼到 20 年之后，改变的可能不只是生活，而是身体，甚至人类进化的方式。比如，我们的大拇指或许会因为长期玩手机而变得更长。科技类的东西我们一直都在关注，不过我们更加关注科技对人的影响，从而创作带有思辨性的作品。

M：你们认为科技在未来的地位是怎样的？W：会变得更有争议性，随着人们的批判性思维能力增强，社会不再对科技来者不拒。但被接受的科技有可能以宗教的方式存在。

M：你们的设计似乎并不仅限于服装，而是一个集合了服装、视觉、装置表演艺术等的复合型展现，未来你们还会容纳其他类型的艺术吗？W：任何可以增强沉浸体验的媒介我们都愿意尝试，剧场、音乐等。我们也期待艺术以外的跨界合作。

M：你们的设计总是和当下社会的问题以及文化相连接，那么，你们现在最关心的问题是什么？W：关注的问题主要是科技对人类的影响、科技对服装的影响。

M：如果用几个词语来形容当代文化或者社会现状，你会用什么？W：应运而生。

M：你们梦想的 20 年后或者更远的未来的文化会是什么样的，那里会出现什么样的问题？W：梦想中的未来或许国界将以文化而划分，我喜欢这种文化，我就去这个国家，不受签证、政治、宗教等的制约。可其实这样也会出现很多问题，比如如果打仗的话，可能有一种文化就会灭亡了。

M：那你们觉得实际上未来会怎样？W：实际上，我觉得未来每一个地区的文化都会更加丰富和多元，问题可能是每一个人都太独立和自我。

M：你们常怀旧吗？20 年后你们觉得怀旧会是怀念什么？W：经常怀旧。20 年后，我可能会怀念和家人朋友在一起的时光吧。不论科技多么发达，至少 20 年后我们还是无法控制人的生老病死。

M：你们最希望 20 年后会有什么东西？W：下单 1 小时后收到我的包裹。

M：你们有没有想过 20 年后你会做什么？或者说，是什么样的一个状态？

W：20 年后希望有和一群志同道合的人一起革新服装行业。

M：说说你们接下来的打算吧。W：目前正在准备新一轮的创作，希望能有更多的作品在中国亮相，让大家知道我们在做什么。

Studio Aubruino
喂食头盔
2018

关于 MASHAMA

Masha Ma，首位登上巴黎时装周官方日程的中国时装设计师，常驻至今 14 季；首位登上英国《观察者杂志》（*The Observer Magazine*）封面的时装设计师；首位接受美国《时代杂志》（*TIME*）“新生代领袖”（Next Generation Leader）专栏采访的中国时装设计师；2015 年福布斯“中国最具潜力设计师”；2016 年被英国版《Vogue》评选为“巴黎当代时装设计界最前沿力量”。

MASHAMA
未来感就是不确定感

采访 _ 幺蛾

摩登天空（以下简称 M）：描述一下你现在的状态，再设想下 20 年后的自己是怎样的状态？ MASHAMA（以下简称 MS）：现在创作，不停地创作。设想自己 20 年后会住在像埃里克斯 · 霍格拉夫（Alex Hogrefe）设计的崖边居民（Cliffside Residents）那样的房子里，喝酒看书听音乐。

M：你常怀旧吗？20 年后，你觉得怀旧会是怀念什么？ MSH：20 年后的怀旧内容里应该会有《中国有嘻哈》吧。

M：在你记忆中，最让你震惊的技术革新或科技发明是什么？ MSH：我对小时候第一次接触 Photoshop 带来的惊喜记忆犹新。

M：往后 20 年的时间跨度内，你觉得我们的生活会被怎样的技术改变？ MSH：20 年后的生活应该是以交通出行类的变革为主吧，比如无人驾驶技术的出现，但最希望能有一天可以有技术来实现时空门。

M：你都尝试使用过哪些新型面料？你觉得未来主流的服装面料是否会与当下不同？ MSH：我在秀场尝试过有记忆感的金属纤维面料、镜面反光面料以及戈尔特斯（Gore-Tex）。全球气温的变化应该会带来不同的面料需求，很期待隐形面料的普及。

M：你认为“未来感”是怎么回事？在服装设计上，设计师们是怎样体现“未来感”的呢？ MSH：对我而言，未来感就是不确定感，但不是一个时间长度的概念，比如 20 年后才算未来，这对我来说是不成立的。任何打破传统期待的设计与变化，无论大小都是未来感的体现。

MASHAMA FUTURISTIC IS A SENSE OF UNCER-TAINTY

摄影_夏永康

摄影_Shoji Fujii

MASHAMA
2018 春夏系列
摄影 _Shoji Fujii

M：从什么时候开始对 3D 打印技术感兴趣？ MSH：几年前吧，现在只是把它作为价格昂贵的普通工艺在使用。

M：巴黎时装周发布的 2018 春夏系列中“故障美学”的灵感来源是什么？ MSH：一直很喜欢王家卫的怀旧风格，那些老旧的色调充满了未来主义的虚化时空，我就想到，如果可以把这些时空赛博化会怎么样呢？这就是那些 Glitch（故障）印花的灵感来源。

M：你想过最疯的一场秀是什么样子的？ MSH：给每个人发邀请函，附带植入大脑芯片，在家浸入式云看秀。

M：你觉得 20 年之后的秀和现在相比会有怎样的变化？ MSH：我觉得 20 年后可能不一定还有秀吧。

M：你是否会关注一些正在发展当中的新技术，希望成熟之后可以运用到自己的秀中去？ MSH：Hologram（全息图），我一直非常关注，期待有一天普及大众。

M：你平常听什么音乐？ MSH：看心情，没有太固定的，一般都是几屏同放。

M：你是怎样选择秀场音乐的？ MSH：我们每次都是与巴黎当地最火的小众厂牌合作，全部原创电子加影像，从每一季度主题出发进行创作。

M：你觉得未来的音乐是什么样子的？ MSH：人机一体，一音入魂。

M：在未来，你给自己的身份定位是什么？希望别人把你称作什么？ MSH：我没设想过未来的身份定位，这个决定不在我，所以没什么期望。M

TECHNOLOGY
科技

关于 CNdY

作为中国电子音乐的标志性组合，CNdY 正在重新定义中国的电子音乐：年轻、无常并且充满活力。他们如同魔法师一般，用全新的方式将自己的声音通过电流和放大器传送。这些电音魔法师将通过耳朵进入你，直接掌管你的大脑。

“制作《冷血动物》是一次在黑暗中的行走，一种阴暗的内心体验。由恨主导，毫无爱意。整张 EP 描述了发生在黑暗中的故事，我们希望展现一场街头斗殴，没有规则、毫无秩序，为了胜利不择手段。在黑暗中，唯一的目的就是干倒对方。”

CNdY 将这张 EP 定义为一次情绪的宣泄与一次自私的表达。EP 四首曲目：《蔑视》、《操作你》、《F 词》、《流动》，展现了一段时间内，团队的生活和对于音乐认知的改变。他们抛弃了一直以来所迷恋的美好，选择通过毫不留情的音乐情绪与世界对抗。

献给无法达成和解的一切。

ALBUM
CNdY
扫描二维码收听
《冷血动物》专辑
CNdY

CNdY

关于诺亦腾

诺亦腾（Noitom）是一家在动作捕捉领域具有国际竞争力的公司，研究领域涉及传感器、模态识别、运动科学、有限元分析、生物力学以及虚拟现实等，形成了一系列具有完全自主知识产权的低成本高精度动作捕捉产品。已经成功应用于影视、动画与游戏制作、体育训练、医疗诊断、虚拟现实以及机器人等领域，并得到全球业内的高度认可。

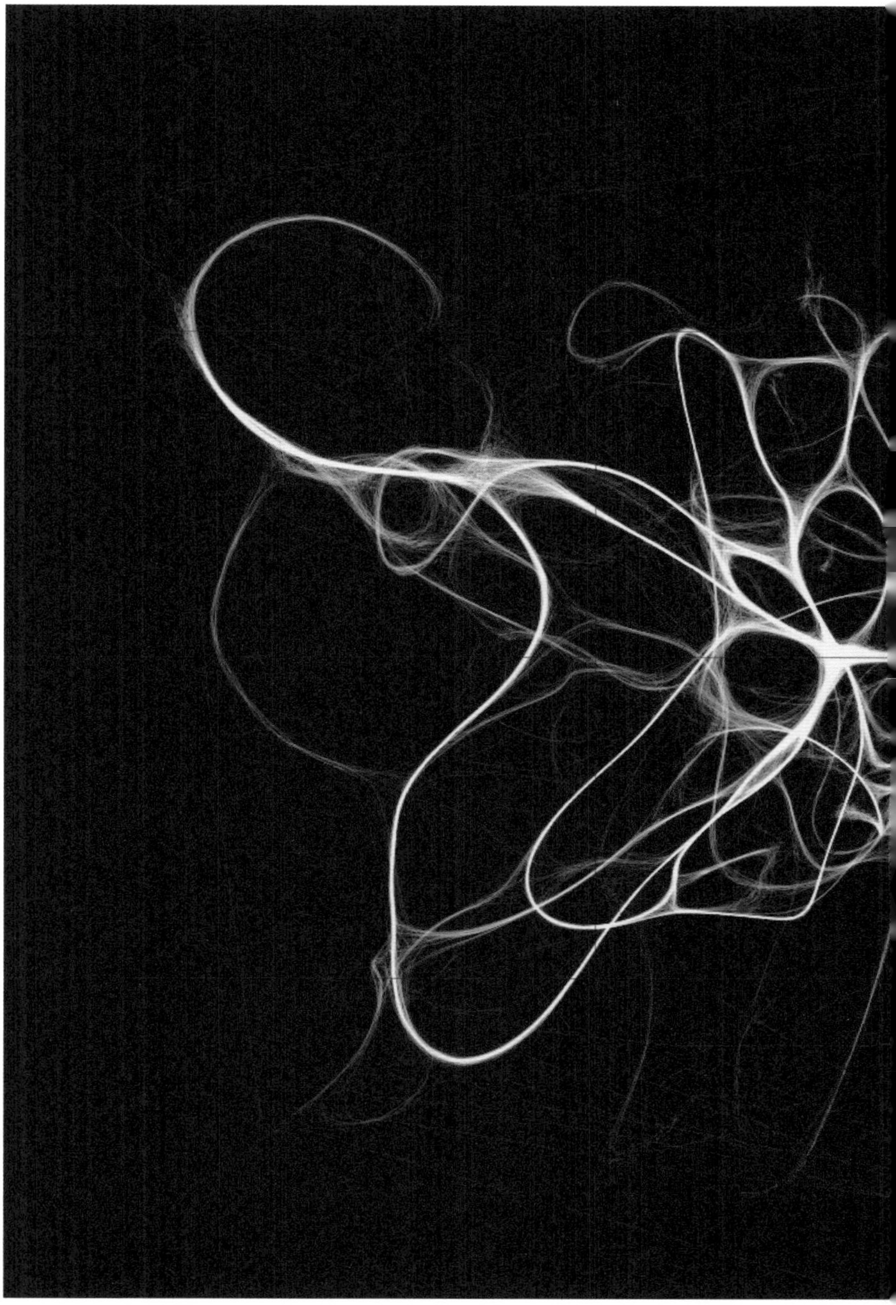

ACTION! POWER BY THE CREATIVE MOTION CAPTURER

诺亦腾：用技术无限放大创意的源泉

采访 _ krejerk

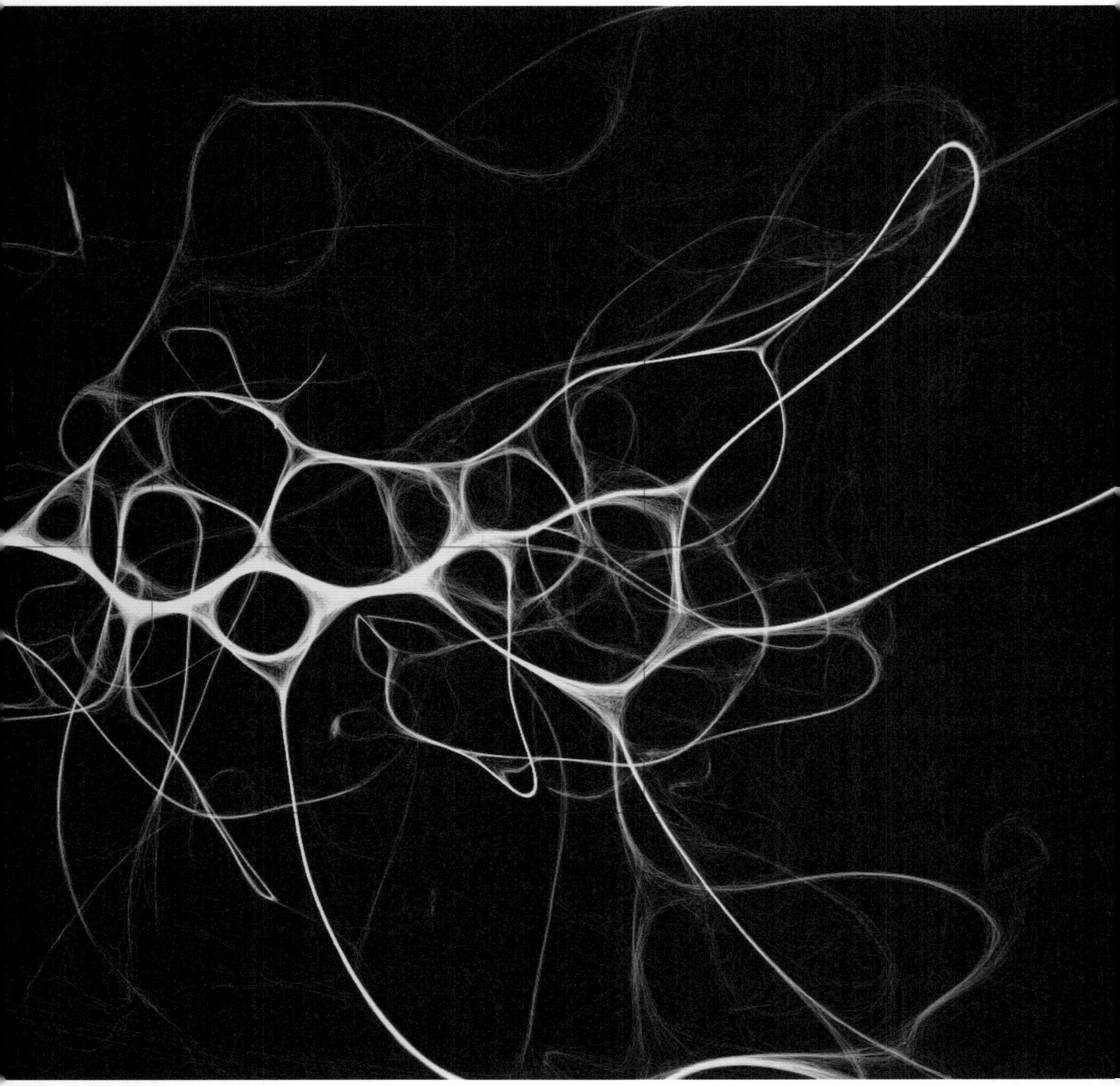

Digital Artwork
Production: fuse*
数字艺术作品
制作：fuse*
Power by
Noitom Perception Neuron
技术支持
诺亦腾模拟神经元网络

诺亦腾的名字来自英文 motion 的倒序拼写“noitom”。这个名字意味着两件事：第一，这家公司做的事情和“motion”（动作）有关系；第二，这家公司要颠覆相关领域以往的格局。

动作捕捉是技术核心，但实际上诺亦腾目前已经涉及了很多行业，除了影视之外还涉及医疗、体育、培训、交互设计、VI 虚拟现实内容设计。“有的人会用我们的技术做很奇怪的东西，比如有的 DJ 希望在现场驱动一个大机器人，或者驱动一个虚拟形象的角色。他穿上设备，然后外面套上他的皮夹克，他就可以用自己的身体控制那个东西。这也是一个很奇怪的应用，”邓宇说，“在所有的这种人类创意活动当中，最有效的工具其实是人。当你把人的界面拓展出去的时候，其实你是无限放大了创意的源泉。”

在诺亦腾勾勒的未来创作场景中，工程师创造了这个虚拟空间，创作者将不用再去管技术的更新换代，他们能以舒服自在的状态在和受众一样平等的空间中去创作。

TRANCE
扫描二维码观看
"传神"混合现实制作系统

摩登天空（以下简称 M）：动作捕捉技术运用到未来我们的日常生活中，会是什么样的？诺亦腾（以下简称 N）：举个例子，你戴着一个未来的 AR/VR 眼镜在大街上走，你看到任何东西，这上面的摄像头都能智能识别这是什么东西，然后给你推送信息。但是如果我们现在在三里屯太古里搭了一个活动的现场，这个活动现场里面有一些特定的内容，这个特定内容是在这个空间里设计、在这个空间里体验的，它可能有一些细微的操作，有一些逻辑不在云端而是在本地的私有云里，那你要如何实现交互体验呢？我们会在你这个眼镜上放一个小小的元件，就像你过安检盖了一个章一样，马上就进入我的空间里面。对你来说是无缝衔接，但其实你的眼镜已经实现了更精确的定位和更复杂的交互逻辑，等到你要离开这个地方，我们再把这个小元件拿下来，你还是可以无缝地去继续体验你的混合现实生活。应该是这样一个场景。在未来的使用场景里面，我们是什么好使来什么。如果你说我们是在卫星发射中心，要修火箭，我们可能会有一个超高精度定位的装置，甚至有头盔和身上的东西帮助你。但是你把这一身脱了，进入娱乐现场，后台的运行逻辑是一样的，它只是在传感器的精度和整个用户定义的逻辑复杂性上不一样而已。

M：你觉得什么时候我们构建的"现实"能够完美地欺骗过我们的大脑？
N：我觉得人的大脑从来没有停止过被欺骗。人的感官，眼、耳、鼻、舌、身、意六根本身就是被人自己而非物理世界塑造的。我们看到每个人都不一样，人可以很好地调整和适应来自外部的刺激，所以将来的技术不需要特别复杂，只需要照顾六根就能欺骗过大脑。比如说你们做音乐的，现在是耳朵。我们现在做的虚拟现实，照顾的是视觉，目前触觉还没有完全解决，等到触感虚拟完全解决了，你说的那一天就到来了。其实在电影出现以前，人也不会知道在一个小酒馆里面看火车开过来是什么感觉，但是在那种情况下，所有人都相信那是真的火车。我们今天再看那个放映现场太简陋了，怎么可能会相信？但是当你第一次体验到的时候确实会相信。

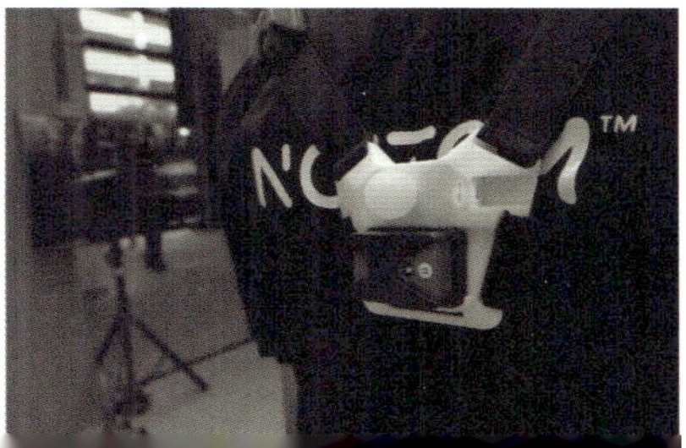

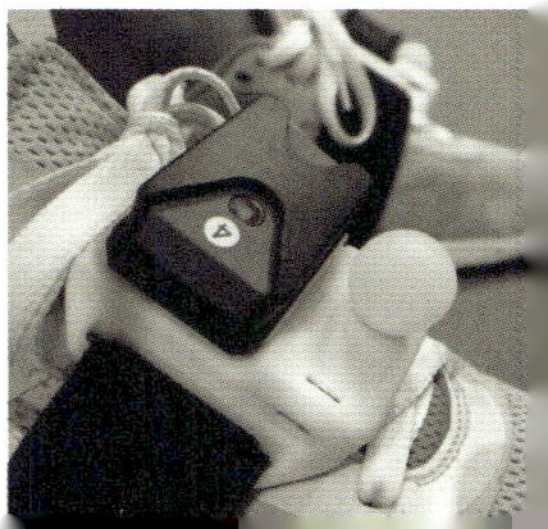

Shooting Site
拍摄现场
Noitom

Trance Mocap and Trance Camera
传神动捕与传神摄影机
Noitom

M：诺亦腾创造的拍摄场景和过去的特效电影有哪些不同？

N：在特效电影的时代，不同阶段的工作是割裂的，在拍摄的时候是一种状态，进入数字特效制作是另外一种状态。比如，现场你觉得这个杯子位置不对，你去推它一下就可以了，但是在后期做特效时就不能去推了，你必须找一个动画师，说你帮我把它挪一下，动画师会对你说，我这里有 100 个关键帧，你要挪一下的话，我可能要调两天。你可以看到，那时后期这部分人机界面很糟糕，非常不直观。它是非线性的，也就是说，这个数据只要在，我永远都可以重新去做。但是你重新去处理它要花很大精力。电影特效改变了电影，但某种程度上它太过于强调非线性的部分，太过于强调数据化。我们必须把我们传统的手艺拿回来。放回去的前提就是，不管你有什么数据，你有什么软件，最后我把它组织起来，都是要集成在一个实时的环境里面，而且人能够直观地去控制它。比如说打碟，其实现在已经是模拟碟机了，但为什么还是要做成碟机的样子用同样的方式去操作呢？因为如果你改了，很多传统 DJ 就用不了了，比如我把你的碟机换成了 10 个推杆，对应 10 个手指头。我相信大多数 DJ 可能不会用了。当年的电影特效就有点像这种情况，所以我们现在做的事情就是把数字化直观呈现在主创面前，让他们能够知道远近大小高低，让他们用上以前摄影机的技术、摔炮的技术、推轨的技术。我们把这部分数据实时采集下来以后，还把它转化成一个很完整干净的数据包，再交给后期，后期做完了之后，反馈意见能够再次回到现场去重新修改。这样我们就把两个世界打通了，这种割裂就消失了。

M：所以，让它线性的目的是为了让这个产品使用者，能够以自己习惯的方式去使用它。 N：因为人的生存经验的改变是线性的，人虽然可以通过大脑逻辑去理解非线性的东西，但是人的创意还得在他最后舒服的状态里才能够发挥出来的。这个趋势不是现在才有的，在好莱坞已经是存在几十年的事了，我们怎么能够把整个拍摄现场的所有时间、空间逻辑全部捕捉下来，然后加入新的内容，或者说去调整它？比如像拍《黑客帝国》和《阿凡达》的时候，他们都是去做的，只不过他们用的东西太贵了，而且都是定制的，对于大众来说非常遥远。但我们觉得这个状况应该改变了，新晋导演应该也有机会使用虚拟拍摄的技术，使用动作捕捉，使用虚拟摄影机。这些东西不应该因为它的复杂度和成本成为一种限制，因为我们认为创意本身不应该有限制。所以我们现在提供的技术，就是在能够承受成本的前提下结合一些新的商业模式。

在我们的一些产品中，我们会把架构作为一种服务来提供，它们都能提供给创作者想象空间，比如有的文学导演对于拍摄，尤其是特效可能非常不感兴趣，觉得现场又是搭绿布，又是调光，弄了两个小时都没有开始拍，演员都没有状态了。有的导演非

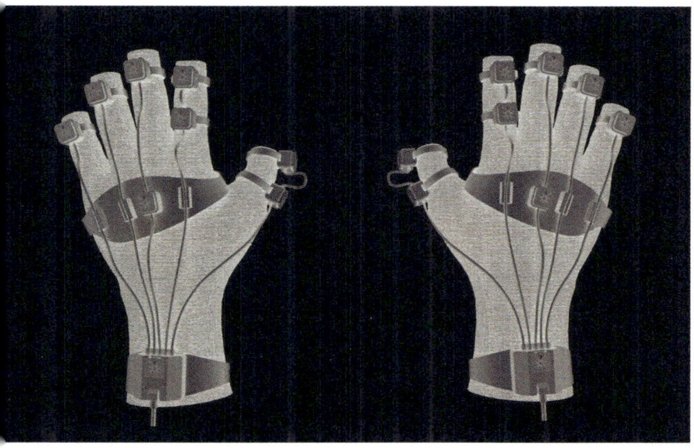

Perception Neuron
Neuron 动态捕捉套装
Noitom

常重视环境，但是现在很多科幻大片里环境是不存在的。所以我们把整个环境都呈现出来，甚至他自己可以拿着一个虚拟的取景器，在里面到处看，找他感兴趣的东西。这样我们就不再是简单的后期工种辅助，而是作为一个导演的创作工具存在。他可以在里面思考，想他要做什么、怎么呈现，包括运动空间、调度，这是导演们真正关心的问题。导演为什么要关心绿布抠得好不好这些问题？

M：你们目前涉足影视行业有多深？未来会更深吗？ N：我们现在已经涉足得很深了。有一些不能提的名字和不可描述的项目，但是我们没想这个过程会非常快，可能在两到三年里你会看到整合式的、跨媒体内容的开发，就是一个 IP 的多维度开发，它的底层逻辑都是基于我们整个系统的时空逻辑，然后去定义针对电影、电视剧、游戏、主题公园、商用的体验场景。这些都会用同一套逻辑来做，这是非常快的，我们感觉已经近在眼前了。

M：以前拍电影是一件很大的事情，永远不可能由作者说了算。以后会不会因为这个技术的成熟，让作者电影变得更容易实现？
N：我觉得这个事情早就发生了，我们现在看到的美国主流电影实际上是当年进不了制片厂大门的独立电影，现在当然没有理由会认为将来的独立电影不会比他们更独立。中国的 B 级片还没有真正成型，这个工业一旦成型，我们的技术如果用在里面，会起到一些爆炸性效果。不一定只有在一个特别复杂的高风险项目里面才能用我们这样的技术，往往一些比较小、想法很奇怪、限定性强、出怪招的项目，反倒可以体现出技术的优势。所以我觉得你说的这种将来电影的状态，作者有多大话语权，取决于你要开多大的脑洞，能够把我们的工程师逼得有多疯。

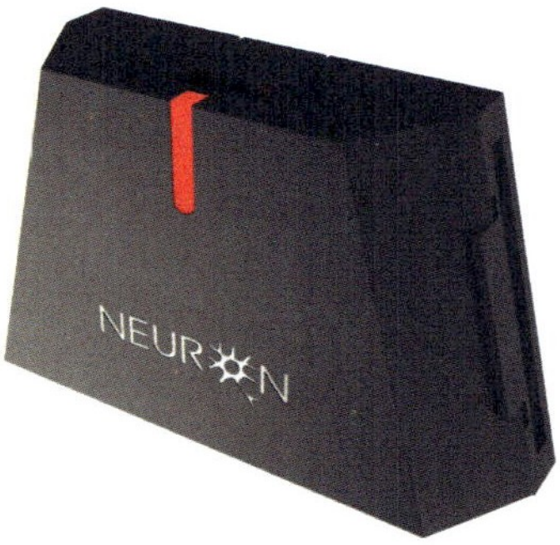

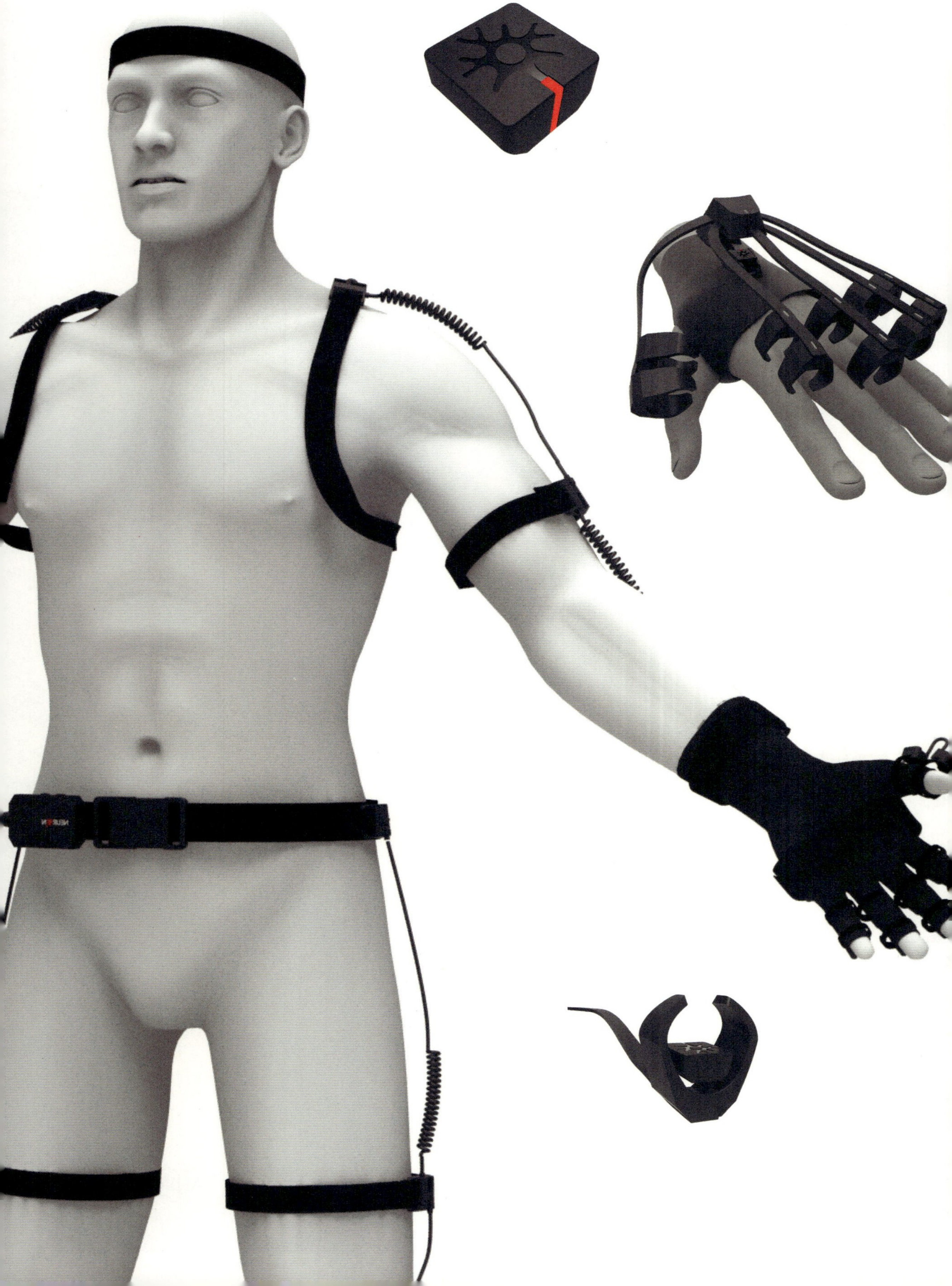

WHEN WE ARE DEAD ONLY ARTISTS WILL SURVIVE

工程师欧阳：将来可能只有艺术家能够存活

采访_ krejerk

Cirque du Soleil
Michael Jackson

在所有受访者中，工程师欧阳是一个独特的角色。

相比其他自主研发硬件和程序的公司，欧阳他们的团队更像是一个帮助别人解决问题的组合；关于自己要做什么，他们并没有一个明确的方向，而是在接到客户天马行空的需求之后，利用经验进行分析，把任务拆解分包，最终解决一个问题或实现一个诉求，“我们给自己取名叫产成解决方案转化平台”。他们的客户包括航天系统、地铁系统、银行系统、建筑公司以及艺术家。所以这也要求他们在不同身份之间不断转换，以绝对开放的态度触到客户需求中提及的各方各面。

参与艺术创作但不把自己看作艺术家，欧阳说自己就是那种真正的极客。但在我看来，这个对待艺术有如孩童般热情的工程师拥有别人难以想象的机缘：一个装置艺术家可能并不知道自己作品背后所有的机械原理，但同样参与其中的技术支持者，却在实现了装置本身的机械难题之外，同样能够领会艺术家最深层的表达，对于一个艺术品所面对的所有受众而言，他可能是唯一一个能够畅游完其完整概念和阐述逻辑的人，甚至超越艺术家本人。

1

1. Steve Jobs
史蒂夫·乔布斯
苹果公司联合创始人

2. Michael Jackson
迈克尔·杰克逊
超级碗
1993, Super Bowl

摩登天空（以下简称 M）：您为什么就不觉得自己是个艺术家呢？ 欧阳（以下简称 O）：我把自己定位成一个艺术装置工程师，我确实是参与了大量的前期艺术创作活动，但真正的工作是帮助艺术家实现他们的艺术创想。相比艺术家的天马行空，我们主要考虑的其实是一个叫“可制造性”的东西，它可行性有多少？它在成本上可不可以制造？我常常说我所在的这个工业制造产业是个比发射火箭还难的一个产业。为什么这么说？比如摩登天空做一场演出，在总导演按下开始键的那一秒，你的视觉要达到，听觉要达到，设备要达到，你做的每一个动作都要准确到位地表现出来，这就比发射火箭的要求要高得多——但是对不起，我只给你 100 万。做个火箭的成本是没有底线的，而且它多丑都行，只要能飞起来。所以这个过程就是一个艺术创作过程，你要了解它的视觉，了解它的听觉，你要研究它的可制造性。

M：把一个作品全部解构了以后，创意只是其中一小部分，最后执行那一个一个的细节才是这个艺术作品真正的关键。 O：对，但我希望我做的工作不要打扰到艺术家的自由创想，我们完全还原他的创想，让他感受不到障碍。把我定位为工程师很准确，我自己也会跟我的同业们讲，我们是高级蓝领，我带的就是一个高级蓝领团队，我们画的每一笔都要保证它是可制造的，多做一个角，多弄一个弯，它的成本可能上升几倍，它的不可制造性可能就产生出来了。

M：你如何评估一个需求可不可以被实现？值不值得被深挖和探索？ O：百分之百靠经验。这是别人不具有的优势。

M：不少多媒体艺术作品已经实现商业化了。你会不会有一些经验，能够判别哪一些作品会更容易获得传播？更容易被复制？更容易获得好的评价？ O：一个好的艺术作品可以重复 100 次，重复 1 万次，重要的是它的精致和用心。你看迈克尔·杰克逊对演唱会的每个过程都有非常细致入微的研究，他去体会，他站在每个人的角度去体会。所以我就说，一场完美的演出就是那样的演出。艺术作品不怕重复，你会发现我们所重复的可能都是很多年前人类创作的东西，只不过是用新的手法再现，但问题是你能不能把它体系化、精致化。我们做到了吗？我们没有做到，没有任何一个艺术团体和个人做到了这样，我看到了只有迈克尔·杰克逊、乔布斯等这些人做到了。他们的精神境界已经到了这儿，我说那个叫人，我们叫作野蛮人，它是这样一个区别。

M：电子化技术现在越来越普及，让普通人变成艺术家的过程是不是更容易了？ O：这个问题特别棒。现在你要一张床，你做一个椅子，你要一个空间，你做一个桌子，它都是固定的，你只是复制一下而已。咱们怎么做成一个美的桌子？那是艺术家的事了。所以我说未来这个世界上只需要艺术家，其他人就是虫子、蠕虫，养着就可以了，就

这么一个东西。所以只有艺术家能够存活。

我们的技术进步帮助很多东西变成画笔，人能够越来越快地掌握这些画笔，然后把想法变成实体，变成影像，这会越来越容易，但是你看 AI 它也会画画儿，没有价值。艺术首先是以人为本体，是人感触了人，我哪怕画得再丑，我也是感动你，我觉得这才是艺术。不能因为 AI 会画画儿就认为它是艺术，它只是在模仿。机器能感动我什么呢？哪怕以后我可以跟它做爱也没有什么可以感动我的，那是一个机械行为，跟感动没有关系。

艺术是人和人的关系。所以只有我们终于把所有现代的工业技术全都抛弃了，人和人之间就容易感动了。过去我们成本很高，我们需要借助金钱去感动别人。你要扩大影响力，你要通过电台，你要通过大的画面和装置去感动别人。以后就不用了，你生活成本很低，你感动一个人也可以，感动一群人也可以。所以我说为什么以后是艺术家的世界，就是这样，就是你能感动多少人。你感动的人越多，你就觉得你的艺术越有价值。它的价值不再以金钱来衡量了，这就是未来的世界。

M：你的位置非常特殊，你不但能理解艺术家的创作诉求，背后的操作逻辑你也清楚。

O：我前几天看了一个关于艺术家的评论，他说艺术家都是单点的，一根针可以在一个地方扎透，它没有扎透一个面，因为它没有机会。你可能掌握音乐，但是你不一定掌握美术，你不一定掌握电子媒体。而我有这个运气。因为我个人对文学，对音乐，对美，都有爱好，跟摩登天空这样有艺术创想、完全无边界的机构在一起工作，是我的荣幸，我更希望让这

2

M A GEEK NSTEAD OF AN ARTIST

Michael Jackson: ONE
《迈克尔·杰克逊：独一无二》
曼德勒海湾
2013

些社会的公共资源能够更有效地发挥它的作用。

M：你和你同事的工作都是如何展开的？ O：我们的工作量超级大，但是还好我有大量的工作经验和工作方法支撑，当然这个工作方法借助了我的工具，当接到一个工作之后，我会把它拆解成几个部分：哪个是商务的，哪个是技术的，哪个是过程的。我们有一个庞大的管理体系，很快地分解到相应人员。我有自己的评定标准，我只关心我的标准，我不关心你的工作，你的工作对我没有很大的意义。我关心的是，到底我这个标准你是否能达到。重要的是建立这个标准体系，此外，我对所有技术人员都有一个提醒，技术永远不是单纯的技术，技术人员一定是用 60%~70% 的精力在解决商务问题。你要评估这个东西我为什么不做，不是技术不可做，而是性价比的问题。他有时间资源，有金钱资源，你值不值得去做？所以我说，你首先是一个非常好的商人，你先告诉我这个东西可不可做，然后我告诉你我为什么用这个技术来解决。

ART COULD BE MORE INTUITIVE AND INSTINCTIVE

英梅吉：让艺术成为更直观的本能表达

采访 _ krejerk

关于英梅吉科技

英梅吉是一家专注于计算机视觉领域的技术型公司，目前该公司专精 AR 虚拟增强现实技术的应用，攻克了基于普通单目摄像头的手势精准识别等技术难题，致力成为计算机视觉领域的领跑者。

英梅吉不做硬件产品，他们更像一家传播科技基因的公司，让你手上那些最普通的移动设备散发出不一样的黑科技之光。简单来讲，他们正在把一个最普通的监控摄像头变成能够读懂手势语言的神奇装备；安装了他们程序包的手机，除了可以通过触控屏幕和语音操作之外，还能通过摄像头向它发出指令。

如果说生产硬件的科技公司正在延展我们的肉体和可操作空间，那英梅吉这样的“代码公司”就在为我们制造和编纂新的操作语言。在可预见的未来，手势识别不仅仅会改变表达的方式，它也会改变创作的方式，试想如果舞蹈本身能够被识别为信息复杂的信号和数据，那它既可以变成颜色和线条，也可以变成音符。在未来，利用动作捕捉技术，你可能既在跳舞，同时又在演奏和绘画——当技术解决了创作的门槛，艺术便成为更直观的本能表达。

WEBSITE
扫描二维码登录
英梅吉手势识别官网

摩登天空（以下简称 M）：人眼系统其实就是“双目识别”，能够感知到空间里的纵深，所以单目识别真的算是一个反自然的“黑科技”，你们为什么要做这个？ 英梅吉科技（以下简称 N）：我们在立项的时候，考虑到底做哪个，后来得出这个结论，还是因为要考虑回到市场。你看现在市场上有多少双目的硬件？虽然国内国外研究的方向都在说我们要用双目的解决方案，但是市场基础还是基于单目的多。什么叫作单目？就是我们的普通摄像头，包括我们普通电脑和手机摄像头，这些都是单目摄像头。大家都说双目摄像头能够做很多方案，比如能做手势。这个技术很多都是用在 VR 的解决方案上面的。但是你要去看 VR 的未来在哪里。VR 的未来一定是在手机上面，手机决定 VR 的未来有多大。

目前手机大部分以单目摄像头为主，就算有我们现在所谓的双目，

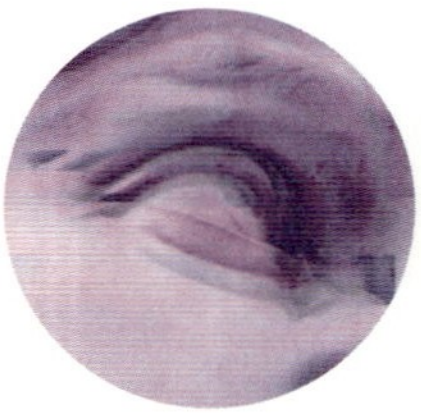

它的双目跟计算机视觉里面的双目也不是一回事。我们在三五年内要做的事情是，尽量去适配市面上的硬件基础做算法，所以我们定的方向就是基于单目摄像头的手势识别与交互。但是像你说的，单目有难度，和双目摄像头比，它少了一个维度，我只能看见平面，这对于算法的要求就极高，而且要在手机上运行，效率、功耗，包括文件大小都会造成很大影响，其实并没有真正解决问题。

M：随着 VR（增强现实）/AR 普及程度越来越高，未来会不会有更多的硬件厂商倾向于把自己的硬件匹配到这个方向上，到那时单目是不是就没有那么强的必要性了？ N：你这是站在发展的角度上来说。但我个人认为，三到五年内单目仍然有很大的市场，能让我们像熟悉语音交互一样去熟悉手势交互。假如你回到三五年前，你会习惯用语音进行交互吗？不会，它需要一个普及的过程。

手势交互是一种跨平台的基础交互方案，并不是只能用于 AR/VR。最近有一些工业领域、制造领域的人找到我们，他们要识别特殊手势，但是又没有办法大规模地去加装硬件设备，最好是能在已有的硬件上——一般是监控摄像头——在那上面实现监控。这个就没有办法用双目去做了，但是我们的系统就可以做。

M：你怎么看待消费者眼中的科技感这个词？或者黑科技？ N：其实就属于典型的信息不对称，在我们看来一些没什么用或者没什么技术含量的，可能对消费者来说也挺有吸引力。比如索尼刚推出了一个可交互投影仪，这个投影仪相当于把原来的短焦投影跟安卓系统，再加上手势识别交互混在一起，就跟一个小型桌面主机一样，卖 1 万多块钱。它是什么呢？在任何干净的表面，不管是墙也好，还是地板也好，可以把投影投在上面，你的手可以直接投影在上面进行交互。从技术人员的角度来看，这里面没有多少称得上是黑科技的东西，只是说这个东西有点新意、有点创意。什么叫作真正的黑科技？我们可能都猜不到它的技术原理是什么。

M：眼球转动操控、语音操控等操作方式现在越来越多了，我们以后是不是不需要干活了？我们会不会慢慢地就不需要去做空间上的动作了？ N：我觉得不会，因为所有的交互一定是让我们的生活更便捷，但便捷不是说让人变成一个废人，人也不会允许自己变成这样的。你只会省下更多时间去自由支配，所以一定不会存在人没有价值的情况，不会，人只会以另外的形态实现自己的价值。

我是 1983 年出生的，以前我们打游戏，那个叫不务正业，家长拿扫帚抽。现在打游戏可以打出战队，还能挣钱，你要是上直播，年收入还挺高的。他可以用自己省下来的闲余时间去创造其他的价值，科学在进步，技术在进步，人属于自己的时间也会越来越多。不要担心人闲下来会变成废物，不可能的，人会创造其他的东西。

M：技术革新时代，某一个成功方案背后都有无数个竞争过的替代方案，为什么你觉得这个方向是更正确的方向？ N：我们解决的是什么？是轻交互。我不喜欢看商业书，但是有一本书我看过很多次，叫作《定位》。我们的定位是什么？就是解决轻交互问题，轻交互在 AR/VR 上面就是日常的点击、拖拽这种基础交互，所以在

这个领域我们有绝对的优势，不需要任何硬件，就是软件成本。从发展的角度来说，可能三五年以后我们确实会面临双目摄像头的普及，但我们不是做完了单目以后就不进步了，我们也会去做双目的方案，因为双目北单目来说有天然优势、有深度信息，我在这个上面可以做出更多复杂的功能。

而且手势操作也不是我们的终极追求，说不定以后我们还做体感类的。反正从普及性上面来说，手势交互有点略微超前，但在未来手势交互又会是一种基础的交互，它有很多天然的优势，假如未来的屏幕能做到全息，你就一定会有双目的信息，我可能这边叠加了一层屏幕，后面还有一层信息。普通鼠标只能在 XY 轴构成的平面上运动，但手势操作就可以自由交互。

在未来，打字或许会被语音所淘汰，因为通过语音可以很方便地进行大量的文本输入，这就是键盘可以起到的作用，这两种操作配合起来一定会是未来主流的操作形式，这个未来我不知道有多远，可能 5~10 年，可能跟整个科技行业的进步有关系，但是它一定是种趋势。

M：手势操作已经形成一种新语言，所以我们应该怎样使用手势来发出类似“确定”、“滚轮滑动”这样的指令呢？ N：2016 年我们研究了很多交互方式，当时觉得很酷，后来发现不对，是我们想当然了。因为这种交互方式的学习成本是非常高的，怎样的一个动作是翻页、返回或者确认？用户需要花时间练习，在你没有形成平台、没有那么大的影响力之前，你要自己去制定标准、制定规范，这是很难的。所以我们更多的时候会保守一点，因为我们是面向不同的领域和行业，尽量使用大家最直接的反应，比如点触，这样大家不用去学，否则你的说明书里面还要详细解释，会增加很多不必要的麻烦。M

Positioning:
The Battle for Your Mind
《定位》
Al Ries&Jack Trout, 1980

EVERY REVOLUTION IS A LIBERATION SO WHY NOT THIS TIME?

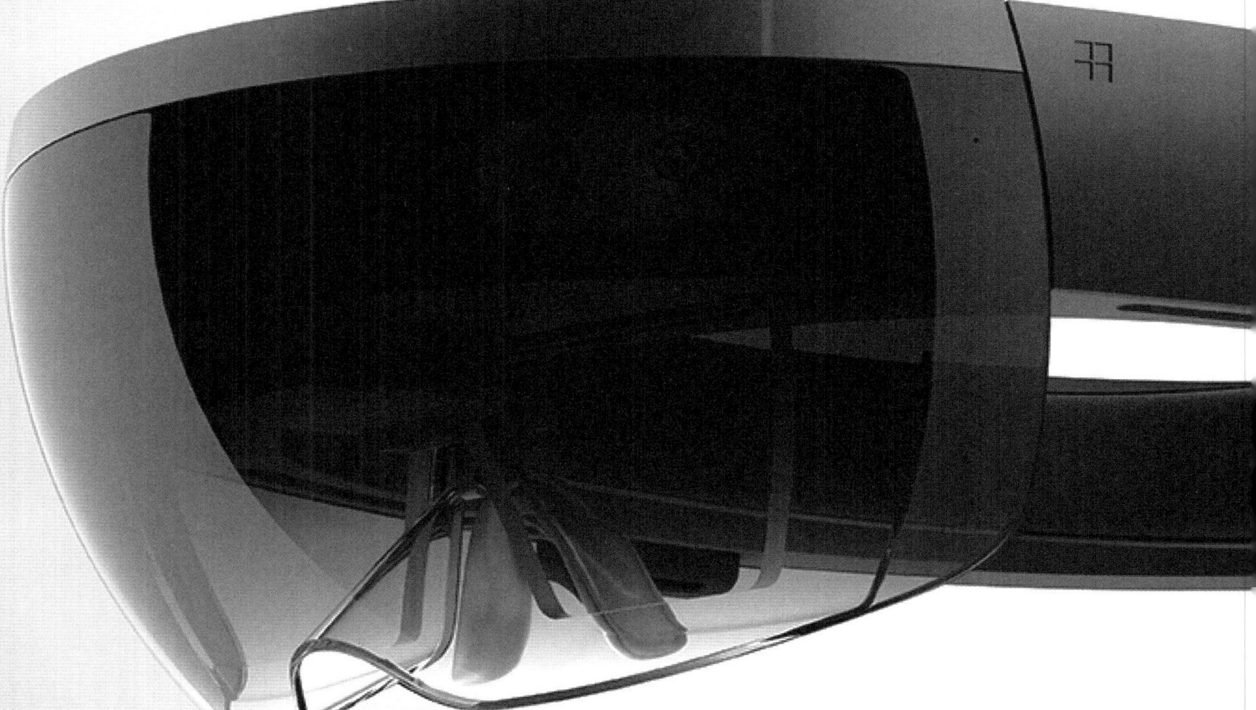

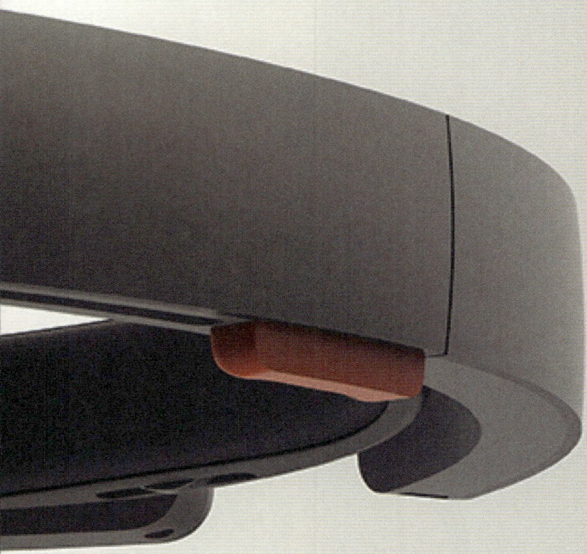

HOLOLENS：
“每一次工业革命都是解放，为什么这次不是？”

采访 _ krejerk

在受访者康容出现之前的半小时，我们在摩登天空的大楼里体验了一把 HoloLens 一体式 MR（混合现实）眼镜。事实上，哪怕你搞清楚 VR/AR/MR 的区别，但在真正戴上这个没有任何数据线的超级眼镜之前，这些定义便毫无意义。体验本身像是一个出色的概念翻译器，把那些冰冷的描述一下转化成生动的场景和操作。

“VR 是完全虚拟的现实，戴上 MR 装置之后你就看不到实体的世界了，AR 则是增强现实，它以现实为背景构建虚拟影像，但它们并不会跟现实发生互动，至于说 HoloLens，则被我们称作 VR，它就像一个被虚构出来的卡通人物，踩着真实的墙面和地板与你互动。”

HOLOLENS
扫描二维码
关注微信公众号

1

“HoloLens 背后首先就是有一台完整的 Windows 系统电脑可以连到我们的云服务，可以做出很多不同的混合现实场景。现在我们中国引进上市的有开发者版本和企业版本。有很多很棒的开发者会自由采购我们的开发者版本。在中国地区，尽管 HoloLens 只在这边上市了 6 个月，但现在中国已经变成它在全球的第二大市场，而且是成长率最高的市场。”

摩登天空（以下简称 M）：现在都有哪些企业在使用你们的产品？ HoloLens（以下简称 H）：有很多，最火的一个是建筑，然后是汽车厂商，你知道汽车设计以前的方式吧，设计师来感觉了，就画一个图，这个图跟制造没有关系，就是一个很漂亮的概念图，然后说我的车像风一样快。他们会花很长时间用黏土雕刻一个模型，搞了半天，领导说“好漂亮，我们要做这样的汽车”。然后他们就把汽车模型丢给制造商。制造商说这个汽车怎么可能造得出来？不可能！不会跑！他们以前做设计要花很多时间、很多力气，然后调了半天设计师还会说，这个车子长得不像风。但现在有 HoloLens 了，福特或者比亚迪都在用，大家一戴上眼镜，设计师可以说你看我的设计，本来需要 6~9 个月去确定概念造型，现在几天就搞定了。通过云连接，设计师可以在意大利，制造商可以在美国、在中国、在墨西哥，全世界连上网，线上开会。如果制造业的人说不行，你设计的车子不安全，不符合日本的法律，那整个过程也能调整得非常及时。

M：在轻量化这件事上 HoloLens 已经做到非常极致了，但是在这个情况下它能够续航两三个小时，还能做到那么轻。你觉得未来它会变得更小吗？ H：我们不但是第一个做混合现实的，而且是无线的，全部 Windows 系统的功能都在里面。你看科技的发展，更轻更薄肯定是一种方向。所以我们都很期待将来这个东西会变得越来越轻，我们要做智能的云和智能的设备，所以它的整合才是真正给力的事儿。这件事情重点是要平衡如下几点：第一使用要简单，第二电池要撑得够久，第三它要轻薄，第四它要能连到背后的人工智能和云服务。做到这几点，它才算能够真正做事。

M：现在很多产品都是使用现成技术即插即用，为什么你们要独立开发所有部件？ H：HoloLens 的开发团队是一个很小的团队，用了八九年的时间在地下室里面鼓捣，怎么讲，我们多半员工很多年里都不知道还有这样一个部门，这真是黑科技了。混合现实有很多开发者的远见和创意在里面，同时里边也有很多科技难点，所以当他们发现没有别人在做的时候，就必须要自己来做。这可能也会延伸到微软的科技哲学中，我们认为技术并非一旦做出来，想获得它你就只能购买我们的产品，实际上，等我们把它普及化之后，我们会把基本的技术全部放到 Windows 里面。Windows 是全世界最普及的电脑平台，所有用上 Windows 的客户都能获得 3D 技术和混合现实技术的自动更新。

M：很多工程师认为，不管是新型硬件还是系统都需要第一批使用者去启发、开启这个创意。我在网上看到一个人说买到 HoloLens 之后一定要把它植入无人机，跟它做一个交互。 H：2016 年微软科技大会议就展示了我们的一个合作伙伴——扩博智能做的用混合现实配合无人机交互的尝试。这位合作伙伴帮上海电信公司部署了很多手机塔，他们还要负责维修。这个维修是很难的，为什么？第一，信号塔这么多，而且有的地方很偏僻，你要派人去。第二，信号塔出故障往往是在天气最糟糕的时候，台风过的时候要赶紧去维修。所以现在他们的方式是用 HoloLens 接上无人机，先把无人机送出去检查。

M：你自己是不是一个科幻迷？这个时代的科幻小说似乎已经没有 20 世纪那么容易启发人了，变成一种复古感的东西了。有没有可能是因为这个时代有想象力的人直接参与了开发和创造？ H：我们回到 43 年前比尔·盖茨创办微软的时代，那个时候电脑的体积可能比这个房间还大。只有大型企业、政府或者研究院才有可能用它进行数据运算，中小企业不用讲了，消费者更不用讲了，那时候中国可能还在用计算器。比尔·盖茨的远

见就是要把科技的好处带给大家，要把电脑变成个人电脑。现在我们觉得谁都有智能手机，口袋里都是很厉害的电脑，有什么了不起？可是 43 年前就是很了不起的。比尔 · 盖茨大学还没有读完就去创业，他妈妈就问他你去做什么？他说我要做个人电脑。他妈妈问他：一个电脑，谁需要这样的东西？

所以回到这个时代，你可能会问，我们都有电脑、手机了，还需要 HoloLens 干吗？可是我们认为，将来这些智能设备加上人工智能，它会了解我们，会学习我们的习惯和需求，它能听懂我们讲话，你对它的控制方式会越来越自然。微软做的小娜是什么？她是一个机器人。通常人想的机器人是实体的，在工厂做事情，但小娜也是一种机器人，她可以回答你的问题，会跟你互动聊天。混合现实

Cortana
“小娜”
微软智能个人助理

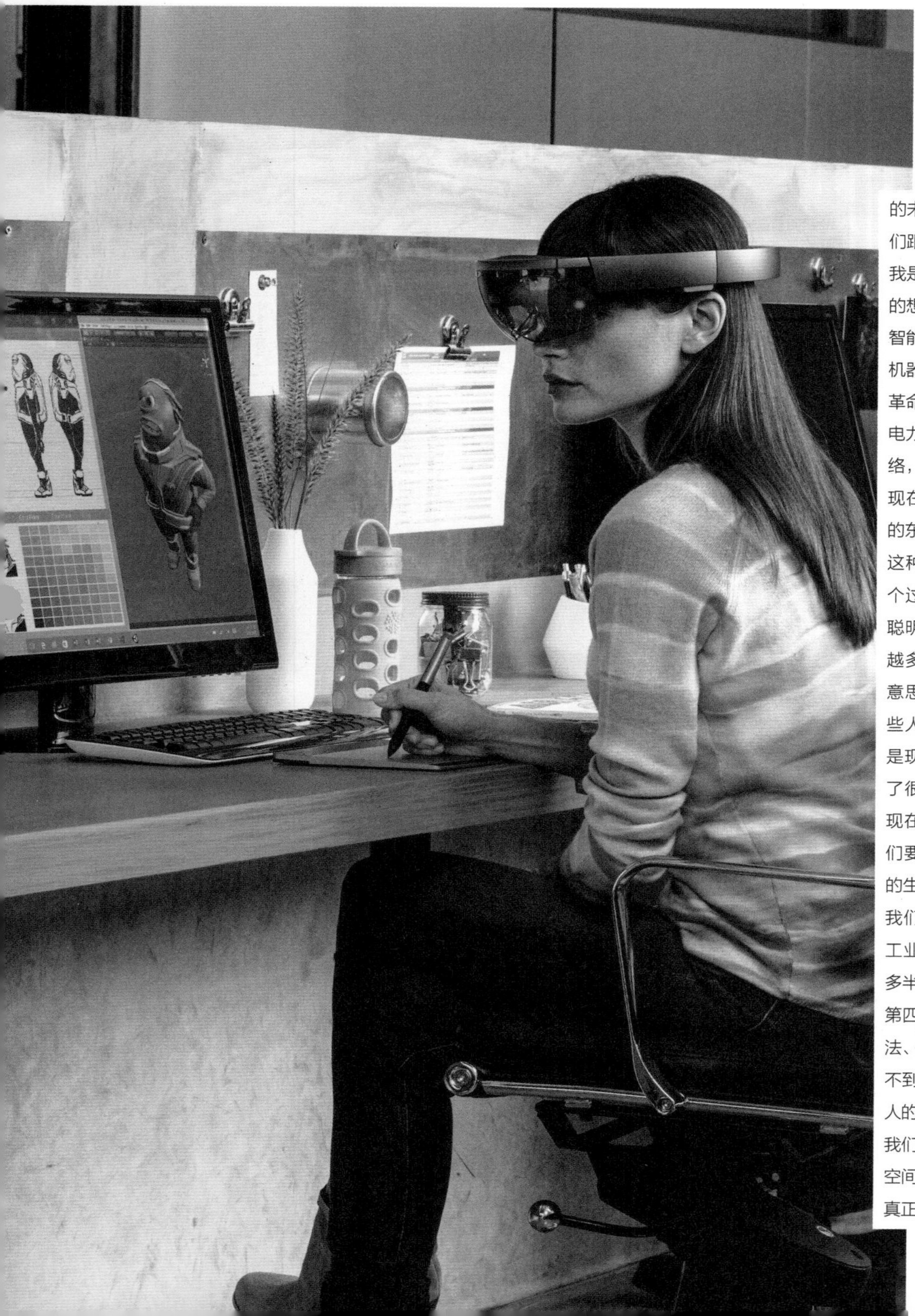

的未来已经开始了，将来会越来越自然，我们跟电脑互动是通过这样的装置。

我是个乐观的人，我觉得人类永远会有更多的想法，比如现在很火的一个话题是，人工智能越来越多，我们人类的工作会不会都被机器人取代。微软认为，我们经历过的工业革命有四次：第一次是蒸汽革命；第二次是电力革命；第三次就是电脑时代，发明了网络，所谓的新时代；第四次工业革命就是现在，结合这些大的趋势、云服务。物质的东西全部物联网，物联网的意义是什么？这种物质的东西全部都会连到网络上。这个过程现在已经开始了，互联网会变得更聪明、更有智慧、更智能。然后我们越来越多的数据会跑出来，这个大数据是什么意思？它背后是什么？就是在培训我们这些人工智能。人工智能这个概念不新，可是现在的差异是什么？我们的数据分量大了很多，可以培训它，使它变得更聪明。现在有人说人工智能会取代人的工作，我们要怎么办？你看每一次工业革命，人类的生活方式都有改变。多半个人类历史中，我们所有人都是农民、贫民，要饿肚子。工业革命经过那个过程有它的痛苦，可是多半人民的生活后来都提升很多。

第四次工业革命很适合摩登天空，创意、想法、设计的概念、突破的能力，这是机器做不到的事。所谓 HI（Human intelligence，人的智能）加 AI，即人的智能加机器的智能。我们的设计师、我们的创业者，他们发挥的空间大多了，这些人是我们第四次工业革命真正的朋友。

TARGET 1000000000

HTC VIVE：我们要影响一亿人的生活

采访 _ krejerk

采访 Alvin（汪丛青）之前，同事告诉我说他长得一点儿也不像程序员。但事实上，当我真正见到这位身高 197 厘米、模特身材却自称从六年级到大学毕业一直是班里第一名的 VIVE 中国区总裁时，我才意识到所谓不像到底是什么意思。

Alvin 说他之所以读书这么刻苦，是因为父亲曾经告诉他，把你们兄弟俩带到美国给你们一个更好的教育，未来你一定要想办法为社会做贡献。我和你妈都没钱，你要想上大学你必须要学习好，必须拿奖学金。

这就是 Alvin 接下来十几年的工作。不断学习，不断做不同的事，这一切都是为了可以去一个好的学校，可以做更大的贡献。

这就是为什么当我们还把 VIVE 的 VR 头盔当作新型游戏机看待时，他不断用这款产品能够在教育上实现的启发意义去启示我们、打动我们。他相信假如调动一个人所有的感官，每个人都能变成天才。

“我们不能给人以道德，但我们能帮助他们获取知识，让他们做出更好的选择。”他说，来公司前他给自己写了一张小纸条，10 年之后，他要影响一亿人的生活。

摩登天空（以下简称 M）：您什么时候第一次接触这个领域？ Alvin（以下简称 A）：应该是 1991 年。那个时候的 VR 头盔和现在挺像，也是一个头盔，有线，被一个类似于电脑的东西控制着。但是那时候技术很不成熟，而且价格特别贵，30 万 ~50 万美元一台，精准度和屏幕的分辨率却差很多，操作也没有现在这么自由的灵活度，有点像 30 年前的游戏机的感觉。

M：为什么现在游戏和 VR 结合得最紧密？ A：因为其实前面的二三十年游戏开发使用了同样的工具，所以现在做 VR 的内容，人们才对这个最熟悉，他会用他最习惯用的东西。很多人会觉得这是 VR 唯一的用途，我是不同意的。事实上我们生活的各个方面都可以被这个技术影响。

比如，我 20 年前做论文的时候就在学习 VR 将会如何颠覆教育，毕竟使用 VR 你可以用眼睛、用耳朵、用你的身体去互动，这个其实是人的自然的学习方式，VIVE 就会把这种完整的，全脑、全身的方式，体验式的学习带给孩子们。

M：你有没有看过动画片《飞出个未来》？机器人 Bender（本德尔）住在几平方米的小格子里面。你觉得人在未来会因为 VR 技术而对物理空间的需求急速降低吗？ A：我觉得应该是。现在地球有 80 亿人，再过十几二十年可能会到 120 亿。地球已经很难去支撑这样的一个人口数量。更大的问题是，人的寿命会越来越长，我们可能会活到 150 岁，要是我们用现在的生活方式生活，地球资源真的不够。但假如 VR 普及化了，每个人只需要戴上头盔就可以上班上学。路上就不需要这么多车，甚至办公室都不需要了，办公室就可以变成住人的地方，你的生活每天就在一个虚拟空间里，过几天你看海滩不开心了，想看森林，你的外景就是森林。很多人说有了 VR，人与人的距离会更大，我觉得是相反的，一个真正未来的好的 VR 系统，他会让你的感觉就是我们这样面对面，甚至可以更近，甚至可以超越我们真实的环境。

M：目前 VIVE 面向用户、让用户自己去开发内容的可能性有多大？ A：我们去年投的几个公司，我第一次跟他们谈投资的时候，在前面的 5 分钟放了一个相机在那里，我都不知道他们在干什么。我们洽谈完以后，他说我们帮你做了一个内容，他就把我们刚才那个视频跟他以前在网上挑的相片做成一个完整的内容体验，这一切就在短短十几分钟的时间里发生了，所以我觉得让普通人去做内容是一个趋势。现在你可以看到很多人每天就在 P 相片（用手机软件处理照片），为什么？因为现在 P 相片很方便，而且加滤镜很方便。类似这样的简单操作，很快就会进入 360 度的相片、360 度的视频。我觉得这是消费者创造内容的第一步。

M：摄影机发明出来以后，前 20 年它完成的工作都是去深度还原人用笔去绘画完成的东西，只是更逼真了。但是其实电影工业真正成熟花了更长时间，所以对于 VR 而言，它什么时候会诞生出真正属于自己的内容？ A：你说得很对，电影过了 20 年才开始从有图到有声音，再过了十几年有了颜色。这种老的技术发展很慢，但是你可以肯定 VR 最近的发展和更新特别快，在前两年，我觉得比前面 20 年的进展还更大。这个让我觉得，在之后的 5 年里，基本上每个人都可以用，这是一定的。未来在 VR 电影里面成功的导演，应该是现在做游戏设计的导演，或者做话剧设计的导演。因为他们知道怎么用声音，怎么用别的元素，而不仅仅是用镜头去讲故事。

Valve's The Lab
For HTC VIVE

M：更像一个舞台。 A：沉浸式舞台。我上星期去上海看了浸没式戏剧《不眠之夜》（*Sleep No More*），那就是未来的 VIVE 视频的感觉，你有一个大的空间，你可以随意走、随意跑、随意看，什么都碰，地上、床上、桌上的东西都可以拿起来。你可以以各种各样的角度去看那个故事，你可以没有顺序，你可以到一楼、到二楼、到四楼，跟踪不同的演员，假如使用 VR 技术，你甚至能超越 Sleep No More 的空间限制，比如，现在我没办法用这种形式去讲一个发生在海滩上的故事，只能在室内讲故事，但 VR 可以超越这些限制。

M：所以 VIVE 并不是一个新型游戏机，你们的定位里它应该是一个可以取代之前所有电子屏幕的呈现方式。 A：一定会的。不仅是替代手机，它会把任何屏幕替代掉，其实你想一想，要是你现在的眼镜可以实现全部这些东西，你桌子上为什么还要有一个屏幕？为什么还要在口袋里面放一个东西按来按去？很多人可能都想象不到，而且很多人会想说，新的苹果手机有 AR

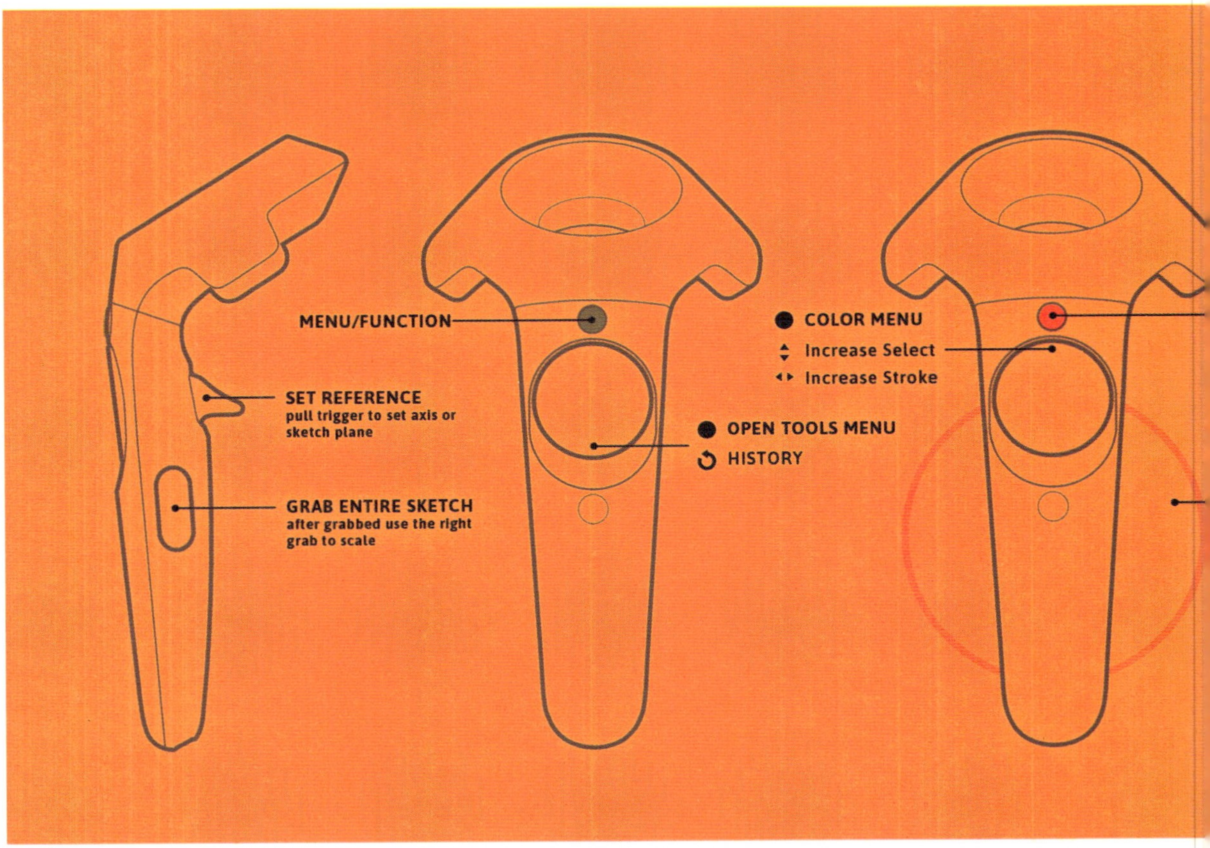
MENU/FUNCTION
SET REFERENCE
pull trigger to set axis or sketch plane
GRAB ENTIRE SKETCH
after grabbed use the right grab to scale
COLOR MENU
Increase Select
Increase Stroke
OPEN TOOLS MENU
HISTORY

locked
locked
locked

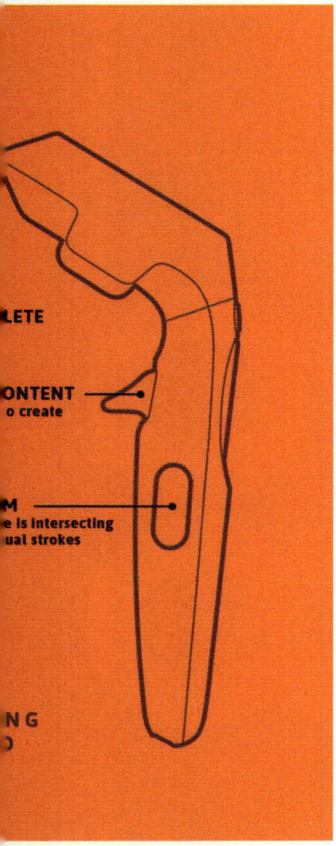

The HTC VIVE Controller
Manual

Rez Infinite Game
Available For
HTC VIVE

HTC VIVE
扫描二维码
关注微信公众号

了，你们的 VR 已经落伍了。其实很多人不知道 AR 技术已经落后 VR 可能三四年了，尽管现在手机上可以看 AR 了，但是它看的还是这么小的一个屏幕，世界这么大，你的屏幕这么小，你有沉浸感吗？但是为 AR 做的每一个内容，把它 VR 化也就需要一个按钮。它的环境、游戏里面的逻辑、里面的灯光等，都可以直接变成一个 VR 内容。它们不是竞争关系，就像电视，我可以放黑白电视，可以放 3D 电视，可以放彩色电视。但是不代表我需要四台电视机。甚至你和你的朋友一个戴 VR 设备，一个戴 AR 设备，他们可以在同一个虚拟的空间里面玩，没有必要去竞争，而且以后每个设备都会互相兼容。

等到 VR 真正成熟的时候，它就不是一个设备了，它就是你和世界交互的一个界面。越自然的互动就是越成熟的互动，越不需要考虑按哪一个按钮的设备就是越智能的设备。

M：在之前做采访里面你提到一个科幻小说《玩家一号》，你说你希望每个员工都去阅读这个小说？为什么？ A：我们做的不仅是一个产品，我们做的其实是要改变世界，要去教化世界。你要想教化一个世界的话，就要让大家有一个共同的目标、共同的语言，也要有一个共同的对于未来的理解。

《玩家一号》描述的故事中有很多东西我们值得参考，比如我觉得其中使用技术的方式非常有代表性。全世界的孩子戴上头盔去一个虚拟星球学习，每个人都可以受到最好的教育。这些概念我们可以参考，不是说百分之百对，但是起码可以看到它对未来的设想是有根据的。

M: 你觉得科技的成熟会不会要求人类以更高的道德水平去匹配？

A：道德是一个很难去评估的事，但是我觉得技术至少会让人变成更有知识、更有智慧的人。如果 VR 普及的话，孩子可以在年轻的时候接触很复杂的东西，比如说现在一个博士要到 30 岁才能毕业，我觉得未来 20 岁以前就可以办到。现在很多复杂的信息如果没有这些技术支持，或者基本知识，你没有办法去研究。但我们可以把信息用很多方式灌输给这些孩子，他们很小的时候就可以学到很复杂的理论。有了这个知识以后，他们就能更容易做出自己的决定。

你很难决定一个人的道德，但是你可以决定他的知识。我觉得人是一种想做好事的动物，要是你给他足够的知识，他就有机会做正确的决定。M

20

HE20
HERO

ZERO
ZEOO

∞

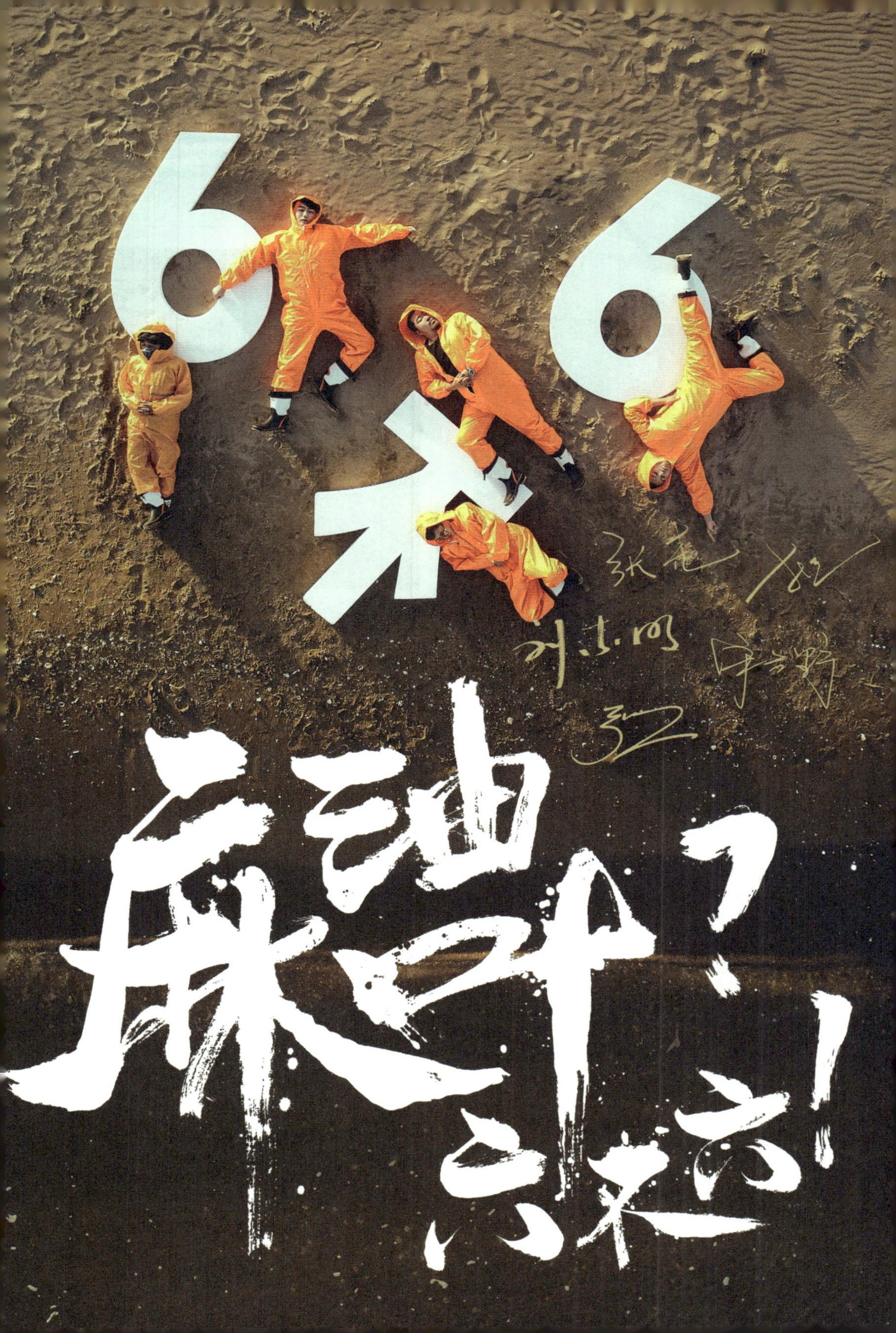

6不6
麻油叶，
六不六！

《麻油叶？不叫事儿！》
麻油叶
2012

《安和桥北》
宋冬野
2013

《傲寒》
马頔
2014

《南山南》
马頔
2014

《孤岛》
马頔
2014

《他妈的》
尧十三
2014

《雨霖铃》
尧十三
2015

《万物生长》
宋冬野
2015

《有信心》
尧十三
2015

《北方女王》
尧十三
2015

《飞船，宇航员》
尧十三
2015

《皆非》
马頔
2016

《郭源潮》
宋冬野
2017

《空港曲》
宋冬野
2017

《大雁》
马頔 & 文雀
2017

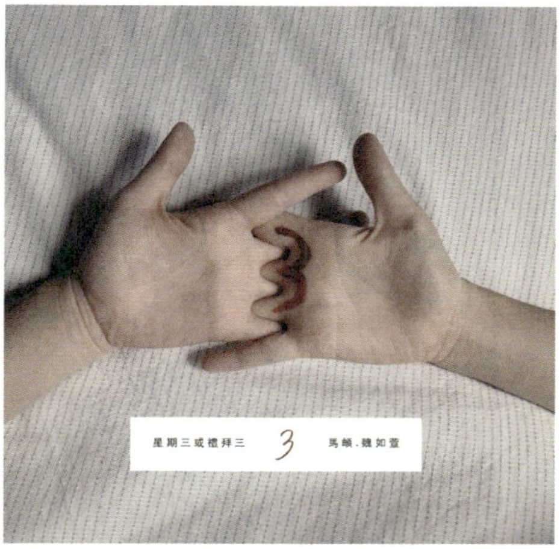

《星期三或礼拜三》
马頔 & 魏如萱
2017

HOW ABOUT MAYOUYE?

麻油叶6不6

采访 _ weiz　**摄影** _ 小甜腥 張小 _x 李凑凑 崔恩京 等

马老板曾经语重心长地说，这些人都爱音乐，如同爱自己的家人、朋友和“x伴侣”。所以，当你听到这些歌曲的时候，也许他们并没有歌唱祖国、歌唱党、歌唱美好的新生活。但是，据说，他们爱这一切。

只是想让更多的人听到没被大家发现的好音乐，知道还有一群人在坚持着去做自己热爱的东西，感动着自己。

麻油叶组织成员大多矫情，扯淡无所顾忌，痞态尽显，但当你看到歌词，还是会知道他们因为什么而感动。

在这个浮躁的年代，给流氓一把吉他吧，他们会把内心所有的美好和纯洁展露无遗。

所以，读到这里你就应该知道，这些人是来煽情的。（摘自“麻油叶”豆瓣小站）

麻油叶
6

麻油叶？开始就是朋友间叫着玩儿的

马頔：

“麻油叶”刚成立的时候，我还是一朝九晚五每天被领导骂的国企底层员工。

麻油叶这名字属于临时起意吧——当时好多人不认识我名字里的“頔”字，叫什么的都有，马硕、马顿、马顷……客气点的就叫我马由页，我干脆就取了个谐音，“麻油叶”。

尧十三：

我和马頔，先是在 QQ、豆瓣认识，后来又进了一个 QQ 群，里面还有很多当时的音乐人，后来马頔和冬野在北京碰头喝酒，决定一起演第一个演出。

马頔：

当时只听尧十三，第一首是《他妈的》，听完就流下了滚烫的热泪，胖子的歌听得少，那时候的歌现在基本也听不着了。尧十三，是拉他入伙就进来了，没费什么口舌。有个插曲，当年十三以为我是个姑娘，主动加的我 QQ。

宋冬野：

我和马頔认识的那天，就是一人喝了两瓶啤酒，吃了几个凉菜，很客气地互相吹捧了一下，扯了扯淡，就直接加入了组织。

马頔

尧十三

尧子

刘东明

马頔：

我跟尧十三、宋冬野他们俩第一次碰面都是在鼓楼东大街，之前在网上已经很熟了，见了面也挺自然的。

第一次见冬野，我们俩都特别客气，可能是北京孩子特有的一种方式吧，恨不得相互作个揖，最后以俩凉菜四个啤酒抢着结账结束了我们的首次会晤。第一次见十三隔着还有 20 多米，两个人就用最粗俗的语言问候了对方，感觉就像认识了很多年的朋友，直接省去了客套寒暄那一步，挺舒服的。

尧子：

2012 年的时候听到“麻油叶”，觉得歌真好听，不同于老一辈的民谣风格，写的都是一些发生在身边的人与事。可能对我后面的创作风格，也有了一定的影响。

其实我最初做民谣的时候，当时内心有个想法是希望有一天能够加入“麻油叶”。后来每年有一些作品的时候，都在跟马頔说想加入，马頔每次都给我提了一些建议，说等我一首好歌。终于在 2017 年 5 月我巡演到北京的时候，邀请他现场助阵，他看了整场演出后，下了台跟我说“这回我们可以聊一聊加入麻油叶的事儿了”。哈哈，这也算是圆了一个梦。

刘东明：

加入“麻油叶”的时候我刚签约到另一个唱片公司。并没有什么书面的仪式，更多是觉得朋友一起开心。签别的公司不影响我们的关系，我始终还是“麻油叶”的成员。

那时候，手机、复读机齐上阵

马頔：

最早的时候，小样还是用手机录，后来才知道需要声卡和麦克，当时物质生活匮乏，但比现在生活感悟多，容易被感动，也正是需要表达的年龄段。不像现在，一年写不出两首歌。

尧十三：

我最早第一首歌是用 MP3 录，然后导出用另外一个 MP3 播放，再同步录进去第二个声部，最后录了 4 个声部，全部失真，但是自己仍然很喜欢，虽然歌词很幼稚，旋律和声也特别简单，但是是自己录出来的可以反复听的第一个音频文件。文件早已丢失，距今 12 年。

宋冬野：

我最早用复读机，那时候还没有 MP3 呢。

刘东明

麻油叶
6
好像来过
无人抚摸她的伤痛只
只是那天傍晚的夕阳从未照在这条街上已
吹来晚风不停吹来竖起了领口在午夜颤抖我
遇呀只是那天傍晚的夕阳从未照在这条街上已
条街上已无人抚摸她的伤痛只有晚风吹来明灭的
遇呀只是那天傍晚的夕阳从未照在

宋冬野

又在宋冬野家，初步实现共产主义生活

尧十三：

那时候特别穷，只有冬野有容身之所，只有马頔有一份工资，又都一起喜欢音乐，有着一样的想法，我就蹭着他们两个的光，在北京混了下来。最穷的时候买烟要在家里找钢镚儿。每天弹很多琴，想很多歌，喝酒，玩耍，快活。墙上都是他们写的字，我书法不好。

马頔：

那两年基本实现了共产主义生活，谁有钱花谁的，冬野自己的房子，也不收我们房租，除了我还有份正式工作，他们俩都已经开始专职做音乐了。日子挺苦，但开心，亲兄弟也就不过如此了。家里的墙就是签名墙，谁来都留下几笔，我们自己喝多了也瞎写。砸东西谁都有，那段日子确实挺不容易的，我和冬野吵架最多，十三的角色是劝架的和事佬。

宋冬野：

我倒不记得自己砸过东西，那两三年很像是大学宿舍的生活，每天一块吃饭，谁有钱吃谁的，各自在各自的屋里做音乐，偶尔互相交流，晚上一块喝酒，一块看漂亮姑娘，墙上都是我们或者朋友们信笔乱画的字。

宋冬野

宋冬野

尧十三

怀念呀，第一次全体代表大会

尧十三：

2011 年 8 月，我才第一次去了北京和大家见面。然后一起演了在一起的第一次演出，在东棉花胡同的江湖酒吧。

宋冬野：

当天有很多熟人朋友，也有一些早期的乐迷，后来基本也都成了朋友。还有两位大咖——刘 2 和周云蓬光临。

马頔：

那是第一次一起演出，2011 年，“麻油叶”第一次全体代表大会，在东棉花的江湖酒吧，是个义演，大家自费来北京，那天二哥是演出嘉宾。

尧十三：

参加演出的有当时“麻油叶”的音乐人小伙伴，观众来了有一百多人，有好多是马頔邀请过来的朋友，当天刘东明先生，我们的二哥，还有周云蓬前辈也来了现场，特别荣幸。现在想起来，当时的“麻油叶”的大家，都写满了年轻，好怀念呀！

刘东明：

第一次参加“麻油叶”的演出，也是马頔他找到我，说“麻油叶”在江湖做专场，我是以嘉宾身份去的，当时我还不是“麻油叶”成员。我喜欢尧十三那首改编的《雨霖铃》，觉得很久没有听过这么好的歌了，很感人，而且他又那么年轻，能写出这么好的作品，很难得。其他人，我觉得当时他们的歌有些青涩，不是我特别喜欢的那种。

尧十三

尧十三

马頔：

当时有几个成员是从外地赶过来的，全程自费，特别感动。那天来了 120 人，观众有一半多是身边的朋友和同事，演出完我们在鼓楼东大街的南疆饭馆喝到 3 点多，站在桌子上唱歌跳舞，现在想想挺梦幻的。开始做周年演出就是找个理由，每年大家一起来北京聚聚。

尧十三：

那天的每一个画面、细节，都还印在脑海里。大家演完，很开心地吃饭喝酒。来看演出的，很多都是马頔的同事和朋友。大家觉得在一起玩耍很快乐，后来就这么一直下去，每年都演一场，直到现在。

尧子：

后来，几乎每一次“麻油叶”成员巡演过来，都会有其他成员过来助阵，大家在台上互相翻唱对方的歌曲。当然，每次演出结束后不变的是，一场酒会。

麻油叶？不乐意！
麻油叶
2015

孤岛
马頔
2015

孤鸟的歌
马頔
2015

飞船，宇航员
尧十三
2015

听冬
宋冬野
2015

孤言寡语
马頔
2016

年少一梦
宋冬野
2016

而今
宋冬野
2017

我们和我们的朋友们在一起
宋冬野
2017

麻油叶？六不六！
麻油叶
2017

我们这算什么成名啊

宋冬野：

签约摩登之前，都是我自己在到处找演出机会，没有演出就在家睡觉。

忽然接到一个电话，说是摩登天空要找我聊聊，吓坏了。后来签约了摩登，才有了音乐节的演出。

之后就是找演出，跑巡演，偶尔和马頔、十三搭伙演出，贫穷并快乐着。

马頔：

签的时候刚从国企辞职准备做专辑，在家闲了一个月，实在生活不下去了，之后朋友又帮忙找了一家新媒体广告公司写文案的活儿，先挣出吃饭的钱。当时做音乐还是养活不了自己，对签摩登天空也没抱什么特别大的希望，就是觉得能多演几个音乐节了。

尧十三：

我的内心有一部分会很自信，会觉得自己一定能行，那是因为自己学医出身，一直觉得自己是野路子。所以有一种这样的傻情绪来激励自己。另外一部分，又觉得自己很不行，有时候能力达不到，眼高手低，在这样的情绪的反复之下，并没有成名的感觉。之前会觉得家人和旧的朋友都不支持自己，很难过，后来发现其实大家都很忙，所以其实并不真的很关心，可能这样最好。

宋冬野

宋冬野：

所谓成名与否，没有一个明显的界限，只是觉得挣钱比以前多了，家里人很高兴，朋友们也在纷纷祝福。

马頔：

我们这算什么成名啊，最大感觉就是 2014 年开始生活宽裕点儿了，家里人也能慢慢理解我做的事，老朋友都还是那样，只是突然多了好多上学时候都不太说话的同学。

刘东明：

他们几个年轻人都很抱团，每次演出也都相互提携对方，挺好的。马頔属于特能聊的角色，而且很真诚，头脑思路也很清晰，我们两个接触得比较多，后来就成了特好的哥们儿。我一开始以为他是“麻油叶”的头儿，专门运作冬野和十三的音乐路程，自己唱歌只是玩票，没想到后来他自己那么火，哈。后来接触多了也没什么太多不一样的，他们成名后可能有短时间的小变化吧，比如说内心会有膨胀，但那也是小马私下给我提过，我并没感觉到。这属于正常吧，这么年轻有了这么大的荣誉，内心多少都会受到影响。

谁是爸爸?

<u>尧子:</u>

我一直觉得“麻油叶”就像一个家一样，大家互相鼓励，共同进退，是一个特别好的组织。十三哥在我创作的最初期给予了我很大的帮助，无偿教我录音混音，还给了我几个 T 的插件和音源。马頔和宋老师也给予了很多的建议，在我眼中，他们对我来说都是亦师亦友的角色。

<u>宋冬野:</u>

马老板这个称号是当年他非要这么称呼自己的。

马頔

“麻油叶”在摩登天空百子湾办公室后院

马頔：

“马老板”开始就是朋友间叫着玩儿的，什么马国企、马厂长、马老板之类的，后来在“麻油叶”豆瓣时期的简介文案里写着联系人马老板才叫开的，官称儿。

开始都是群力群策，谁能做什么做什么，做不了的大家一块出主意、动手干，后来大家都忙起来了，我要做的事儿就多了一点。开始说厂牌纯粹是往自己脸上贴金，愿景是有的，想成为像4AD那样的独立大厂牌，“麻油叶”一直秉承的原则就是顺其自然、野蛮生长。

刘东明：

马頔是爸爸，我们都是儿子，哈。开玩笑，“麻油叶”其实只有马頔去打理，什么决定我们也就是等马頔定好后配合去做而已。这点小马很了不起，他的付出是最多的。

宋冬野：

我是爸爸。

我们“不要脸”地跟拍了 4 天“麻油叶”，不仅记录下了他们的排练，也见证了 6 周年演出的台前幕后，所有的秘密都在这里。

“麻油叶”6 周年演出

就这么唱歌和写歌

宋冬野：

我们什么歌都唱，除了最近这些年新出来的流行歌不太会唱。

马頔：

上大舞台，如果是一个人演出肯定怯场，如果是“麻油叶”集体演出，那就是场狂欢。每个场地都有不同的魅力，需要表现出来的形式也不一样，我个人还是最喜欢 Live House 演出，那是我们的根。印象最深的是第一次参加摩登在无锡办的一场音乐节，当时 4 个人，不同时段演出，用的是同一把琴。以前每次“麻油叶”演出最后一首都是玮哥的《米店》。

尧十三：

我们之间的创作肯定是互相影响的，但是每个人是独立的个体，所以肯定也会有自己的感觉。

马頔：

我们彼此都是对方的听众，越熟的人，越能有最客观的意见，共性和差异一半一半吧，对立统一。

宋冬野：

我觉得我们基本不会互相影响，但大家都喜欢尧十三。毕竟曾经每天生活在一起，习惯上、性格上都会有一些相似的地方。

尧子：

应该是共性更大，虽然每个人都有自己独特的风格和曲式，但离不开的是大家对某种事物的共同的喜好，所以大家才会走到一起，才会有“麻油叶”。

马頔

马岿

马頔

尧子

天下音乐是一家

尧十三：

我们的观众可能会有一些差别吧，我并没有仔细去想过。越来越多的听众关注我们，可能好的方面更多一些，选秀节目也挺好的，互相照顾和受益，也给听众提供了更多选择，更丰富的音乐也丰富了生活。

音乐其实是没有界限的，据说这也是音乐的一个神奇的作用。天下音乐是一家。

尧子：

我们各自观众群的差别应该很小。这个分隔模糊也好，清晰也罢，我觉得不是我们音乐人注重的点，或许会是件好事吧。但是最重要的还是自己的作品，是自己去创作作品的心境。只要自己保持一颗初心，那好的作品一定会被发现。

我觉得每种能打动人心的风格和作品，都不会过去。

马頔：

音乐的传播方式在现在这个时局下很多是音乐人不可控的，有好有坏吧，选秀节目的推广能力确实巨大，把原本独立运作的音乐形式一拳打在大众脸上，但部分选秀节目一味炮制明星的做法我还是不太能接受，我挺喜欢《中国好歌曲》的，有内容。该听的照样还在，关心这些也没什么意思，最终还是做好自己的东西最重要。

我非常、特别、迫切地希望能有更多的音乐风格火起来，大众应该且急需听到更棒的东西，最终的赢家也是音乐本身和听众，前提是摒除那些滥竽充数的。

刘东明：

他们的观众群还是以年轻人居多吧，我的听众群很小，影响力比起他们仨还是小多了。不过，好的音乐应该打破这些界定，观众也应该学着认识不同的音乐类型，不管它是年轻人做的还是老年人做的，遵从你内心对好音乐的界定。民谣风过不过我个人没兴趣想这个，踏实做音乐就行了。

宋冬野：

嗯……啥是民谣？

"麻油叶" 4 周年演出

"麻油叶" 4 周年演出

“麻油叶”6周年演出谢幕

麻油叶就是麻油叶

尧子：

我觉得“麻油叶”是一个标志、一个旗帜，大家围绕着它在一起生活，在一起做音乐，每一个成员都是“麻油叶”这几个字的一撇一捺，缺一不可，每个人之间相互的情感又是维系着一撇一捺的纽带，所以最终才是“麻油叶”。

刘东明：

我能看到他们这几年的进步，在音乐上的进步。差异当然会有，所有人写出的东西都会有差异。“麻油叶”按我的理解就是几个喜欢音乐、趣味相投的人在一起。构成它的特性正是这些，加上当时他们都是年纪相仿，无名无利，才容易抱团。他们几个做出了越来越多的成绩，“麻油叶”自然就变成了一个品牌，当然，厂牌不厂牌我不懂。

马頔：

我觉得一切都是顺其自然，从开始到6周年，每个环节都必不可少，“麻油叶”就是“麻油叶”，不可复制。

尧十三：

“麻油叶”就是我们，我们就是“麻油叶”，我们的每一个时间，构成了“麻油叶”。

宋冬野：

嘻嘻嘻。

马頔、尧十三在化妆室

“麻油叶”6 周年演出后台

ISBN 978-7-5086-8502-1
9 787508 685021 >
定价：68.00 元

MVM

M MODERN SKY　V I SION　MAKE R

MVM design label _ 'Modern sky Vision Maker.'

摩登天空 M MODERN SKY 旗下 _ 创意视觉厂牌

—

致力于摩登天空品牌形象护航上升 \ 自主视觉设计 \ 多媒体视觉输出助攻 \

摩登天空旗下视觉厂牌 MVM（Modern sky Vision Maker）为中国最大的独立音乐厂牌摩登天空提供品牌护航，同时创造非服务性的设计画面，运用多媒体语言助攻艺术表达。从音乐出发，搭载图形、符号、数字化、虚拟化及一切可能的技术模式，MVM 意在联动世界多级开放艺术资源，制造新的视觉＋声音的风暴中心。在长期制作音乐相关视觉作品的过程中，MVM 与商业品牌、青年亚文化群体和新型媒介达成默契，形成“情感驱动形式”的创作理念，基于视觉想象开发原创 IP，在二次元平面和三次元现实中衍生发散出多个产品和连接点。现已签约三组多媒体艺术家，联络触及北京、上海、伦敦、柏林、纽约、东京等地。

MVM (Modern sky Vision Maker) supports the largest indie music label in China - Modern sky on branding and design as its subordinate label. It also creates design & art work out of passion instead of customers' need and connects musicians and digital media artists. Based on music contents, MVM searches and embraces any possible technology patterns, including images, signals, digitalization, virtualization, to be a new influencer in the field of vision+audio. Having signed 3 groups of digital artists, MVM aims to interact with designers and artists from the talents network which reaches Beijing, Shanghai, London, Berlin, New York and Tokyo.

無限宇宙/不思議な無数 COSMOS

M001
-M009

人的记忆碎片附着、嵌入、操纵着物理实体和虚拟代码
在无限宇宙中构建起多级秩序
现实城市只是这其中一部分 ——
其他的次元中，人走向神
走向永生极乐的希冀。
每个次元中的天体总有引力
突发的闪电打通互相剥离又映射的空间
集中传导游离的高能意识
我们演绎其中的片段
从时空要塞到微观瞳孔
从数域都市到驭水成诗

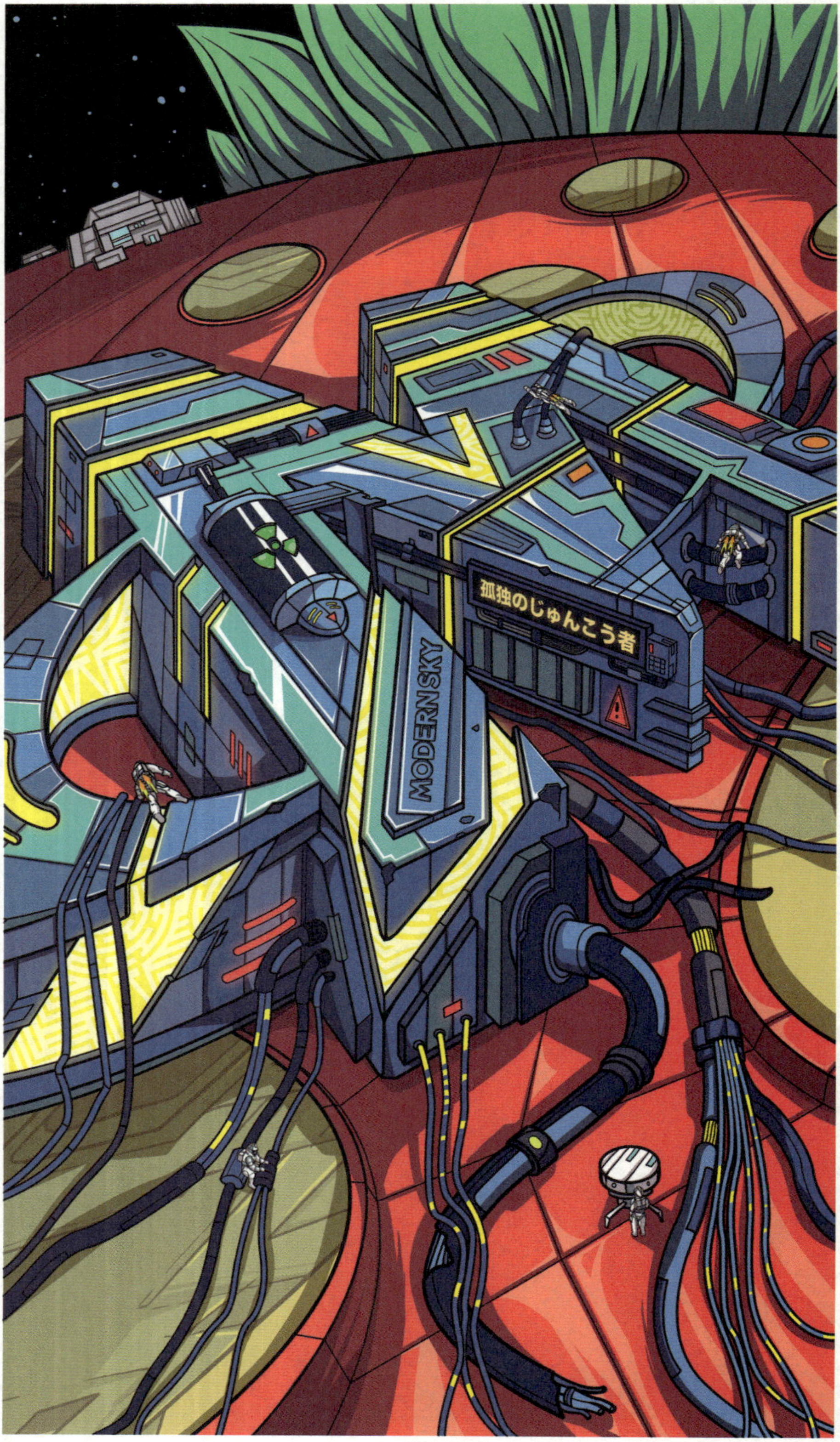
孤独のじゅんこう者
MODERNSKY

M001_

Modern Fortress

为整套作品第一季的原点，是为〝摩登时空要塞〞，在本季的草莓星球上它是一座能量转换与衔接的枢纽，在其他平行空间中它会以不同的形态与属性出现。

MVM
20

M002_

Strawberry Planet

草莓星球，据说每个星系年都有上百万巡游者在此停留狂欢。

孤独のじゅんこう者
20.
1997~2017.....
MODERNSK
MODERNSKY

M003 _
Surreal World

“摩登时空要塞”在地球上的存在形态，与草莓星球通过闪电传导，它呈现了当下地球时空的真实状态。

MVM
004
903 6.8
0300
0002+36
00;00;03;26
MODERN GUIDE
MAGAZINE
MODERNSKY

M004_
Archaeology

地球纪年 2017 年 6 月发行的《摩登天空杂志》，在数域都市里的溯研者手中成为宇宙考古的重要资料。

COSMOS
OBI & M03
YOUNGJACK
MVM
懒惰致富

M005_

M____DSK Label

是溯研者居住的数域都市，这座城市存留了一些宇宙高能量片段的投影，我们看到地球上熟悉的名字，他们来自某个时间的 M____DSK。

BI & M03
JUNGJACK

M006_

EYE

大魔王之瞳 / 。

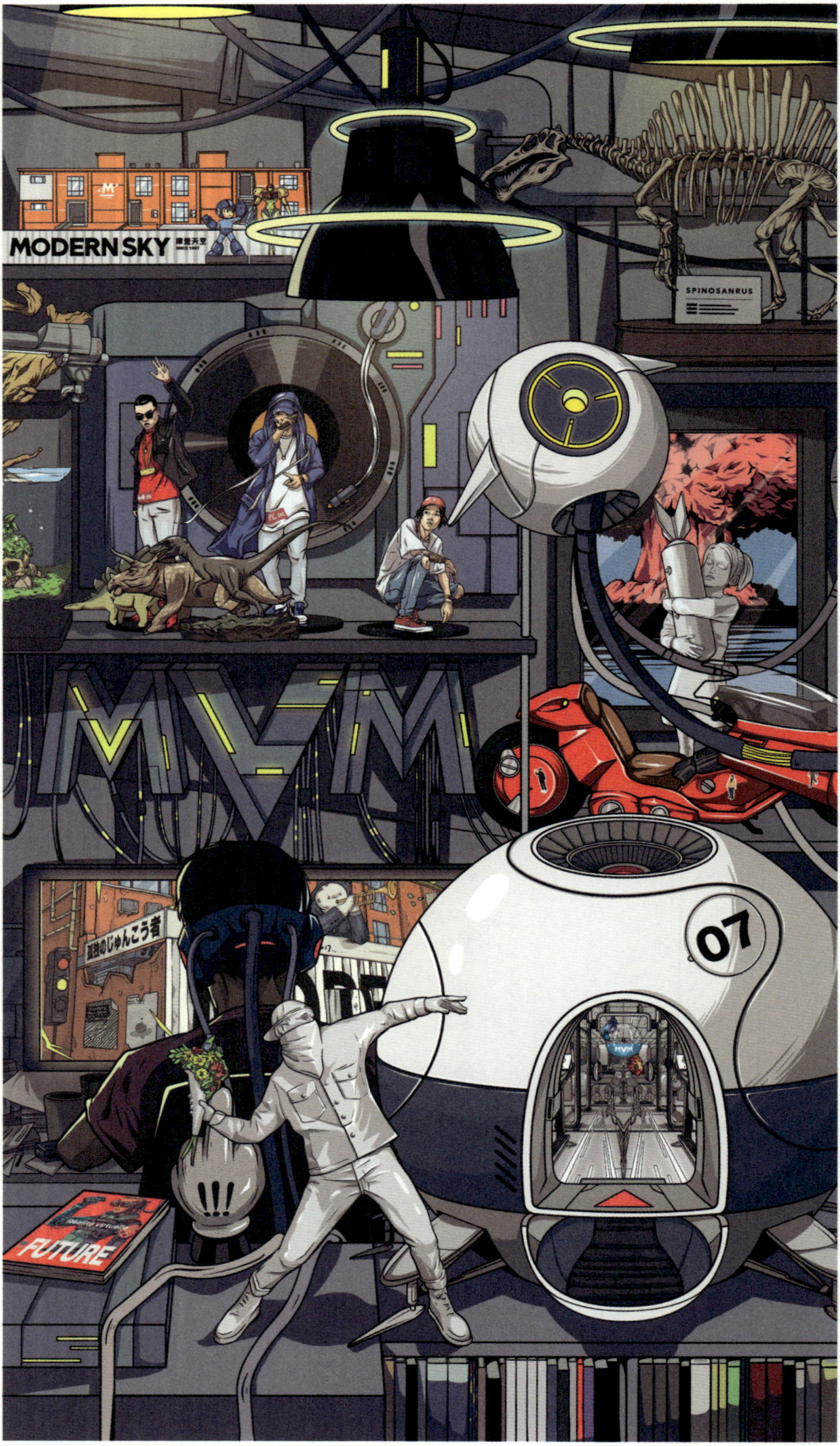
MODERN SKY
摩登天空
SPINOSANRUS
MVM
07
孤独のじゅんこう者
FUTURE

M007_

ROOM

你其实不会知道在房间陪伴
你的伙伴在经历什么 _ 你的
世界 \ 别的世界。

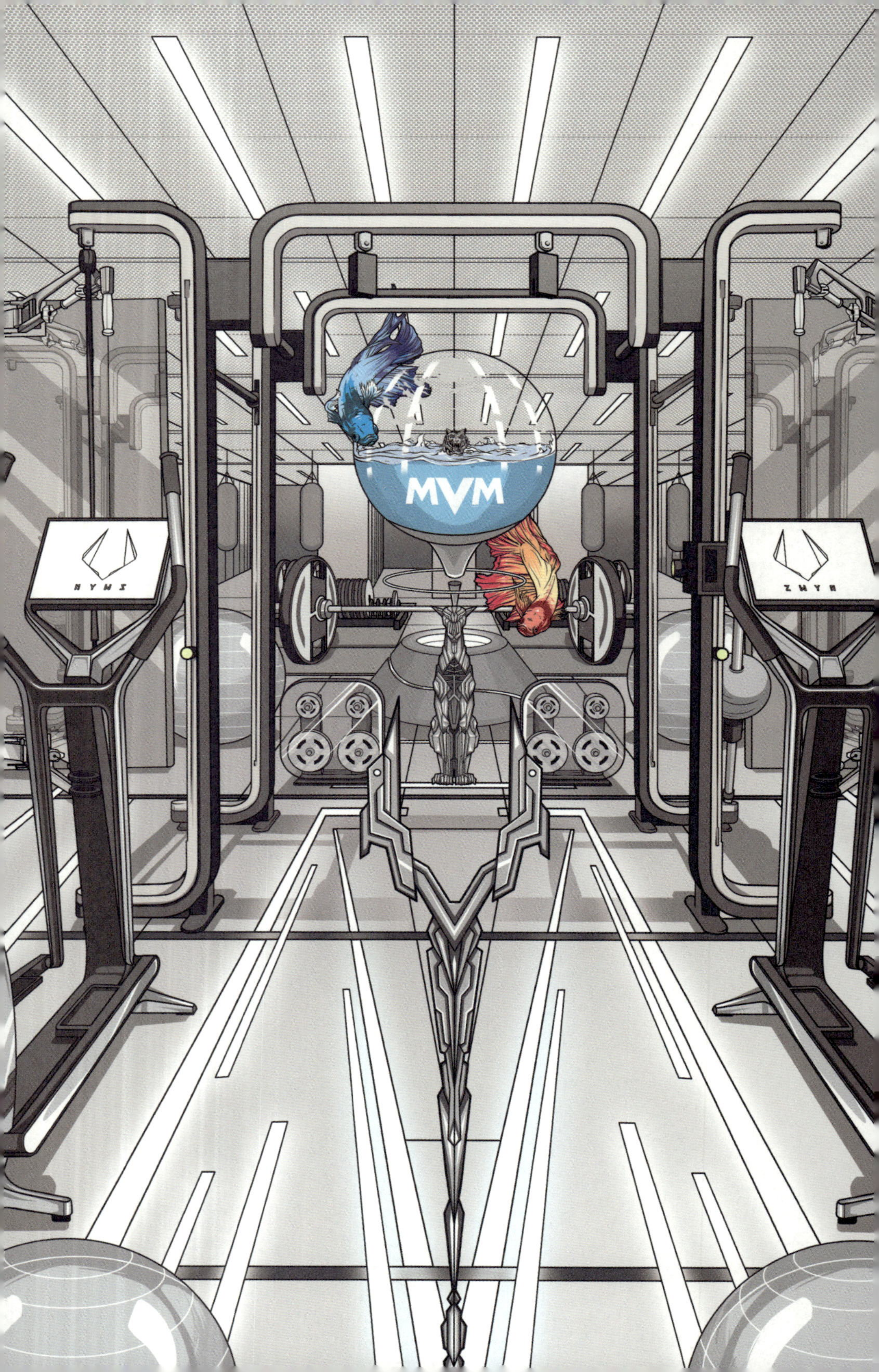
MVM

M008_

MVM X ZWYN

[自粉碎]場 [AUTOGRIND] GRID_ 进入丸形量子训场——“ZWYN”，场内的运动势能将引动机体组织粉碎，重造细胞系统

身体上的故事

M009_

MVM X 小老虎

說出海嘯 _ 驭水之词
汹涌成诗

2016-2017

MODER
POSTEI

MVM

M MODERNSKY VISION MAKER

N SKY
RS

2016 草莓音乐节主视觉
Strawberry Music Festival 2016
2016

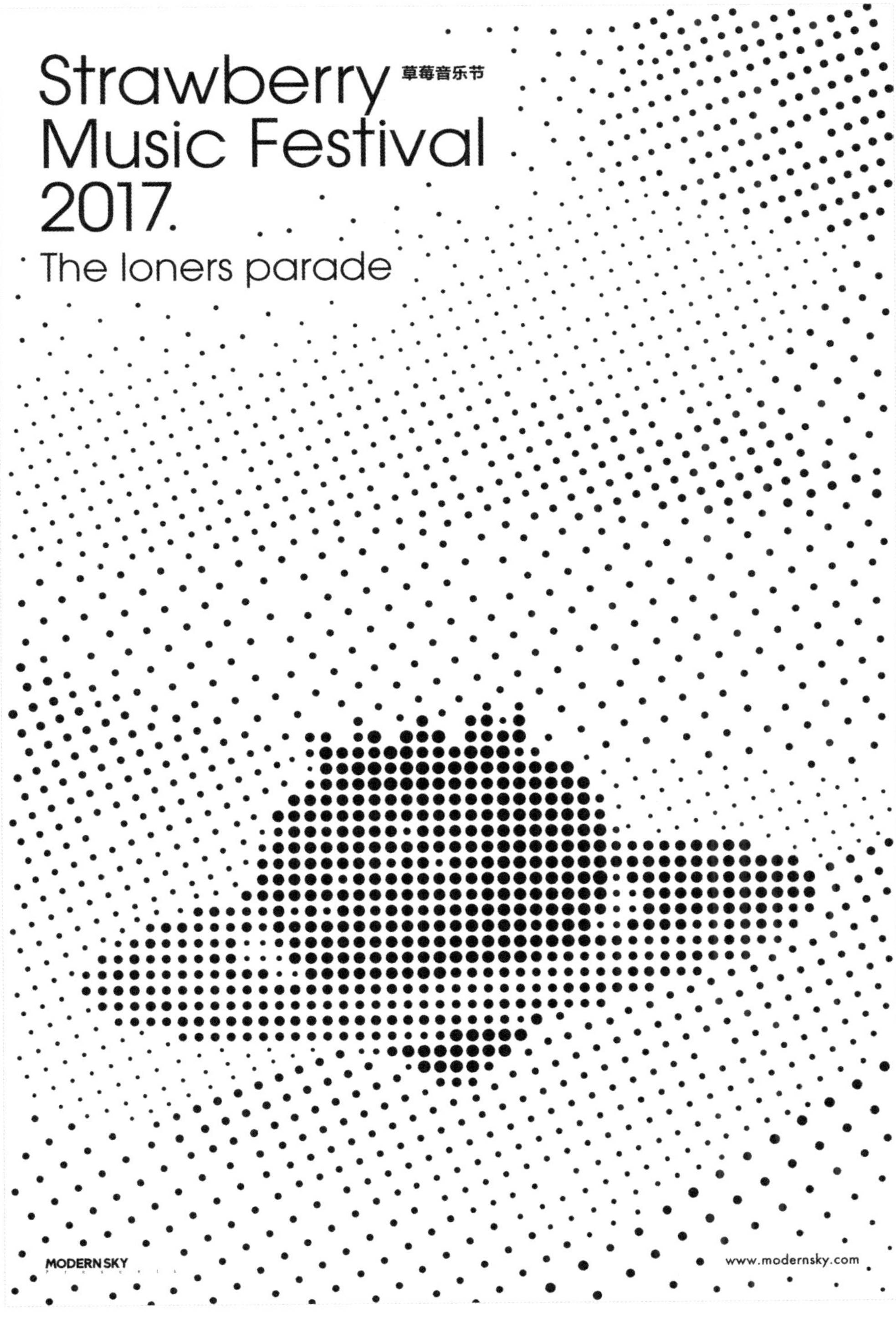

2017 草莓音乐节主视觉
Strawberry Music Festival 2017
2017

摩登天空音乐节 洛杉矶
Modern sky Festival 2017 (L.A.)
2017

摩登天空音乐节 纽约
Modern sky Festival 2017 (NYC)
2017

纽约 摩登天空音乐节
New York Modernk Sky Music Festival
2016

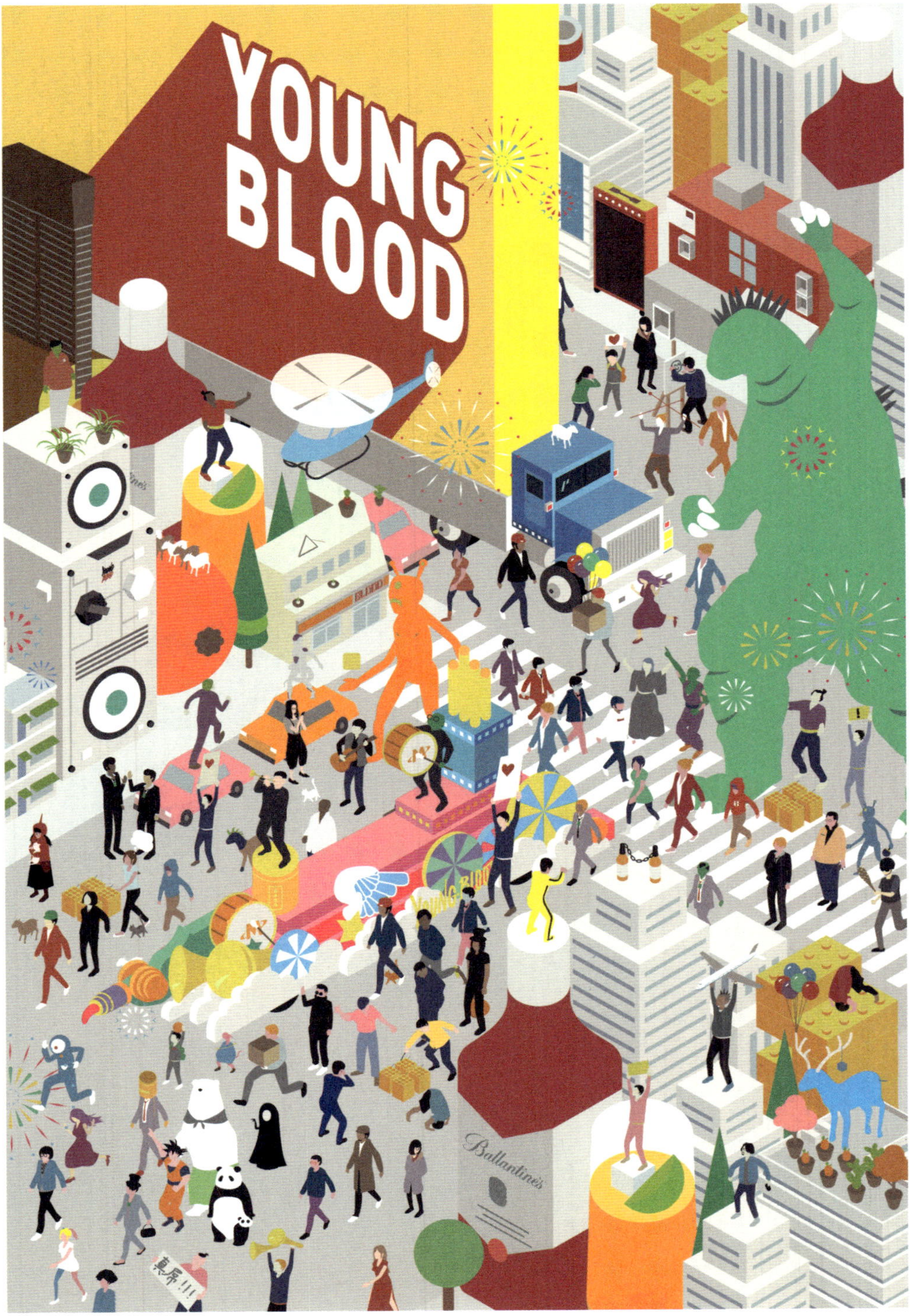

Young Blood 新血计划
Young Blood
2017

3 Breaking News 第一弹
3 Breaking News (part 1)
2017

3 Breaking News Pt.1 元素解读

iPod 菜单

"Im your boy" Tizzy T "你的男孩TT"

Audi TT

和TT同名的一款车

浪味仙

满舒克有一首歌名叫《Lonely God》

768

"768到广州，货运站到码头" 0768是TT家乡潮州的区号

纹身

满舒克手臂纹身：NO GENIUS

《泰坦尼克号》海报

满舒克有一首歌叫 My Heart Will Go On

日历

红花会曾经给吴亦凡Remix过的《July》

黑色的莲花

源自红花会的单曲《黑色的莲花》

《书剑恩仇录》

红花会名称来源于此

adidas Originals YEEZY BOOST 350

Nike Air Jordan 1 Chicago

Adidas Ultra BOOST 1.0

adidas Originals YEEZY BOOST 750

adidas Originals YEEZY BOOST 700 Wave Runner

Air Jordan 1 Fragment design

3 Breaking News 第二弹
3 Breaking News (part 2)
2017

3 Breaking News Pt.2 元素解读

咖啡壶

顾名思义，Kafe.Hu谐音

Nujabes 唱片

天才制作人 Nujabes 唱片，烘托 Kafe.Hu 的爵士说唱

小朋友

Kafe.Hu刚刚喜得一子，小名叫Freeman

布老虎

源自OB03的歌《东北虎》，并且他俩也属虎

水瓶

源自OB03的歌《玻璃瓶里的水》

U180项链

懒惰致富集团中，能嫩与捷克也是说唱团体 U180 当中成员

《杭州日报》

源自懒惰致富集团的歌《杭州日报》

结网牙刷

源自懒惰致富集团的单曲《不刷牙》

Talk Box

懒惰致富集团成员GBZ 是此中高手

合影

懒惰致富集团共七名成员

AKAI MPC 5000

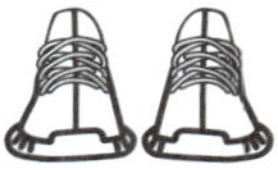

adidas Originals
YEEZY BOOST 350 V2 Cream White

adidas Originals
YEEZY BOOST 350 V2 V2 Zebra

adidas Originals
by White Mountaineering NMD R2

Nike Flight Bonafide Plum

Air Jordan 4 SNES US NBA Jam

Nike Air More Uptempo
University Blue

Nike Vapormax
COMME des GARÇONS

OFF-WHITE 3.0 Sneakers

影响城市之声
Sound of The Xity
2017

摩登天空嘻哈音乐节 成都
Cheng Du MDSK Music Festival
2017

Freaky love 2.14
2016

Freaky love 2.14
2017

五百里音乐节
500KM Music Festival 2017
2017

Mini Room Opening Party
2017

2017 红花会美国巡演
HHH North America Tour 2017
2017

时代公路之歌
痛仰乐队十八年回顾展
Cantus of the Road — An Exhibition Looking Back on the Eighteen Years of Miserable Faith
2017

马頔"孤陋寡闻"台湾巡演
Ma Di Taiwan Tour
2017

马頔“孤陋寡闻”北美巡演
Ma Di North America Tour
2017

SING02《日落昆明》演出
SHING02 Sunset in Kunming live show
2017

北京 1986
周凤岭新专辑首发专场 & 黑灯舞会之
朝阳荷东
Beijing 1986
2017

2017 Crystal Castles 水晶城堡中国巡演
CRYSTAL CASTLES CHINA TOUR 2017
2017

HVOB_SILK TOUR 2017_China Beijing
2017

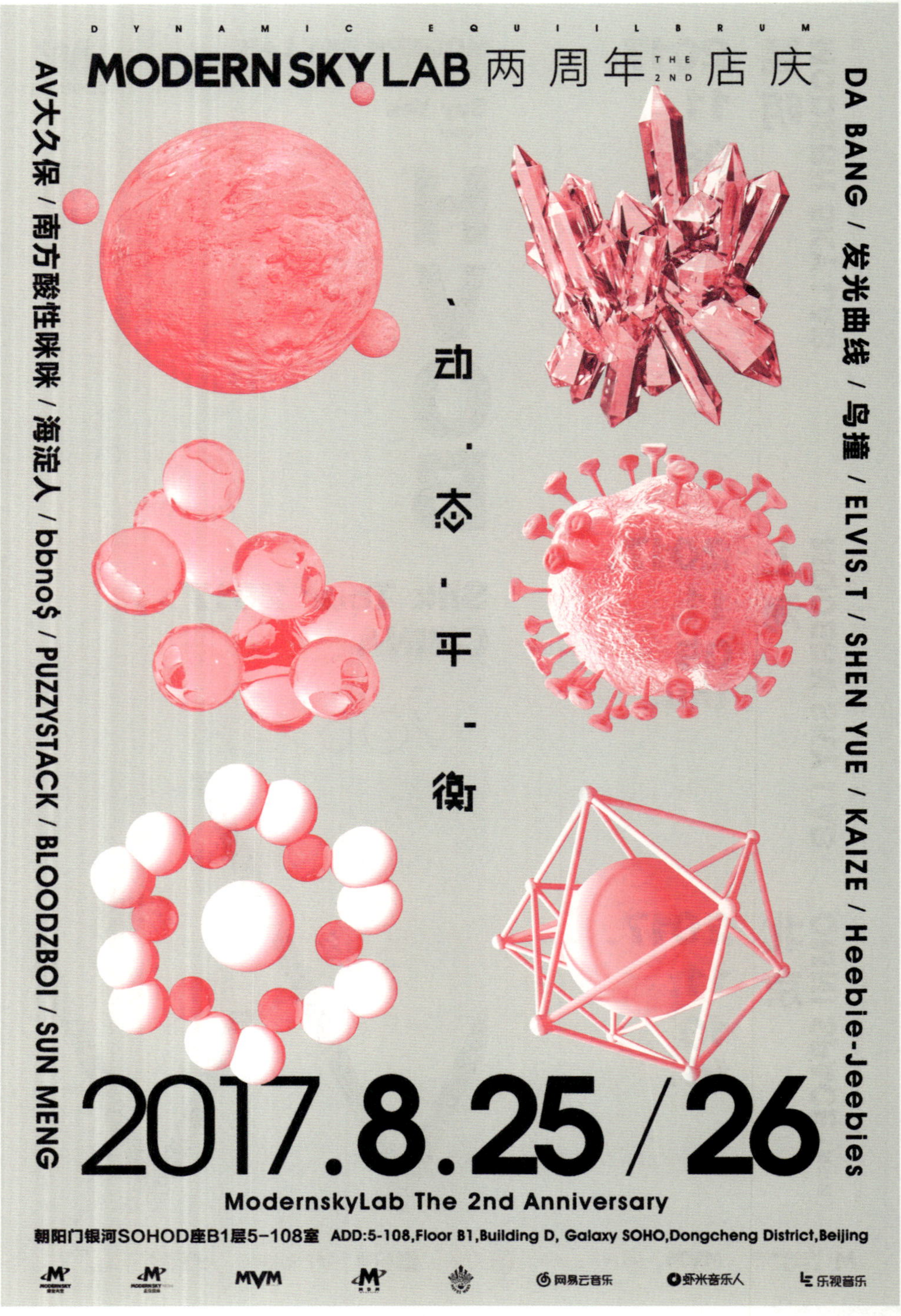

Modern Sky Lab
"动态平衡" 两周年店庆
Modern Sky Lab 2 Years Anniversary
2017

宋冬野「而今」音乐会
2017

FUJIYA & MIYAGI_China Tour
2017

满舒克 年末特别企划
YOUNG JACK_HOW SPECIAL
2017

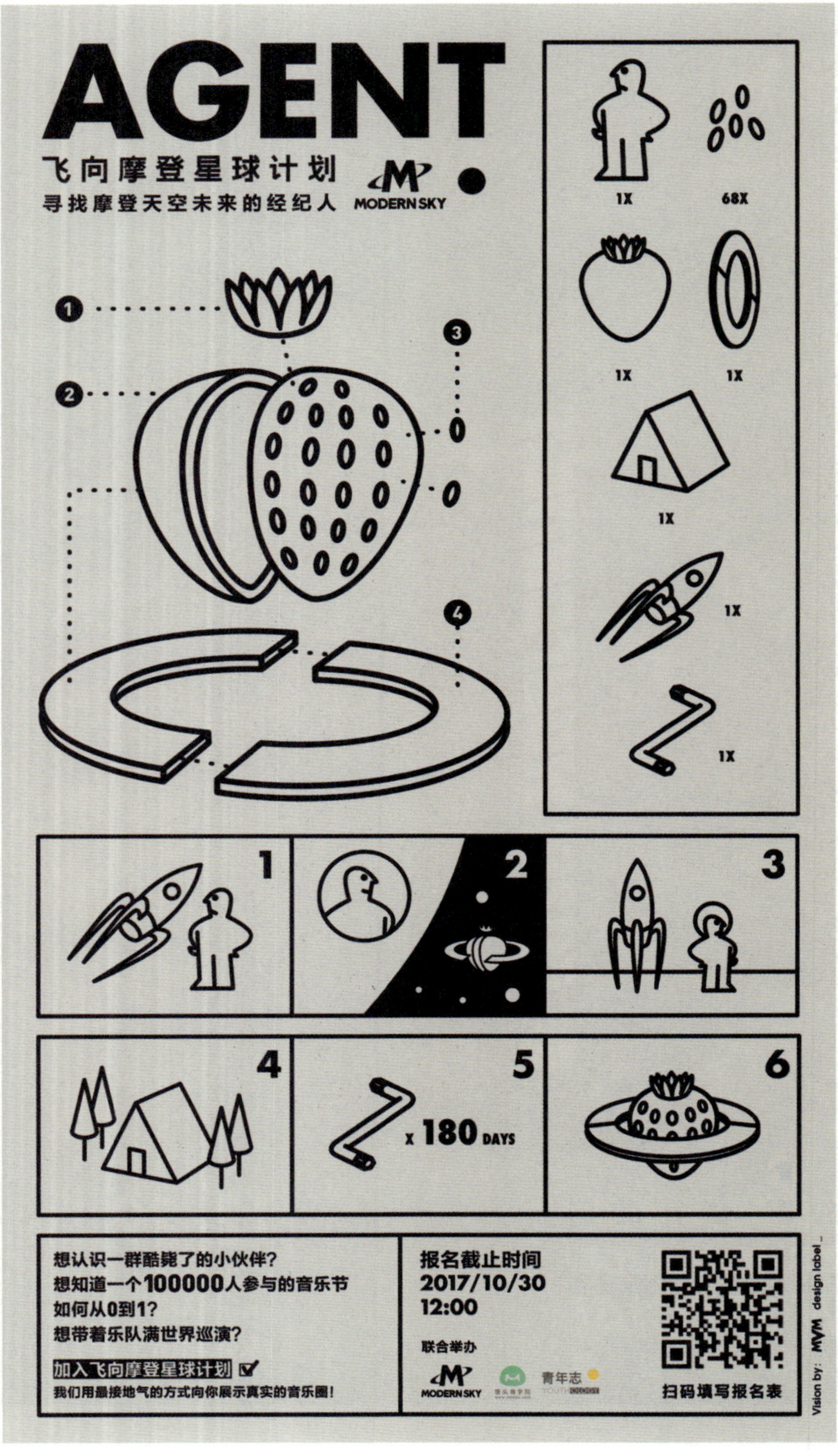
AGENT
飞向摩登星球计划
寻找摩登天空未来的经纪人
MODERN SKY
1X
68X
1X
1X
1X
1X
1X
1
2
3
4
5
x 180 DAYS
6
想认识一群酷毙了的小伙伴?
想知道一个100000人参与的音乐节
如何从0到1?
想带着乐队满世界巡演?
加入飞向摩登星球计划
我们用最接地气的方式向你展示真实的音乐圈!
报名截止时间
2017/10/30
12:00
联合举办
MODERN SKY
青年志
扫码填写报名表
Vision by: MVM design label_

Rolling Bowling 旋转保龄 _ 2017 欧洲巡演
Three Chinese with a Double Bass
2017

摩登天空运动厂牌成立发布会
Modern Sky Sports Label
2017

Modern Sky 20th ANNIV
ZERO PARTY
2017

MODEI
20th A

摩登天空20周年

摄影_灰色 / 忍花草 / 琴 - 痴

ZERO PROJECT

20 MODERN SKY MVM

RN SKY
NNIV

MODERNSKY ZERO PROJECT

MO

MODERN SKY
摩登天空
進入
摩登天空
Since 1997

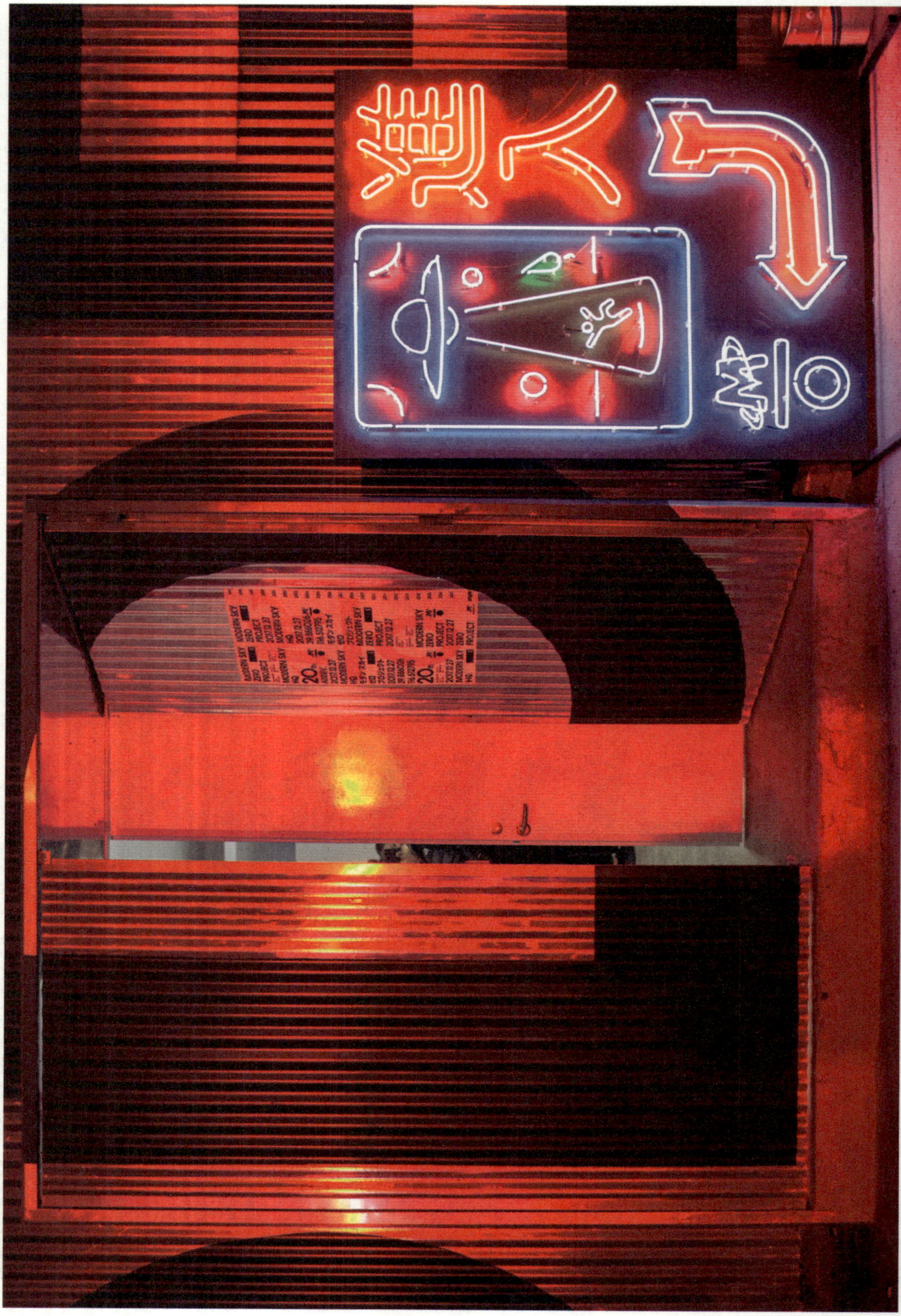

20th
ANNIV.
2017.12.27
MODERN SKY
HQ
モダン・スカイ
ゼロ
プロジェクト
2017.12.27
39.886026
116.512795
ZERO
PROJECT
MODERNSKY ZERO PROJECT

20th
ANNIV.
2017.12.27
MODERN SKY
HQ
モダン·スカイ
ゼロ
プロジェクト
2017.12.27
39.886026
116.512795
ZERO
PROJECT
MODERNSKY ZERO PROJECT

M
MODERN SKY ZERO PROJECT
20th
ANNIV.
2017.12.27
MODERN SKY
HQ
モダン・スカイ
ゼロ
プロジェクト
2017.12.27
39.886026
116.512795
ZERO
PROJECT
MODERNSKY ZERO PROJECT

20th
ANNIV.
2017.12.27
MODERN SKY
HQ
モダン・スカイ
ゼロ
プロジェクト
2017.12.27
39.886026
116.512795
ZERO
PROJECT
MODERNSKY ZERO PROJECT

20th ANNIV.
2017.12.27
MODERNSKY HQ
ZERO PROJECT
MODERNSKY ZERO PROJECT

20th
ANNIV.
2017.12.27
MODERN SKY
HQ
モダン スカイ
ゼロ
プロジェクト
2017.12.27
39.886026
116.512795
ZERO
PROJECT
MODERN SKY ZERO PROJECT

MODERN SKY
ZERO
PROJECT
2017.12.27
MODERN SKY
HQ
20th
ANNIV.
39.886026
116.512795
モダン・スカイ
ゼロ
プロジェクト
MODERN SKY ZERO PROJECT

SEX
DRUGS
INTERNET

MODERNSKY ZERO PROJECT

20th
ANNIV.
2017.12.27
MODERN SKY
HQ
モダン・スカイ
ゼロ
プロジェクト
2017.12.27
39.886026
116.512795
ZERO
PROJECT
MODERNSKY ZERO PROJECT

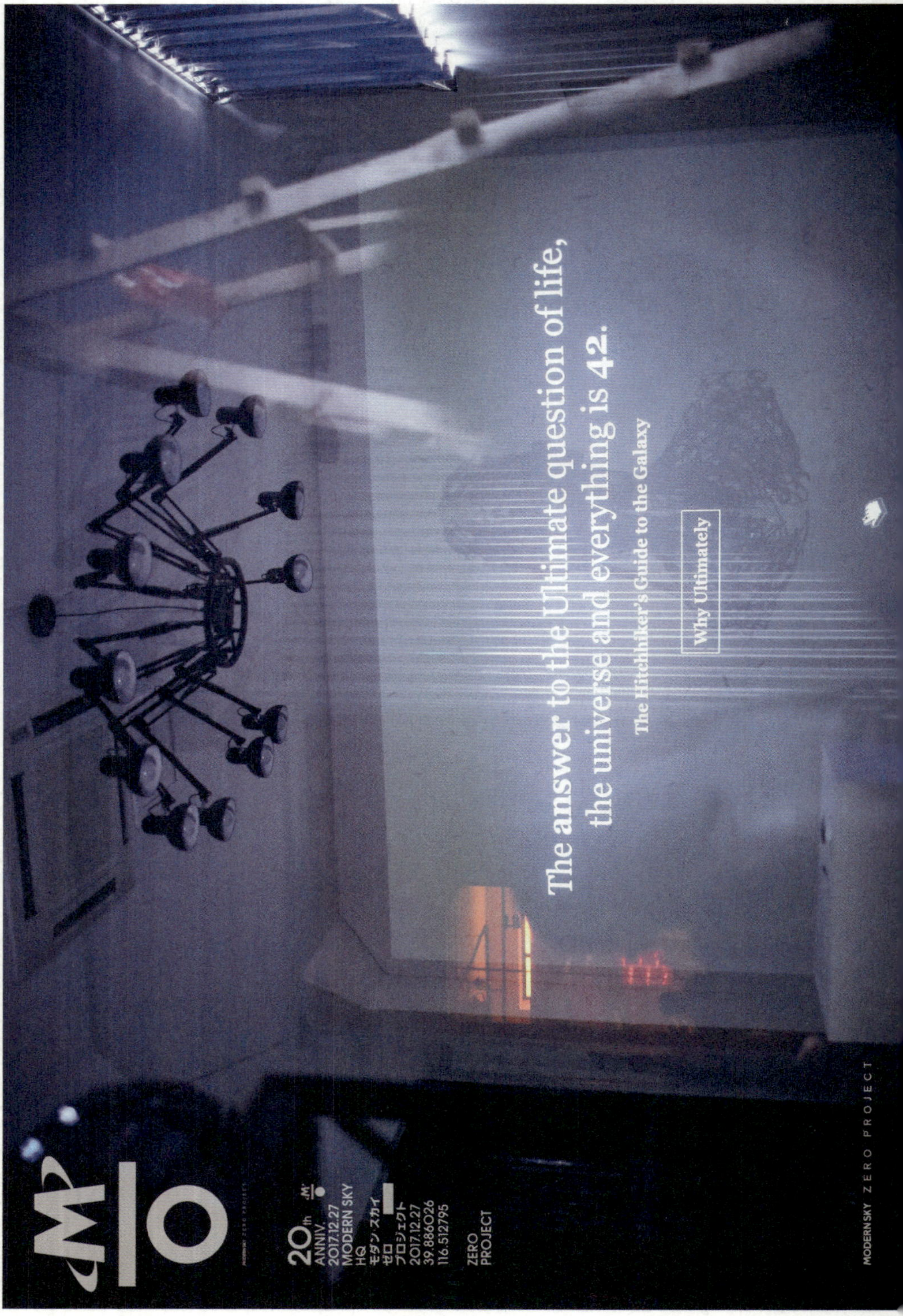
The answer to the Ultimate question of life,
the universe and everything is 42.
The Hitchhiker's Guide to the Galaxy
Why Ultimately
20th ANNIV.
2017.12.27
MODERN SKY
HQ
モダン・スカイ
ゼロ
プロジェクト
2017.12.27
39.886026
116.512795
ZERO
PROJECT
MODERNSKY ZERO PROJECT

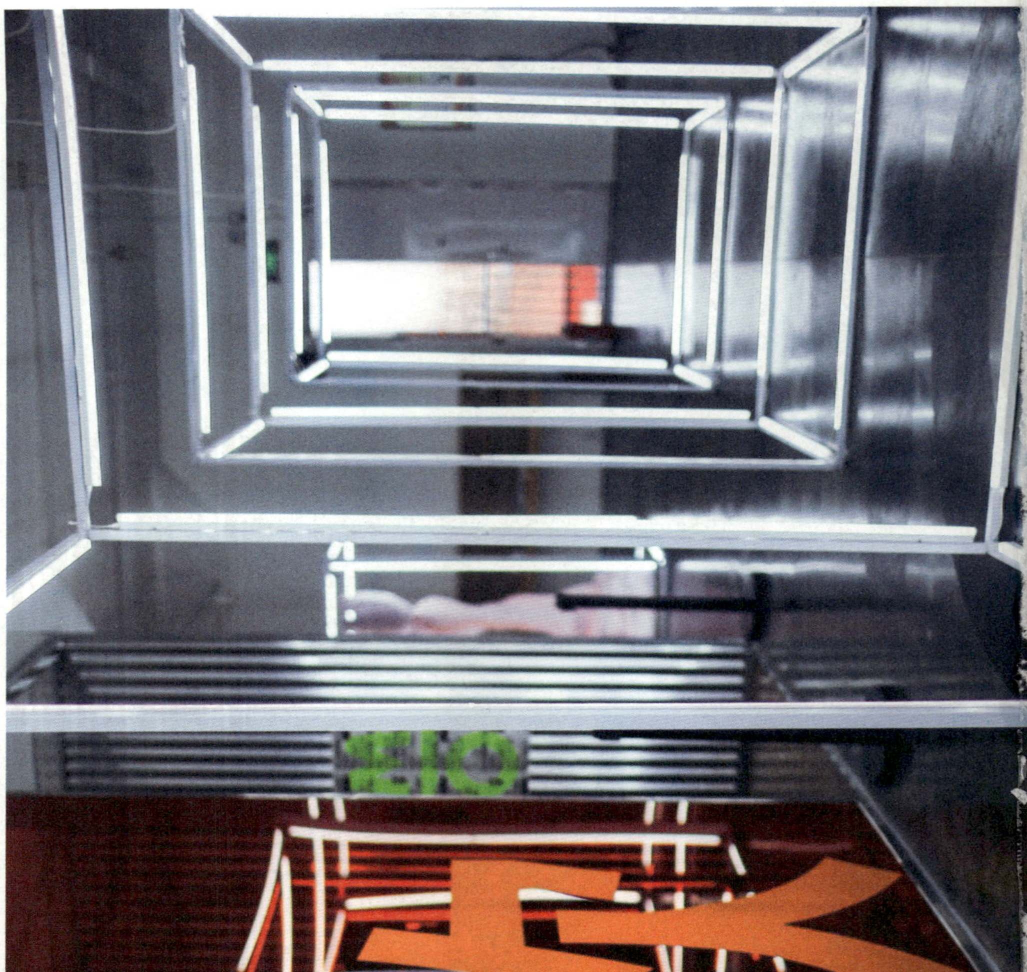
MODERN SKY ZERO PROJECT

MVM

MVM design label ‘Modern sky Vision Maker.’